Das Buch

Margarete Mitscherlich bietet in diesem Buch eine anschauliche und klar geschriebene Einführung in die klassische Psychoanalyse und deren Praxis. In den sieben Essays geht die Autorin von ganz konkreten Alltagserfahrungen aus und versucht, darüber zu allgemeinen gesellschaftlichen Aussagen zu gelangen. Sie, die sich schon seit den sechziger Jahren sehr für Frauenfragen engagiert, schreibt über Emanzipation und Sexualität der Frau, über den Haß als Grundmotiv aggressiven Verhaltens, über Angst als Hemmfaktor einerseits und als wichtiges Element im Verlauf der individuellen Selbstfindung andererseits. Im Zentrum ihrer Ausführungen, bei denen sie von Einzelfällen aus ihrer psychoanalytischen Praxis ausgeht, steht immer die Frage nach Motivationen und Ursprüngen menschlichen Verhaltens, der Konflikt zwischen äußerer und innerer Realität. »Unter den zahlreichen Publikationen, die das Verständnis für die Methoden und Einsichten der Psychoanalyse in der breiten Öffentlichkeit wecken wollen, scheint mir dieses Buch mit Abstand am sympathischsten und gelungensten zu sein.« (Ivo Frenzel in der ›Süddeutschen Zeitung‹)

Die Autorin

Margarete Mitscherlich-Nielsen wurde 1917 in Dänemark geboren. Studium der Medizin in München und Heidelberg, Studium der Psychoanalyse in Stuttgart, London und Heidelberg. Seit den sechziger Jahren setzt sie sich engagiert für die Interessen der Frau ein. Veröffentlichungen u.a.: ›Die Unfähigkeit zu trauern‹ (mit Alexander Mitscherlich, 1967), ›Die friedfertige Frau‹ (1985), ›Erinnerungsarbeit. Zur Psychoanalyse der Unfähigkeit zu trauern‹ (1987).

Margarete Mitscherlich:
Müssen wir hassen?
Über den Konflikt zwischen
innerer und äußerer Realität

Liebe Michaela!
Dein Leben, mein Leben
– eine zusammenhängende
Geschichte...
Schwesternliebe, Schwesternneid,
Schwesternhaß...
– Freundin oder Feindin?
→ und zukünftige
Gespräche mit Hoffnung
auf Veränderung?
Alles Liebe
Deine
[illegible]

Deutscher
Taschenbuch
Verlag

dtv

Ungekürzte Ausgabe
1. Auflage März 1976 (dtv 1147)
4. Auflage November 1988: 32. bis 41. Tausend
Deutscher Taschenbuch Verlag GmbH & Co. KG, München

ISBN 3-492-01981-1
Umschlaggestaltung: Boris Sokolow
Umschlagfoto (Rückseite): Bilderdienst Süddeutscher Verlag, München (Irma Schreiber)
Satz: IBV Satz- und Datentechnik, Berlin
Druck und Bindung: C. H. Beck'sche Buchdruckerei, Nördlingen
Printed in Germany · ISBN 3-423-15048-3

Inhalt

Vorwort

In diesem Buch geht es um das Verhältnis zwischen der von uns erlebten äußeren und der inneren Realität, um alles das also, was wir an bewußten und unbewußten Wünschen, Phantasien, Impulsen mit uns tragen und was nicht nur mit den Forderungen der äußeren Realität in Konflikt geraten, sondern auch ihre Wahrnehmung verzerren kann. Ein weithin sichtbarer Ausdruck dieses Widerstreites ist der Haß. Die Frage: Müssen wir hassen? wird dementsprechend nicht primär moralisch beantwortet, sondern vor allem daraufhin untersucht, welche Begründungen der Haß in der äußeren Realität findet und welche der inneren Realität entspringen. Die Vermengung dieser beiden Sphären führt oft zu einer Unsicherheit des Urteils oder zu einer paranoiden Welteinstellung, in der es nur noch Freunde oder Feinde gibt. Nur wenn wir uns die eigentlichen Motive eines so starken Affektes bewußt machen können, sind wir ihm nicht mehr blindlings ausgeliefert und lernen, zwischen berechtigten und unberechtigten Folgerungen und Einstellungen besser zu unterscheiden.

Das Agieren unbewußter Konflikte beschränkt sich aber nicht nur auf den Haß oder dessen Gegenteil: die Idealisierung. Wir wollen uns auch in vielen anderen Lebenslagen durch Agieren von den Zwängen der inneren Realität, von Angst und Schuldgefühl freimachen. Das ist vornehmlich dann der Fall, wenn wir meinen, ganz durch äußere Umstände zum Handeln veranlaßt zu sein. Das macht unter anderem auch eine kritische Analyse der sogenannten »Schicksalsneurose« notwendig.

Die Rollen, die unsere Gesellschaft – wie alle Gesellschaften – für das Individuum bereithält, sind Verhaltensmuster für die Schlichtung der Spannungen zwischen innerer und äußerer Realität, dienen aber auch meistens der Anpassung an bestehende Machtstrukturen. Viele dieser Anweisungen haben deshalb ihre Überzeugungskraft verloren. So geht das Ringen um ein neues Selbstverständnis der »Rolle Frau« seit mehr als einem Jahrhundert vor sich, aber erst jetzt wird einem hartnäckigen Diktat, das ganz stillschweigend und selbstverständlich ausgeübt wird, von den Frauen der Krieg angesagt. Es gilt, das Selbstverständnis der Frau als minderwertiges Wesen in seinen historischen und Gegenwartsaspekten zu verstehen und eine Überprüfung von vorgefundenen Rollenmustern, die irrtümlicherweise als angeboren betrachtet werden, anzuregen.

Die genannten Themen führen zu einem umfassenderen, nämlich zu der Frage nach der Entstehung der Angst aus Motiven der äußeren und solchen der inneren Realität. Die Konvertierbarkeit der Angst in Aggression (und umgekehrt) gehört zu den entscheidenden, unser Verhalten bestimmenden innerseelischen Prozessen. Die Methode, die in diesem Buch angewandt wird, um etwas mehr Licht in die Hintergründe solcher Probleme zu bringen, ist die Psychoanalyse. Sie wird vornehmlich an Einzelbeispielen dargestellt, die als typisch für viele gelten können.

Den »Begriff« Psychoanalyse schuf Freud für die Untersuchung seelischer Vorgänge, deren wir bewußt nicht innewerden. Der »Prozeß« der Psychoanalyse soll es uns ermöglichen, bewußten Zugang zu Vorgängen zu erreichen, die bis dahin unbewußt blieben. Damit wird immer noch die psychoanalytische Grunderfahrung umschrieben. Das Gebiet, das einer psychoanalytischen Untersuchung zugänglich wurde, ist stetig gewachsen. Heute sind uns Aufgaben für eine angewandte Psychoanalyse gestellt, deren Tragweite den ursprünglichen klinischen Bereich weit überschreiten: Gruppenphänomene, die Pädagogik, soweit es in ihr um ein besseres Verständnis der individuellen Entwicklung und der in den zwischenmenschlichen Beziehungen entstehenden Mißverständnisse und Konflikte geht, die Städteplanung und viele ähnliche Aufgaben mehr. Das bringt die Gefahr mit sich, daß der Zentralbereich der Psychoanalyse, nämlich die Erfahrung mit dem um Einsicht in sich selbst ringenden Patienten, aus den Augen gerät.

Es ist unbestreitbar von großer Bedeutung, mit geschultem Blick die psychische Entwicklung des Kindes verfolgen zu können, die unbewußte Seite seiner individuellen und sozialen seelischen Grundbedürfnisse zu verstehen: Aber woran schult man diesen Blick? Doch zunächst am Umgang mit den eigenen unbewußten Motiven – ohne einen Einblick in die Hintergründe des eigenen Verhaltens werden die Einfühlungsfähigkeit, das Verständnis für die Probleme anderer beschränkt bleiben. Wichtige Erfahrungen erwirbt ein Psychoanalytiker aber nicht nur in der eigenen Analyse, sondern auch als Therapeut, d. h. als Partner jener Kranken, die von ihren unbewußten Konflikten mehr oder weniger stark bedrängt werden und in unzureichende, ihre Gefühls- und Lebensfähigkeit einschränkende Lösungen verwickelt sind. Die psychoanalytischen Theorien über Aufbau und Struktur der Persönlichkeit, über Inhalt und Verflechtung unbewußter Motive, über die erstaunliche symbolische Ausdruckskraft unbewußter Bedürfnisse auf der Suche nach Entlastung, über die Vielfalt der Abwehrmechanismen gegen innere und äußere Gefahr wachsen dem Psychotherapeuten in der unmittelbaren Arbeit mit seinen Patienten zu.

Wenn sich z. B. in einer therapeutischen Gruppe unbewußt gesteuerte Kommunikationen abspielen, so vermögen wir als Psychoanalytiker diese Vorgänge vor allem deswegen wahrzunehmen, weil wir Vergleichbares oft über lange Zeit – in der »Übertragung« und »Gegenübertragung« genannten wechselseitigen Beziehung – mit dem Patienten zu entschlüsseln gelernt haben.

Viele Untersuchungen im Bereich der angewandten Psychoanalyse, die sich psychoanalytischer Einsichten bedienen, lassen gerade diese grundlegende Erfahrung im Umgang mit unbewußter Symbolsprache, mit den durch die »innere Realität« geprägten Interaktionen, d. h. zwischenmenschlichen Beziehungen, vermissen, trotz äußerlich logisch exakter Beweisführung. Die Verfasser bedienen sich dann zwar des psychoanalytischen Vokabulars, aber in einer oft leeren, zu Klischees degradierten Sprechweise. Es fehlt ihnen offensichtlich die Erfahrung im Umgang mit seelisch Kranken. Unbewußte Prozesse sind eben nicht umsonst so strukturiert, daß sie sich der Einbeziehung in unsere bewußte Planung, in unser absichtliches Verhalten leicht entziehen können.

Ohne Zweifel muß es gelingen, die psychoanalytische Erforschung unbewußter Inhalte auch auf das Gebiet der sozialen Psychologie zu erweitern. Wir müssen in der Tat mehr von den unbewußt motivierten Reaktionen großer Gruppen auf die in ihnen herrschenden Verhältnisse verstehen. Ein Weg dazu wird die Beobachtung am einzelnen bleiben. Das wird in den folgenden Abhandlungen an der Art, wie die Frau auf jahrhundertelange entwertende Behandlung reagiert, an Einzelbeispielen darzustellen versucht.

Von den zeitspezifisch motivierten neurotischen Konflikten des Bürgertums der Jahrhundertwende z. B. erfahren wir aus Freuds ›Studien über Hysterie‹[1] mehr als aus allen anderen Quellen. Die gleiche Beobachtung macht der Analytiker der Gegenwart im Umgang mit seinen Kranken. Charakteristische Rückzüge auf narzißtisches Verhalten, Störungen der Ich- und Gefühlsreifung, das Überwiegen von krankhaften Charakterstörungen über Symptomneurosen, untergründige Depressionen durch die Verdrängung von Angst und Trauer und ähnliche psychopathologische Entwicklungsformen spiegeln die eigentümlichen seelischen Verletzungen, die dem sozialen Lebewesen Mensch in dieser Zeit von seiner Mit-

1 S. Freud, in: Ges. W., Bd. I. Es wird zitiert nach: S. Freud: Gesammelte Werke. 18 Bde. London (Imago) und Frankfurt/M. (S. Fischer) 1940–1968.

welt zugefügt werden. Auch der Generationskonflikt unserer Tage hat seine spezifischen Äußerungsformen. Identitätsnöte sind so gut wie überall zu beobachten. Die Unfähigkeit, zwischen innerer und äußerer Realität zu unterscheiden, hat trotz vermehrter Kenntnis über unbewußte Motivationen oft neue Dimensionen erreicht.

Wenn hier von Realität gesprochen wird, sind damit natürlich nicht als unveränderbar angesehene Tatsachen der äußeren Welt gemeint. Entsprechend geht es ganz gewiß auch nicht darum, die äußere Realität, wie sie sich uns heute präsentiert, als die einzig mögliche oder gar gute und richtige anzusehen. Es ist klar, daß das, was als »Realität« und als seelische »Normalität« verstanden wird, auch immer vom Milieu, von der soziokulturellen Einstellung abhängig ist. Es soll vielmehr gezeigt werden, wie schwer es oft ist, zwischen Phantasie und exakter Wahrnehmung der Außenwelt zu unterscheiden.

Gerade im Hinblick auf diese subjektiven Täuschungsquellen wird es verständlich, daß die Krankengeschichte eine der wichtigsten Dokumentationsformen der psychoanalytischen Forschung bleibt. Bei ihrer Abfassung hat man unterschiedliche Schwierigkeiten zu überwinden. Die Diskretion zu wahren, ist erste Pflicht. So muß manches interessante Detail ausgelassen werden, weil es die Person des Kranken erkennbar machen könnte. Die Verdichtung eines breiten, eher episch als novellistisch zustandegekommenen Materials ist eine ständige Schwierigkeit für den darstellenden Analytiker. In der Reduktion des Berichts darf nicht zuviel von der Verflechtung der seelischen Prozesse verloren gehen, damit er nicht seine Überzeugungskraft verliert. Ein Autor darf andererseits auch nicht in einer Weise vereinfachen, daß es den Leser dünkt, er habe mit dem Text, den er liest, schon die volle Wirklichkeit erfahren. So war auch für die vorliegenden Texte von Fall zu Fall die Entscheidung zu treffen, wieviel aus der Welt der unbewußten Prozesse, die sich so tief von den bewußten unterscheiden, vermittelt werden kann. Es ist deswegen oft schwierig, dem interessierten Laien gerecht zu werden. Ihn in diese Mischung von Wirklichkeit und Phantasie einzuführen, aus der eine neue – die individuelle menschliche – Wirklichkeit entsteht, ist nicht einfach. Der Autorin schien es trotzdem wichtiger, ihm den Hinweis auf etwas, was vielleicht unverstanden bleibt, zuzumuten, als über schwierige Probleme hinwegzugleiten. Auch die Psychoanalyse hat ihre »Geheimsprache«, die aus der Komplexität der Konflikte zwischen innerer und äußerer Realität und ihren Interaktionen entsteht und sich nicht immer umgangssprachlich vermitteln läßt. Die in diesem Band gesammelten Essays wurden geschrieben, um auch denjenigen, die die Psychoanalyse nicht am eigenen Leib erfahren haben, einen Einblick in Orientierungsmöglichkeiten zu vermitteln, die wir Sigmund Freud, den vielen mit und nach ihm forschenden Psychoanalytikern und letzten Endes unseren Patienten zu verdanken haben.

Es bleibt mir, für die vielfältigen wissenschaftlichen Anregungen zu danken, die ich im Laufe der Jahre am Sigmund-Freud-Institut in Frankfurt gewinnen konnte. Meinem verstorbenen Lehrer Michael Balint habe ich für eine Neuorientierung meines Denkens zu danken, die ich mir in der gemeinsamen Arbeit mit ihm erwerben konnte. Bei der Ausarbeitung des Manuskripts erfuhr ich die denkbar geduldigste Hilfe von Frau Jutta Below und Frau Heidi Ziss. Frau Dr. Emma Moersch und dem Lektorat des Piper Verlages, in dem die Originalausgabe des vorliegenden Taschenbuches erschien, speziell Frau Dr. Heidi Bohnet, schulde ich aufrichtigen Dank für die kritischen Anmerkungen zum Text, die viel zu seiner Verbesserung beitrugen. Auch Herrn Prof. Thure von Uexküll und Herrn Gerd Kalow bin ich für wichtige Anregungen dankbar.

Ohne die Möglichkeit einer dauernden Diskussion mit meinem Mann, Alexander Mitscherlich, hätte ich mich oft in komplizierten Gedankengängen verfangen. Ihm gebührt denn auch mein besonderer Dank.

M. M.

Frankfurt am Main, 28. 6. 1972

Emanzipation und Sexualität der Frau

Wenn die konservative Partei eines Landes Wahlen gewonnen hat, hören wir regelmäßig, daß sie dies den Frauen zu verdanken habe. Wahlanalysen haben in der Tat weitgehend diese Annahme bestätigt. Offenbar sind Frauen an bestehende gesellschaftliche Zustände noch fester gebunden, fürchten Veränderungen noch mehr als Männer. Darin unterscheidet sich die Arbeiterin nur unwesentlich von der bürgerlichen Frau. Nur selten stehen Frauen an exponierter Stelle im öffentlichen Leben. Sie empfinden die Berufstätigkeit im allgemeinen als Belastung und sehen in der Ehe, als Hausfrau, immer noch ihr natürliches Schicksal.

Unter dem Stichwort »Frauenberufe« finden wir im Brockhaus folgende Ausführung: »Frauenberufe im engeren Sinne sind solche, die der weiblichen Eigenart Spielraum lassen (Lehrerin, Kindergärtnerin, Säuglings- und Sozialpflegerin, Frauen- und Kinderärztin etc.). Die berufstätige Frau, die sich mit derselben Freiheit wie der Mann im wirtschaftlichen und gesellschaftlichen Leben bewegt, ist eins der kennzeichnenden Merkmale unseres Zeitalters; dennoch bleibt der Beruf der Hausfrau im engeren Sinne des Wortes einer der edelsten Berufe, die es gibt; zudem ist er, was den Einsatz an Mühe, Kraft und Menschlichkeit betrifft, wohl einer der schwersten.«

Eine solche Verbindung der Werte, in der das »Schwere« und »Edle« in einem Atemzug genannt werden, legt die Vermutung nahe, daß es hier einer gesellschaftlichen Gruppe darauf ankommt, die hausfraulichen Mühen zu idealisieren, um die Frau bei der Stange zu halten. Man fühlt sich damit als Frau in die Nähe aller jener Ausgenutzten gerückt, deren schwere Arbeit immer von denjenigen idealisiert wurde, die diese Arbeit nicht selbst auszuführen hatten[1].

Da zudem etwa 60–80 Prozent des Volkseinkommens durch die Hände der Hausfrau gehen, ist es klar, daß sie auch darum für die Industrie von größter Bedeutung ist, und jeder weiß, wie diese mit ihrer Reklame danach trachtet, die Beeinflußbarkeit der Frau und ihre Neigung zu unkritischem Konsum so weitgehend wie möglich auszunutzen. Konsequent ist es ferner, daß die Männer die in vieler Hinsicht von ihnen ausgenutzte Frau nur ungern selbständig wissen. Man muß die Tatsache, daß die Frauen in der Mehrzahl sich auch heute noch mit diesen Einstellungen und Idealen, die ihnen von

1 Vgl. Margarete Mitscherlich-Nielsen: Frauen loben den Beruf. Stuttgart 1971.

männlicher Seite aufgezwungen wurden, zu identifizieren pflegen, als einen eher selbstdestruktiven Akt auffassen. Er verhindert zudem eine ausgewogene Beziehung zwischen Mann und Frau. Denn solange die Frau sich dem Mann gegenüber als minderwertig empfindet, neigt sie dazu, unselbständig in ihrem Handeln und unsicher in ihrem Urteil zu bleiben. Die Lebensbedingungen der Industrieländer erfordern auch vom praktischen Gesichtspunkt aus gesehen keine ausschließliche Bindung der Frau an das Haus. Das auf die häuslichen Belange eingeschränkte Leben der Hausfrau verhindert ihr Schritthalten mit dem sozialen Wandel und den Erfahrungen des Mannes – und kann dadurch zur Ursache eines allmählichen Auseinanderlebens werden.

In diesem Kontext einer Verunsicherung der Frau hinsichtlich ihrer sozialen Ansprüche auf Selbstverwirklichung gilt es ein immer wiederkehrendes Vorurteil zu durchschauen, das in Verbindung mit einer gängigen, praktisch aber unverbindlichen Idealisierung von Mütterlichkeit darauf hinausläuft, daß Kinder berufstätiger Frauen unglücklicher seien als solche, deren Mütter sich nur als Hausfrauen betätigen. Gewiß sollte für ein kleines Kind seine Mutter oder eine mütterliche Ersatzfigur immer erreichbar sein, aber ein Kind, das in den Kindergarten geht oder schulpflichtig wird, hat von sich aus ein wachsendes Bedürfnis nach Selbständigkeit; ein Bedürfnis, das sinnvollerweise nur unterstützt werden sollte. Außerdem wird es für ein Kind seelisch weniger störend sein, zu Hause eine einigermaßen zufriedene Mutter zu treffen als eine unausgefüllte und womöglich depressive Frau, die im Haushalt verschlissen wird und sich langweilt. Die geistige Anregung, die Abwechslung soll dann der am Abend müde heimkehrende Mann seiner Frau bringen. In Wirklichkeit reagiert er meist nur unwillig auf solche unbequemen Ansprüche. Da er tatsächlich selbst überwiegend einseitig Spezialistisches, jedenfalls oft keine geistig besonders anregende Tätigkeit ausgeübt hat, ist er durch die Erwartung der Frau in seiner eigenen Leistung unsicher gemacht und reagiert entsprechend defensiv ärgerlich. Schließlich führt dieses Aneinandervorbei eher zu einer Abwendung des Mannes von der häuslich-fraulichen Welt und zu einer Verstärkung seines Vorurteils von der geistigen Minderwertigkeit der Frau.

Versucht aber eine Frau, sich für Probleme der Wissenschaft oder des öffentlichen Lebens zu interessieren, wird sie nicht nur von männlichen Kollegen, sondern oft auch vom eigenen Geschlecht als unweiblich oder emanzipiert gescholten. Frauen, die sich in Frauenverbänden solidarisieren, sehen sich der Lächerlichkeit auch unter ihresgleichen ausgesetzt. Was in unserer nach wie vor patriarchalischen Gesellschaft unter »weiblich« zu verstehen sei, bestimmt der Mann, und die Frau ist wegen ihrer Minderwertigkeitsgefühle und den gesellschaftlich aufgezwungenen Rollenmustern im allgemeinen nur zu bereit, diese von ihm geprägten Wertvorstellungen zu übernehmen.

Bekanntlich war es zunächst die ökonomische Verelendung der Lohnarbeiter in den ersten Phasen der Industrialisierung, die dazu führte, daß die Frau an der außerhäuslichen Arbeit und am beruflichen Leben teilzunehmen begann. Friedrich Engels glaubte, daß damit die Befreiung der Frau Hand in Hand gehen würde; er schrieb: »Die Befreiung der Frau wird erst möglich, sobald diese auf großem gesellschaftlichen Maßstab an der Produktion sich beteiligen kann und die häusliche Arbeit sie nur noch in unbedeutendem Maße in Anspruch nimmt. Und dies ist erst möglich geworden durch die moderne große Industrie, die nicht nur Frauenarbeit auf großer Stufenleiter zuläßt, sondern förmlich nach ihr verlangt, und die auch die private Hausarbeit mehr und mehr in eine öffentliche Industrie aufzulösen strebt.«[2]

Leider ist von Engels' Vorausschau nur die Hälfte in Erfüllung gegangen. Die Frauen beteiligten sich in steigendem Maße an der Produktion, wurden und werden aber meist schlechter bezahlt als der Mann. Obgleich in der Bundesrepublik 1953 im Zuge der Gesetzgebung über die Gleichberechtigung der Frau eine Entscheidung gefällt wurde, daß der gleiche Lohn für gleiche Arbeit gezahlt werden müsse, zeigt ein Blick in die Wirklichkeit, daß davon oft nicht die Rede sein kann und daß viele Tricks angewendet werden, um das Gesetz zu umgehen. So gibt es eine Entscheidung des Bundesarbeitsgerichtes aus dem Jahr 1955, in der es heißt, daß der Lohn nach der zu leistenden Arbeit bestimmt werden muß ohne Rücksicht darauf, ob sie von einem Mann oder einer Frau ausgeübt wird. Im gleichen Jahr verabschiedete der Bundestag das Übereinkommen Nr. 100 über die Gleichheit des Entgelts männlicher und weiblicher Arbeitskräfte für gleichwertige Arbeit. Die 20 bis 30 Prozent geringeren Frauenlöhne für gleiche Arbeit waren demnach gesetzwidrig. Dennoch wurden sie nicht ersatzlos gestrichen, sondern es wurden neue Lohnsysteme geschaffen mit neuen Tätigkeitsgruppen – und die unteren so, daß sie nur auf Frauenarbeit angewendet werden können. Tariflich nennt man sie Leichtlohngruppen, faktisch sind sie Frauenlohngruppen. Hier ist der ökonomische Faktor, nämlich

2 F. Engels: Der Ursprung der Familie, des Privateigentums und des Staates. Kap.: Barbarei und Zivilisation, in: Ausgewählte Schriften Marx–Engels, Band II, 1968, S. 286.

das handfeste Profitinteresse, so vordergründig, daß man nicht daran vorbeisehen kann.

Trotz aller Arbeitszeitverkürzung ist die berufstätige Frau mit Familie eine Lang-Arbeiterin. Ihrer Arbeit wird immer noch die volle Anerkennung versagt, was sich innerfamiliär nicht selten in mangelhafter Kooperation bei der Hausarbeit ausdrückt. Die soziale Bedeutung der Frau als Mitarbeiterin hängt nach wie vor davon ab, wie weit man auf ihre – möglichst billige – Arbeitskraft angewiesen ist oder nicht. Nur wenn man, wie in den beiden Weltkriegen und in der gegenwärtigen industriellen Vollbeschäftigung, ihrer bedarf, wird sie umworben. Bedauerlicherweise legt man auch in sozialistischen Staaten, in denen es zur Regel geworden ist, daß die Frau arbeitet, faktisch weniger Gewicht auf ihre Befreiung als auf die Ausschöpfung ihrer Arbeitskraft. Dort ist der Partnerschaftsgedanke zwischen Mann und Frau sogar besonders unentwickelt. Man teilt sich nicht in die Hausarbeit und Kinderversorgung, vielmehr wird der berufstätigen Frau mehr oder weniger die ganze Verantwortung für den Haushalt aufgebürdet – allerdings wird vom Staat mehr für sie getan (Kindergärten, freie Tage usw.).

Wiederholt wurde von Sozialisten die Meinung vertreten, daß die Frauenbewegung sinnlos geworden sei, da ein Kampf gegen die Geschlechtsschranke wenig Sinn habe, wenn er nicht zu gleicher Zeit auch ein Kampf gegen die Klassenschranke sei. Aber schon Engels formulierte, daß relativ unabhängig von der sozialen Klasse der Mann in der Familie den Bourgeois, die Frau das Proletariat zu repräsentieren pflege. Es bleibt daher die Frage, ob nicht die Befreiung der Frau von falschen Idealen und Vorurteilen die Voraussetzung für eine breite gesellschaftliche Befreiung von Unterdrückung und Benachteiligung ist. Insbesondere in einer Gesellschaft wie der unsrigen, in der die Frauen nach wie vor in ihrer Mehrzahl gerade jene Parteien wählen, die in ihrer Tendenz gegen die Befreiungsversuche der Frau eintreten. Man denke nur an die Einstellung aller konservativen politischen und kirchlichen Institutionen zum Paragraphen 218. Idealisierendes Geschwätz über das »keimende Leben« verdeckt die brutale Rückweisung aller Konsequenzen aus sexueller Freizügigkeit aus der männlichen Verantwortung in die Verantwortlichkeit der Frau. Gerade die Bundestagsdebatte und die Stellungnahmen der Parteien zur Frage der Schwangerschaftsunterbrechung haben drastisch bewiesen, wie wenig erschüttert die männliche Vorherrschaft auch heute noch ist, sobald es um wirklich fühlbare Erleichterungen für die Frau und Belastungen – im Sinne der Mitverantwortung – für den Mann geht.

Das Christentum, insbesondere soweit es sich an der Auffassung des Apostels Paulus orientierte, hat bekanntlich nicht wenig zur Unterdrückung der Frau beigetragen. Paulus machte die Unterordnung der Frau unter den Mann zum christlichen Prinzip, indem er postulierte: »Aber wie nun die Gemeinde ist Christo untertan, also auch die Weiber ihren Männern in allen Dingen.«[3] Man gewinnt den Eindruck, daß hier eine Verschiebung aggressiver Gefühle, eine Art Hackordnung etabliert wurde: Als Entschädigung dafür, daß der christliche Mann sich seinem Gott zu unterwerfen hatte, verlangte er das gleiche von seiner Frau ihm gegenüber. Die unbewußte Aggression, die dem allmächtigen Herrscher, Gott-Vater, gilt, wird an der Frau ausgelassen. Das kanonische Recht zementierte dementsprechend Machtlosigkeit und Rechtsunfähigkeit der Frau. Nicht nur konnte sie kein Amt bekleiden, sondern es war ihr auch verboten, vor Gericht auszusagen, und ihrem Zeugnis wurde keinerlei Wert beigelegt. Obwohl die vom Christentum postulierte Unauflöslichkeit der Ehe dem Schutz der bis dahin völlig rechtlosen Frau diente, wurden über Jahrhunderte doppelte Maßstäbe bei der Definierung des Ehebruchs angelegt. *Jede* Untreue der Frau galt als Ehebruch, wogegen die Untreuen des Mannes nur dann als Ehebruch angesehen wurden, wenn er eine fremde Ehe brach und damit einen besonders frechen Diebstahl verübte[4].

Die Frauenbewegung, d. h. der Kampf organisierter Frauen um eine der des Mannes entsprechende Unabhängigkeit und Freiheit, begann erst mit der Französischen Revolution. Viele Männer haben sich an diesem Kampf beteiligt und sich auf die Seite der Frauen geschlagen. Der französische Philosoph Condorcet sprach sich als erster für die Gleichberechtigung der Frau aus; 1789 stellte die französische Revolutionärin Olympe de Gouges neben die Erklärung der Menschenrechte die Erklärung der Frauenrechte und forderte darin die Abschaffung aller männlichen Vorrechte. 1793 endete sie auf dem Schafott[5]. 1792 wurde allerdings die Ehescheidung in Frankreich ermöglicht, und zwei Jahre vorher waren Töchter und Söhne erbrechtlich gleichgestellt worden. Dennoch brachte die Französische Revolution den Frauen nicht die Freiheit, um die einige von ihnen so hartnäckig gekämpft hatten. Als die Gesellschaft sich nach der Französischen Revolution von neuem eine Ordnung schuf, waren die Frauen in dieser von Aristokratie und Bürgertum geprägten Zeit

3 Brief des Apostels Paulus an die Epheser, Kap. 5.
4 Vgl. Rudolf Augstein: Jesus – Menschensohn. Gütersloh 1972.
5 Vgl. Urs Müller-Plantenberg: Zur Geschichte der Lage der Frauen in Deutschland. In: Das Argument 22, 1962.

so fest in der patriarchalischen Familie verankert, daß sie unfähig waren, sich zu organisieren und wirkungsvoll für ihre Befreiung einzutreten. Im Code Napoléon wurden deswegen – ohne nennenswerten Widerstand von seiten der Frauen – ihre Freiheiten erneut eingeschränkt, und sie wurden wieder auf das Gebiet der drei K: Kinder, Kirche, Küche, verwiesen.

1792 veröffentlichte die erste englische Frauenrechtlerin, Mary Wollstonecraft, in London das Buch ›Vindication of the Rights of Women‹, in dem sie leidenschaftlich die Rechte der Frau verteidigte. Damit setzte sie den Anfang der Emanzipation der englischen Frau. Im Laufe des 19. Jahrhunderts traten andere, wie die Französin George Sand und der englische Philosoph John Stuart Mill, energisch für die Rechte der Frauen ein. Der Franzose Léon Richier organisierte 1878 den ersten internationalen Kongreß der Frauenrechte; 1869 hatte er die ›Droits de la femme‹ verfaßt.

Als erste Deutsche kämpfte Luise Otto-Peters für die Gleichberechtigung der Frau. Sie gründete 1848 die erste deutsche Frauenzeitschrift. 1865 berief sie zum erstenmal eine deutsche Frauenkonferenz nach Leipzig ein und setzte durch, daß auch die Vertretung der Arbeiterinnen und ihrer Rechte zum Programmpunkt wurde. Zur gleichen Zeit gründete sie den Allgemeinen Deutschen Frauenverein und zusammen mit Adolf Lette den Verein zur Förderung der Erwerbsfähigkeit der Frau.

Die Ziele, für die sich die internationale Frauenbewegung einsetzte und für die sie in vielen Ländern noch heute kämpfen muß, sind: gleiche Bildungsmöglichkeiten für beide Geschlechter, also auch Universitätsstudium für die Frau; politische und rechtliche Gleichberechtigung; gleiche Arbeitsmöglichkeiten und gleicher Lohn für Frauen wie für Männer.

Nicht ganz zu Unrecht ist der Frauenbewegung wiederholt vorgeworfen worden, daß sie sich staatserhaltend gebärde, nationalistische Tendenzen zeige und sich weniger für die Rechte der Arbeiterin als für diejenigen der bürgerlichen Frau einsetze. Diese Tendenz und das Einschwenken ins nationalistische Lager waren tatsächlich in Deutschland seit 1871 zunehmend zu beobachten. So schrieb Gertrud Bäumer: »Der Tod auf dem Schlachtfeld ist eingefügt in die große Kette menschlichen Strebens und Ringens. Mit ihm erkauft ein Geschlecht Segen und Entfaltung für alle Kommenden. Aus dem Gefühl, daß ihm einzig von Millionen anderen beschieden ist, selbst seinem Tod noch den Adel eines Zweckes zu geben, hat zu allen Zeiten der Soldat es süß und erhaben gefunden, für das Vaterland zu sterben. Und das können die Frauen in tiefster Seele nachfühlen. Es ist ein mütterliches Grunderlebnis, daß Leben und Kraft hingeopfert werden muß, damit neues Leben um so schöner erblühen kann.«[6]

Auch in England wandelte sich gelegentlich die Einstellung der Frauenrechtlerinnen im Laufe ihres Lebens. Berühmt wurde die Wandlung von Emmeline Pankhurst, die 1903 die radikalste Vereinigung der Frauenrechtsbewegung gründete – sie und ihre Vereinsgenossinnen wurden als Suffragetten bezeichnet. 1917 machte sie aus ihrer Vereinigung einen militaristisch-nationalistischen Verband und trat selbst 1918 der konservativen Partei Englands bei.

Selbst in der westlichen Welt wurde die Emanzipation nur schleppend verwirklicht. Die amerikanischen Frauen erhielten zwar als erste schon zur Zeit des Bürgerkrieges (1861–1865) die Gleichberechtigung auf dem Gebiet des Erwerbslebens, aber erst 1920 die politische Gleichberechtigung. Frankreich, Italien und Belgien gaben sie ihren Frauen erst 1945, und in der Schweiz ist sie immer noch nicht voll verwirklicht. Einige Schweizer Frauenverbände sprachen sich übrigens noch kürzlich gegen die politische Gleichberechtigung der Frau aus. Der Spanierin, die 1931 das aktive und passive Wahlrecht erhalten hatte, wurde es nach der Etablierung des Franco-Regimes wieder entzogen.

In vielen Ländern gibt es im übrigen ein Gesetz, das gleichen Lohn für gleiche Arbeit fordert, bis heute noch nicht. Auch die beruflichen Erfolgs- und Aufstiegschancen sind nirgendwo die gleichen für Mann und Frau. Man braucht nur um sich zu blicken, um festzustellen, daß es in leitenden Stellungen wenig Frauen gibt. In Politik und Wissenschaft sind sie nur in verhältnismäßig sehr geringer Prozentzahl vertreten. Obwohl die Ansicht Hitlers, daß die Anwesenheit einer Frau der Würde des Reichstags Abbruch täte, offiziell von keinem Politiker mehr vertreten wird, hat sich an der inneren Einstellung vieler Männer zur politischen Tätigkeit der Frau kaum wesentliches geändert. Solange die Gesellschaft vor allem solche Berufe als »weiblich« bezeichnet, in denen die Frau als Rivalin für den Mann kaum eine Rolle zu spielen vermag, wird ihr eine berufliche und politische Selbstverwirklichung selten gelingen. Eine konservative und rigide Tradition wird auf diese Weise fortgesetzt. Sie stört die Produktivität der Frauen und ihren unbefangenen Umgang mit gesellschaftspolitischen Problemen erheblich.

Wenn wir also die Frage der Gleichberechtigung aus ihrer bisherigen Phrasenhaftigkeit herauslösen wollen, kommt es wesentlich

6 G. Bäumer: Der Krieg und die Frauen (1914); zitiert nach U. Müller-Plantenberg, a.a.O.

darauf an, die mit dem Begriff der Weiblichkeit verbundenen Wertvorstellungen kritisch zu durchleuchten. Es ist anzunehmen, daß gerade dies verhindert werden sollte, als man sich bis in dieses Jahrhundert hinein dagegen wehrte, den Frauen die gleichen Bildungsmöglichkeiten wie dem Mann in Schule und Universität zu eröffnen. Bis dahin beschränkte sich die Bildung der Frau vor allem darauf, sie auf ihre Abhängigkeit von Mann und Familie vorzubereiten. Zuviel Wissen hätte nur die Gefahr mit sich gebracht, daß sie die Stellung, die ihr in einer vom Mann beherrschten Gesellschaft zugewiesen worden war, in Frage gestellt hätte. Bekanntlich fügte sich die Frau ja auch mehr oder weniger kampflos diesen Direktiven und nahm sie hin, als entsprächen sie tatsächlich ihren eigenen Bedürfnissen. Ein Beispiel soll demonstrieren, wie unsinnig ein solches Verhalten sein kann.

Lore, eine junge Frau, die seit einigen Jahren verheiratet ist, kam in die psychotherapeutische Beratung, weil sie mit sich selbst als Mutter und Hausfrau unzufrieden war. Sie bekam leicht Wutanfälle, wenn ihr kleiner Sohn, den sie innig liebte, ihre mühsam hergestellte Ordnung in der Wohnung störte. Sie schlug dabei gelegentlich auf ihren Sohn ein, was niemanden mehr erschreckte als sie selber. In ihrem Elternhaus hatte sie gelernt, Reinlichkeit und Sauberkeit als oberste Gebote anzusehen. Eine gute Hausfrau und Mutter zu sein, hatte sie sich selber als Ideal gestellt. Vor ihrer Ehe war sie als psychotherapeutisch orientierte Kinderschwester tätig und in ihrem Beruf durchaus zufrieden gewesen. Mit ihrem Mann, einem Arzt, lebte sie recht gut zusammen, obgleich sie es schwer ertragen konnte, wenn er abends müde sich in sich selbst zurückzuziehen pflegte. Seit ihrer Eheschließung lebte sie in einem dauernden inneren Spannungszustand. Wenn sie etwas las, was sie interessierte, meinte sie, ihre Pflichten im Haushalt und als Mutter zu vernachlässigen, wenn sie dagegen aufräumte, die Wohnung putzte oder sich zu lange mit ihrem Sohn beschäftigte, fühlte sie sich vom Leben ausgeschlossen, einem inneren und äußeren sie geistig entleerenden Zwang unterworfen. Allein an dem Tag in der Woche, an dem sie in die Klinik ging, wo sie früher als Kinderschwester tätig gewesen war, um dort an einer Elternberatung aktiv teilzunehmen, fühlte sie sich zufrieden und konnte den Angriffen ihres Sohnes auf die häusliche Ordnung mit weit größerer Fassung gegenüberstehen. Sie machte sich jedoch Vorwürfe darüber, daß sie sich in ihrem alten Beruf so wohl fühlte, und empfand sich als minderwertig, wenn ihr die Tätigkeit als Mutter und Hausfrau keine innere Zufriedenheit verschaffte.

Objektiv betrachtet war diese junge Frau ein am Mutter-Kind-

Verhältnis besonders interessierter Mensch. In ihrer frühen Kindheit hatte sie ein traumatisches Trennungserlebnis zu verarbeiten. Später empfand sie eine große Befriedigung, wenn sie Müttern und Kindern helfen konnte, die Trennungszeit im Krankenhaus besser zu bestehen. Faktisch gelang ihr die Entwicklung zu einer geduldigen Mutter viel besser, wenn sie ihrem Bedürfnis nachging, auch weiteren Kreisen ihr berufliches Wissen vermitteln zu können. Mit Hilfe einiger psychotherapeutischer Gespräche gelang es, ihre falsche Idealbildung, ganz in Haushalts- und Mutterpflichten aufgehen zu müssen, kritisch zu durchleuchten und zu revidieren und ihr dadurch zu ermöglichen, einer sie und andere befriedigenden beruflichen Tätigkeit nachzugehen, die ihren Fähigkeiten entsprach. Dadurch besserte sich auch die Beziehung zu ihrem Mann, denn nun war es nicht mehr er allein, der ihr die Verbindung zur Außenwelt und zu den Interessen Erwachsener vermitteln sollte. Mit der Erweiterung ihres eigenen Aktionsradius baute sie sich eine Interessenwelt auf, die auch ihren Mann bereicherte und zu einer reiferen Partnerschaft dieser beiden Menschen führte.

Immer wieder haben Kulturen die geschlechtliche Ungleichheit zuungunsten der Frau ausgebeutet. Zu den hartnäckigsten Vorurteilen gehört die Vorstellung, verglichen mit dem Mann fehle der Frau etwas – auch geistig. Schon Aristoteles sagt, daß wir das Weib als etwas betrachten müssen, was an einer natürlichen Unvollkommenheit leidet. Andere – wie Thomas von Aquin – sahen die Frau als »verfehlten Mann« an, und noch Gottfried Keller sprach von der »unergründlichen Halbheit des Weibes«. Bestimmte Eigenschaften werden als weiblich, andere als männlich festgelegt. Sie werden auch heute noch als biologisch bedingt angesehen, obwohl Ethnologen wie Ruth Benedikt, Margaret Mead, Bronislaw Malinowski, Paul Parin, Goldy Parin-Matthey und Fritz Morgenthaler seit langem entdeckt haben, daß bei verschiedenen primitiven Volksstämmen Frauen die unterschiedlichsten sozialen Rollen ausfüllen.

Natürlich wird nicht geleugnet, daß es einen anatomischen Geschlechtsunterschied gibt; und auch nicht, daß das kleine Mädchen, wenn es das männliche Glied des Knaben entdeckt, das Gefühl hat, daß ihm etwas fehlt; dem Knaben dagegen kann der Anblick des Mädchens die Angst erwecken, es könne ihm etwas verlorengehen. Dabei muß man sich hinsichtlich der Kastrationsangst in das frühinfantile Welterlebnis einfühlen. Der Knabe *sieht* einen Unterschied im Sinne des Fehlens eines Organes, dessen Leistung er kennt. Alle beruhigenden Erklärungen der Erwachsenen sind einem Kind genausoviel wert, wie diese Erwachsenen es nicht zuvor bei anderen

Gelegenheiten getäuscht haben. Den psychischen Folgen solcher kindlichen Erlebnisse und Beobachtungen wird von den Erwachsenen selten genügend Aufmerksamkeit und Verständnis entgegengebracht. Ihre Wirkung auf die weitere psychische Entwicklung von Mann und Frau bleibt deswegen oft unentdeckt. Der Mann weiß später nicht mehr, woher seine häufig mit Angst vermischte Verachtung der Frau stammt, und ebensowenig ist sich die Frau des Ursprungs ihres Minderwertigkeitsgefühls bewußt. Mit diesem Gefühl, minderwertig zu sein, stellt sich bei der Frau eine Überschätzung des Männlichen ein, die gefördert und fixiert wird, wenn eine vom Mann geprägte Gesellschaft die Frau als das »schwache«, nicht ganz ernstzunehmende Geschlecht sieht.

Diese Auffassung ist unserer Kultur mit anderen (insbesondere dem Islam) gemeinsam und hat die Entwicklung der Frau zur Autonomie und Selbständigkeit aufs tiefste gestört. Es ist einfach, von der natürlichen Unterlegenheit der Frau zu sprechen, nachdem man ihr über viele Generationen das Gefühl der Minderwertigkeit aufgezwungen und dann kein Verständnis für den Ursprung ihres fehlenden Vertrauens zu sich selbst gezeigt hat. Denn daß es für jedes Geschlecht festgelegte Eigenschaften und vorgezeichnete Daseinsnormen gäbe, wird wissenschaftlich kaum noch behauptet. Insbesondere konnte der Zeitgenosse in den letzten fünfzig Jahren beobachten, in welchem Ausmaß sogenannte »weibliche« Verhaltensweisen und Fähigkeiten sich zu wandeln vermochten.

Es ist bekannt, daß Freud mit den Ansichten seiner Gesellschaft über Aufgaben und Wesen der Frau in vielem übereinstimmte. Freud, der einen Band der Werke des Philosophen und Frauenrechtlers John Stuart Mill übersetzt hatte, offensichtlich das zu seiner Zeit berühmte Buch ›The Subjection of Women‹, schrieb darüber in einem Brief an seine Braut (1883): »Es ist doch ein gar zu lebensunfähiger Gedanke, die Frauen genauso in den Kampf ums Dasein zu schicken wie die Männer. Soll ich mir mein zartes, liebes Mädchen z. B. als Konkurrenten denken; ich glaube, alle reformatorische Tätigkeit der Gesetzgebung und Erziehung wird an der Tatsache scheitern, daß die Natur lange vor dem Alter, in dem man in unserer Gesellschaft Stellung erworben haben kann (die Frau) durch Schönheit, Liebreiz und Güte zu etwas (anderem) bestimmt... Gesetzgebung und Brauch haben den Frauen viel vorenthaltene Rechte zu geben, aber die Stellung der Frau wird keine andere sein können als sie ist, in jungen Jahren ein angebetetes Liebchen, und in reiferen ein geliebtes Weib.«[7]

7 Sigmund Freud: Briefe 1873–1939. Frankfurt 1960, Brief vom 15. November 1883.

Wenn Frauen diesen Vorstellungen nicht entsprachen, wissenschaftliche und kulturelle Leistungen vollbrachten, führte Freud das auf die für beide Geschlechter von der Psychoanalyse angenommene grundlegende Bisexualität zurück. Die Frau sei dann in diesem Punkt eben mehr männlich als weiblich, denn bei der als typisch weiblich angesehenen Entwicklung erreiche die Frau im allgemeinen nicht die gleiche Stärke und Unabhängigkeit ihres Über-Ich, ihres Gewissens also, wie der Mann. Das Über-Ich befähige diesen aber zu seinen kulturellen Leistungen.

In letzter Zeit mehren sich die Vorwürfe, vor allem der Feministen, die in der Psychoanalyse und insbesondere in dem Begriff des Penisneides eine Ideologie vertreten sehen, mit deren Hilfe die patriarchalischen gesellschaftlichen Verhältnisse aufrechterhalten werden; die psychoanalytische Auffassung von der weiblichen Rolle stelle eine Reaktion gegen die Befreiungsversuche der Frau aus jahrhundertelanger Unterdrückung dar.

In dem kürzlich in deutscher Sprache erschienenen Buch von Kate Millet, ›Sexus und Herrschaft‹[8], findet man eine scharfe Attacke gegen Freud und seine Ansichten über die Frau. Die Psychoanalyse wird als Gegenrevolution gegen den Versuch der Frau angesehen, sich vom Patriarchat zu befreien. Ähnlich argumentieren auch Betty Friedan[9] und Germaine Greer[10]. Man muß die Kritik der Feministen ernst nehmen. Sie machen meines Erachtens den Analytiker mit Recht darauf aufmerksam, daß er die Wirkung kulturell bedingter Einstellungen auf die Erziehung und damit auf die Entwicklung der Frau bisher nicht genügend berücksichtigt hat. Der Vorwurf, die Psychoanalyse unterstütze eine reaktionäre, gegenrevolutionäre Haltung zu den Befreiungsversuchen der Frau, scheint mir jedoch abwegig. Denn wenn auch Freud in vielem die Vorurteile seiner Zeit über Wesen und Bestimmung der Frau teilte, so ist er doch zugleich derjenige gewesen, der mit Hilfe seiner analytischen Methode wie kein anderer der heuchlerischen doppelten Sexualmoral, wo immer er sie antraf, ebenso entgegentrat, wie er durch die psychologischen Entdeckungen, die ihm gelangen, uns in die Lage versetzte, die männlich egoistische Idealisierung und Infantilisierung der Frau zu durchschauen. Indem er mit Hilfe der Psychoanalyse das Denkverbot auf sexuellem Gebiet, unter dem die Frauen seiner Zeit und seiner Gesellschaft standen, aufzuheben trachtete, hat er eine Vorbedingung dafür geschaffen, daß bisher als spezifisch weiblich

8 K. Millet: Sexus und Herrschaft. München 1971.
9 B. Friedan: Der Weiblichkeitswahn. Reinbek 1966.
10 G. Greer: Der weibliche Eunuch. Frankfurt 1971.

angesehene intellektuelle Einschränkungen und Denkhemmungen aufgehoben und als kulturell bedingt entdeckt werden konnten. Die pauschale Verdammung Freuds in der feministischen Bewegung ist ungerechtfertigt und nicht durch Sachkenntnis gestützt.

Aufrichtig, wie er war, bemerkte Freud noch am Ende seines Lebens in einem Gespräch mit der französischen Psychoanalytikerin Prinzessin Marie Bonaparte: »Die große Frage, die nie beantwortet ist und die ich trotz meiner 30jährigen Erforschungen der weiblichen Seele noch nicht habe beantworten können, ist: was will das Weib?« Trotz dieser Ratlosigkeit Freuds wurde die Frau von den Psychoanalytikern nicht als rätselhaftes Wesen und nicht als jemand angesehen, der mit bestimmten »weiblichen« Eigenschaften geboren wird. Vielmehr sah man, daß sie ihre spezifischen seelischen Strukturen und Verhaltensweisen wesentlich im Zusammenhang mit dem Erleben des anatomischen Geschlechtsunterschiedes und in der Beziehung zu ihren ursprünglichen Objekten, den Eltern und Geschwistern, entwickelte und im Rahmen der Kulturtradition deren Wertvorstellungen und Vorurteile übernahm.

Die Fähigkeit, den Geschlechtsunterschied bewußt wahrzunehmen, wird natürlich Hand in Hand mit der Reifung der allgemeinen Wahrnehmungsfähigkeit des kleinen Kindes gehen; und diese wiederum hängt davon ab, ob das Kind nicht frühzeitig lernen mußte, gewisse Körperzonen und die Sensationen, die sie vermitteln, zu tabuisieren. Frühestens im Laufe des 2. oder 3. Lebensjahres können wir im Zusammenhang mit der Reinlichkeitsgewöhnung beobachten, wie das Kind entdeckt, daß ein anderes Kind oder ein Erwachsener sich beim Wasserlassen anders verhält als es selber. Das ist oft genug Anlaß zum Neid, und das kleine Mädchen macht der Mutter bewußt oder unbewußt Vorwürfe, daß sie es nicht so gut ausgestattet hat wie den Bruder, der viel weniger umständlich urinieren kann. Wenn die genitalen Körpergefühle eine größere Intensität annehmen, wie etwa im 4., 5. und 6. Lebensjahr – in der phallisch-ödipalen Phase also –, nimmt im Zusammenhang mit dem Wunsch, den gegengeschlechtlichen Elternteil heiraten zu wollen und den gleichgeschlechtlichen als Rivalen zu beseitigen, die Bedeutung des genitalen Geschlechtsunterschiedes für das kindliche Erleben zu. Dieser kindliche Wunsch wird so eindeutig natürlich selten bewußt, verrät sich vielmehr in Phantasien und Verhaltensweisen.

In dieser Zeit pflegt dem Kind nicht nur die Existenz zweier verschiedener Geschlechter klargeworden zu sein, sondern auch deren Bedeutung im Urteil seiner Bezugspersonen. Das Kind beginnt zu bemerken, daß Vater und Mutter in der Familie verschiedene Rollen innehaben und unterschiedliche Funktionen erfüllen und unter Umständen verschieden geachtet werden. Wenn außerdem noch weitere Kinder geboren werden, regt das die Neugierde wie die Rivalitäts- und Neidgefühle des kleinen Kindes beträchtlich an.

Werden diese kindlichen Probleme nicht seinem Reifungszustand und seinen Erlebnisweisen entsprechend verstanden und behandelt, so kommt es zur »Sprachverwirrung zwischen dem Erwachsenen und dem Kind«[11], die zu falschen Verständigungsweisen führt. Eine allgemein sexualfreundliche Haltung genügt gewiß ebensowenig, wie die liebevolle Einstellung eines Psychotherapeuten seinem Patienten gegenüber genügt, um ihn erfolgreich therapieren zu können.

So wird das Gefühl des Mädchens, daß ihm im Verhältnis zum Knaben etwas fehlt, was die Mutter ihm vorenthält, gewiß nicht dadurch gemildert, daß man es dazu anregt, mit den Genitalien des anderen Geschlechtes zu spielen, wie es von einigen, sich als fortschrittlich erlebenden Erziehern propagiert wurde. Im Gegenteil, es steigert seinen Neid nur, wenn ihm unnötigerweise vor Augen geführt wird, wieviel Vergnügen der Knabe mit seinem Penis, diesem begehrenswerten Spielzeug, das es selber nicht bekommen kann, zu verbinden vermag. Wenn Kinder mit dem Geschlechtsteil Erwachsener konfrontiert werden, pflegen sie sowohl Angst als auch Minderwertigkeitsgefühle zu entwickeln, da ihnen die Größenunterschiede zwischen den eigenen und den Genitalien der Erwachsenen unheimlich sind.

Durch eine unmittelbare Sexualisierung des Eltern-Kind-Verhältnisses wird zudem die unegoistische Vorbildrolle, die Fähigkeit, sich in kindliche Idealisierungs- und Schutzbedürfnisse einzufühlen, ohne die Befriedigung eigener Triebbedürfnisse zu verlangen, gestört. Denn insbesondere für das kleine Kind ist es dringend notwendig, so wenig als möglich von den Triebwünschen (zu denen natürlich die Zärtlichkeit nicht zu rechnen ist)[12] der Erwachsenen bedrängt zu werden. Dies gehört zu den Vorerfahrungen für den weiteren notwendigen Schritt der Idealisierung der Eltern. Durch die Identifikation mit ihnen baut das Kind Schritt für Schritt ein Gefühl eigener Stärke und des eigenen Wertes auf.

Vielen Menschen, wenn sie unvorbereitet darauf stoßen, erscheint

11 Sandor Ferenczi, in: Zschr. f. (ärztl.) Psychoanalyse 17, S. 161. Nachdruck in: Sandor Ferenczi: Bausteine zur Psychoanalyse, Bd. 3, S. 511–525. (Bd. 1 und 2: Bern 1927; Bd. 3: Bern und Stuttgart 1938, 2., unv. Aufl. 1964; Bd. 4: Bern und Stuttgart 1964.)

12 Vgl. dazu in diesem Band S. 49f.

die Behauptung, daß jeder Mann Kastrationsangst auf die eine oder andere Weise in seinem Leben empfindet oder empfunden hat und jedes Mädchen so etwas wie Penisneid kennt, bestenfalls als Mythologie. Häufig stellt man dem Psychoanalytiker die Frage, wie es denn möglich sein sollte, daß ein kleines Mädchen oder ein kleiner Junge Penisneid oder Kastrationsangst entwickeln kann, wenn sich ihnen z. B. gar keine Gelegenheit biete, ein Kind oder einen Erwachsenen des anderen Geschlechts nackt zu beobachten. Zunächst kann man dem getrost entgegensetzen, daß nach unseren Erfahrungen sich so gut wie jedem Kind eine solche Gelegenheit bietet. Es ist jedenfalls unvermeidlich, daß der Mensch irgendwann entdeckt – bei Geschwistern, Spielkameraden, Eltern –, daß dem sozialen Rollenunterschied von Mutter und Vater auch ein anatomischer Geschlechtsunterschied korrespondiert. Außerdem pflegen die eigenen Organgefühle das Interesse und die Neugierde des Kindes auf die genitale Körperregion zu lenken.

Psychoanalytische Begriffe haben immer wieder zu Mißverständnissen geführt, so auch der des Penisneides. Daß das kleine Kind immer gerade das haben will, was das andere Kind hat, und besonders erstrebenswert empfindet, was es nicht bekommen kann, ist jedem Erwachsenen bekannt. Ebenso etwa steht es für das kleine Mädchen mit dem unerreichbaren Besitz des Penis des kleinen Jungen. Man wird ihm allerdings bei diesem kindlichen Problem wiederum nicht mit einer Sexualaufklärung helfen, die sich am erwachsenen sexuellen Leben orientiert, wohl aber mit Erklärungen, die den spezifischen Entwicklungsstand des Kindes respektieren und es lehren, seine kindlichen Neidgefühle altersentsprechend zu verbalisieren und zu verarbeiten. Das ist natürlich außerordentlich schwierig in einer Kultur, die dem Kind ständig bewußte und unbewußte Wertschätzungen alles Männlichen vermittelt. Wenn wir nun als Analytiker von Penisneid sprechen, so meinen wir selbstverständlich nicht, daß die erwachsene Frau noch wie das kleine Kind unmittelbar neidisch auf das männliche Organ ist, sondern es geht um die vielfältigen Abkömmlinge dieses Neides und um seinen Ursprung in unverarbeiteten kindlichen Erlebnissen. Feministen, die sich vor einiger Zeit in Oxford trafen, lehnten den psychoanalytischen Begriff des Penisneides ab, meines Erachtens, weil sie ihn eben mißverstanden. Sie betonten, daß sie die Männer nicht um ihren Penis beneideten, sondern um ihre größere gesellschaftliche und berufliche Freiheit, die eine Realität sei. Sie erkannten nicht, daß sich diese soziale Bevorzugung im männlichen Genitale symbolisieren kann und daß es darum geht, reale, aber korrigierbare Ursachen zum Neid – die soziale Privilegiertheit des Mannes – von solchen zu unterscheiden, die in der anatomischen Gestalt liegen und unabänderlich sind. Es ist klar, daß die Frauen, wenn man von ihnen sagt, sie seien neidischer und eifersüchtiger als der Mann – wie es Freud gelegentlich tut –, auch tatsächlich genügend reale Gründe für solche Gefühle haben. Daß der Benachteiligte dem Bevorzugten gegenüber mehr Grund zum Neid hat als umgekehrt, ist selbstverständlich. Uns liegt hier nur daran, zwischen bewußten und unbewußten, gerechtfertigten und ungerechtfertigten Motivationen zu Neid und Eifersucht zu unterscheiden.

Der offen demonstrierte Penisneid des kleinen Mädchens wird mit zunehmender Reifung verdrängt, nur die ihm zugehörigen Gefühle bleiben bestehen. Sie spielen, gerade weil sie in ihrer Bedeutung nicht erkannt werden, für die Verhaltensweisen der erwachsenen Frau oft eine so verhängnisvolle Rolle. Die Bekämpfung realer Ungerechtigkeiten in bezug auf die Gleichberechtigung von Mann und Frau wird dann durch irrationale Affekte behindert. Denn wenn sich die Frau dem Mann gegenüber als quasi angeboren minderwertig und als Habenichts empfindet und deshalb von ihm oder von der Gesellschaft unbewußt etwas fordert, was nicht zu verwirklichen ist, wird ihre Aktivität im Kampf um reale Forderungen von vornherein geschwächt sein.

Unverkennbar verwechseln die Feministen gelegentlich den Kampf um die *Gleichberechtigung* mit einem irrationalen Kampf um die *Gleichheit* der Geschlechter. Einige unter ihnen neigen dazu, den Mann an sich als Feind aufzubauen, den man bekämpfen, dem man etwas wegnehmen muß, um es sich selber anzueignen. Haßgefühle bedeuten hier aber nur Abwehr gegen unüberwundene Abhängigkeit und Anbetung. Nur wem erkennbar ist, daß infantile Gefühle der Benachteiligung auf spätere, in der Realität erlebte unterschiedliche Behandlungsweisen aufgepfropft werden, Realität und infantile Neidgefühle sich mischen, der wird entdecken, daß es eine Erleichterung und den Beginn der Selbständigkeit bedeutet, wenn eine Frau zu unterscheiden lernt, welche Anteile ihrer Unzufriedenheit als Abkömmlinge eines infantilen Penisneides anzusehen sind und welche berechtigt sind. Diesen Komplex zu verstehen und seine Verschiebungen und Rationalisierungen im späteren Leben zu erkennen, bleibt deswegen von zentraler Bedeutung für das Selbstbewußtsein und die Selbsteinschätzung der Frau.

Wie es zu der besonderen weiblichen Anfälligkeit gegenüber unbewußt wirksamen, mit dem Penisneid in Zusammenhang stehenden Kränkungen kommt und welche psychoneurotischen Symptome sie verursachen, kann ein weiteres Beispiel anschaulich machen.

Ilse, eine junge, sehr hübsche Studentin, kommt in die psychotherapeutische Sprechstunde, weil sie unter Arbeitsstörungen leidet. Sie ist das einzige Kind eines vor Jahren verstorbenen praktischen Arztes. Die Mutter, ein selbstunsicherer Mensch, bewundert ihre Tochter und fühlt sich ihr wie früher auch dem Vater gegenüber unterlegen. Die Tochter verachtet im Grunde ihre Mutter und hat deswegen Schuldgefühle. In der Beziehung zur Mutter, die bis heute überaus intensiv geblieben ist, war sie der aktive Teil. Sie konnte sich im Leben durchsetzen, hatte bei Männern großen Erfolg, wurde von der Mutter als großartig und fehlerlos angesehen. Solange der Vater lebte, war allerdings er der Mittelpunkt im Leben der Mutter gewesen; denn in deren Augen war eine Frau nur ein Teil ihres Mannes, durch ihn erhielt sie ihren Wert. Jetzt war es aber zum erstenmal eine Frau, ihre Tochter, die eine ähnliche Rolle in ihrem Leben spielte und die sie ähnlich rückhaltlos bewunderte.

Die Tochter freilich hatte ein demütigendes Erlebnis aus der Kindheit nie überwinden können, das ihr die schmerzliche Erfahrung brachte, mit den Knaben nicht konkurrieren zu können. Am liebsten spielte sie damals als kleines Mädchen mit Jungen, verhielt sich wie ein Junge und empfand sich selber als Junge. Eines Tages wurde diese Illusion schreckhaft zerstört. In einem Kreise von Knaben, die ihre täglichen Spielkameraden waren, wurde sie ausgelacht, als sie vergeblich versuchte, an einem Spiel teilzunehmen, in dem es darum ging, wer am höchsten und weitesten zu urinieren vermochte. Obwohl ihr das Ereignis kaum noch bewußt war, führte das Gefühl peinlicher Scham und Unterlegenheit zu einem unüberwindlichen Bedürfnis, sich ihrer Macht über Männer und Frauen immer wieder versichern zu müssen. Sie schwankte zwischen Gefühlen der Allmacht und solchen völliger Wertlosigkeit. Jeder kleine Mißerfolg kränkte sie übermäßig. Sie war nicht imstande, sich selbst zu vergessen und einer *Sache* ihr volles Interesse zuzuwenden. Das wirkte sich natürlich ungünstig auf ihre Arbeitsfähigkeit aus. Eine tiefere Beziehung zu einem Mann zu finden, gelang ihr nicht, denn Männer waren für sie nur so lange interessant, wie es zu einer gegenseitigen Idealisierung kam und sie von diesen Männern ähnlich rückhaltlos bewundert wurde wie jetzt von der Mutter.

Sie konnte es im Grunde nicht verwinden, anders zu sein als ihre männlichen Spielkameraden. Entweder identifizierte sie sich später mit deren als phallisch erlebten Qualitäten, oder sie sah sich selbst in ihren Phantasien als etwas ganz Großes. Der dauernde Kampf um ein ihren Selbstidealen entsprechendes Wertgefühl nahm alle Kräfte in Anspruch. Das kindliche Erleben, daß ihr etwas Entscheidendes fehle, blieb unbewußt wirksam, und um die Verleugnung dieser Tatsache gefühlsmäßig aufrechtzuerhalten, waren energieverzehrende psychische Abwehrmechanismen aufgebaut. Auch die Aggressionen der Mutter gegenüber, der sie übelnahm, daß sie sie nicht als Jungen geboren hatte, und deren Bewunderung ihr erst nach dem Tode des Vaters zugefallen war, mußten verdrängt werden, um deren Liebe nicht zu verlieren. Lustvolle Rivalitäten, die ihre Arbeitsfähigkeit hätten stimulieren können, erlaubte sie sich nicht, weil sie es als kränkend empfand, überhaupt um etwas kämpfen zu müssen. Da sie überall und immer die Angst vor der Entdeckung eigener Unvollkommenheiten abwehren mußte, war sie liebes- und arbeitsunfähig geworden.

Solche Daten der kindlichen Entwicklung wie das Enttäuschungs- und Schamerlebnis wurden den Psychoanalytikern zunächst retrospektiv, aufgrund der Erfahrungen mit ihren erwachsenen Patienten bekannt. Sie sind mittlerweile durch zahlreiche direkte Beobachtungen an kleinen Kindern bestätigt worden.

Eine prinzipielle und bleibende Abhängigkeit der Frau von vorgefundenen Einschätzungen, Sitten, Vorurteilen, von dem, was man in ihrer unmittelbaren Umgebung tut oder läßt, und ihre übermäßige Angst vor Liebeslust deutete Freud als Ausdruck der schwächeren Verinnerlichung der Wertvorstellungen der Eltern. Es gibt für diese Auffassung auch ein ziemlich stichhaltiges Argument. Der Knabe wird nach psychoanalytischer Auffassung wegen seiner heftigen Kastrationsängste dazu gezwungen, seine ödipalen Wünsche der Mutter gegenüber schnell aufzugeben und sich mit dem ursprünglichen Rivalen, dem Vater, zu identifizieren, und zwar mit seinen Verboten wie mit seinen Fähigkeiten. Dieser Verinnerlichungsvorgang kann zu einer größeren Unabhängigkeit von den unmittelbaren äußeren Liebesobjekten, den Eltern, führen. Das kleine Mädchen aber in seiner Penissehnsucht, die sich oft in einen Kinderwunsch verwandelt, hält an seiner ödipalen Beziehung zum Vater fest und ist lange nicht bereit, sie durch Identifikation mit den Wertvorstellungen der Eltern aufzugeben. Wenn dies schließlich doch geschieht, dann wesentlich langsamer als beim Knaben und aus Angst davor, die Liebe der Mutter zu verlieren.

Die Identifikationsvorgänge des Mädchens scheinen aber nicht nur langsamer vor sich zu gehen als beim Knaben, sondern auch wesentlich komplizierter und uneinheitlicher zu sein. In der phallischen Phase des kleinen Mädchens, also etwa bis zum 4. und 5. Lebensjahr, ist die Mutter zentrales Liebesobjekt und zugleich höchstes Ideal[13].

Freud meinte, daß das kleine Mädchen durch die Entdeckung des anatomischen Geschlechtsunterschiedes dazu veranlaßt wird, in die positiv-ödipale Phase[14] einzutreten, d. h. sich von der Mutter ab- und dem Vater zuzuwenden und damit nicht nur das Liebesobjekt zu wechseln, sondern auch seine phallisch-aktiven sexuellen Strebungen zugunsten passiv-aufnehmender aufzugeben. Zu dieser Zeit ist aber auch die Ich-Entwicklung so weit gediehen, daß es viel von der ihn umgebenden Realität wahrzunehmen vermag. Es ist also anzunehmen, daß die Abwendung des kleinen Mädchens von der Mutter und die Zuwendung zum Vater auf die wachsende Wahrnehmungsfähigkeit des Kindes nicht nur für die körperlichen Unterschiede, sondern auch für die gesellschaftlichen und familiären Rollen zurückzuführen ist, denn die Beobachtung zeigt, daß der körperliche Unterschied der Geschlechter schon viel früher wahrgenommen zu werden pflegt, ohne daß die Mutter als Vorbild so schnell aufgegeben wird. Es ist deswegen anzunehmen, daß die Entidealisierung der Mutter am Ende der phallischen Phase neben der Wahrnehmung des körperlichen Geschlechtsunterschiedes und der Entwicklung phasenspezifischer Körpergefühle auf die erweiterte Realitätswahrnehmung dieses Alters zurückzuführen ist: Das kleine Mädchen wird also zunehmend mit der unterschiedlichen Bewertung der beiden Geschlechter konfrontiert. Die außerfamiliäre Umwelt beginnt eine größere Rolle zu spielen, der Schulbeginn naht, der

13 Chronologie und Urheberschaft der Entdeckungen solcher Verhaltensweisen sind im Zusammenhang mit dem Problem der weiblichen Emanzipation nicht ohne Bedeutung. So scheint es mir kein Zufall zu sein, daß Freud und seine männlichen Kollegen bei ihren Patientinnen ohne Schwierigkeit den Penisneid zu entdecken vermochten, während es Psychoanalytikerinnen waren, die darauf aufmerksam machten, daß vor der tiefergehenden Realisierung des anatomischen Geschlechtsunterschiedes das Mädchen sich eine Zeitlang ähnlich dem Knaben verhält und ebenfalls die Mutter als das erste große Liebesobjekt ansieht und umwirbt. Jeanne Lampl-de Groot (J. Lampl-de Groot: Zur Entwicklungsgeschichte des Ödipuskomplexes der Frau. In: I. Zsch. f. Psa., 1927) entdeckte als erste, daß das kleine Mädchen eine aktive phallische Phase durchmacht, in der es wie der Knabe Phantasien entwickelt, die Mutter zu heiraten, mit ihr ein Kind haben zu wollen. Ruth Mack-Brunswick (R. Mack-Brunswick: The preoedipal phase of libido development. In: J. Am. Psa. Assn. 9, 1940), Helene Deutsch (H. Deutsch: Die Psychologie der Frau. 2 Bde., Bern 1948) u. a. entdeckten die Bedeutung der präödipalen Mutterbeziehung für die Entwicklung des Mädchens.

14 »positiv-ödipal« wird in der Psychoanalyse immer im Sinne der kindlichen Zuwendung zum andersgeschlechtlichen, »negativ-ödipal« im Sinne der Zuwendung zum gleichgeschlechtlichen Elternteil benutzt.

höhere Wert des Vaters in der sozialen Umwelt wird erkennbar. In diesen wertvolleren Vater verliebt sich nun das kleine Mädchen, was wiederum zur Folge hat, daß die bereits minder wertvolle Mutter, die nun zur Rivalin geworden ist, aus dieser Konstellation heraus mit noch größerem Nachdruck entwertet wird.

Tatsächlich scheint die Mutter oft Gleiches mit Gleichem zu vergelten und die Ambivalenzgefühle der sie entwertenden Tochter mit ähnlichen Gefühlen zu beantworten. Auch sie wertet Vater und Sohn höher als die Tochter, empfindet es als richtig, wenn der Sohn sich (wie der Vater) zurückzieht, sich seinen Aufgaben widmet, weniger auf die Bedürfnisse der Umwelt eingeht, sich mit sich selbst und seinen Interessen beschäftigt, während die Tochter immer zur Hand sein, abhängig von der Meinung der Mutter bleiben soll. Unter solchen Umständen ist es klar, daß das Mädchen in seinen Autonomiebestrebungen und Sublimierungsfähigkeiten sehr gehemmt wird.

Ein Fall soll demonstrieren, welche neurotischen Folgen kindliche Erlebnisse haben können, in denen die Mutter mehr oder weniger typischen Entwertungen ausgesetzt war[15].

Eine junge Studentin, die an Arbeitsstörungen leidet, klagt auch über ein Gefühl innerer Unsicherheit und Verlorenheit. Sie schwankt zwischen zwei Männern; mit beiden unterhält sie sexuelle Beziehungen. Sie kann es außerdem nicht ertragen, wenn sie in einer Gesellschaft keine Beachtung findet. Das hat zur Folge, daß sie zwanghaft flirten, die Männer in sexuelle Erregung versetzen muß, um den Pegel ihres Selbstwertgefühls einigermaßen konstant halten zu können. Sie schläft sporadisch mit diesem oder jenem Mann, ohne eine sexuelle Befriedigung dabei zu spüren; sie tut das ausschließlich, weil die Fähigkeit, einen Mann sexuell erregen zu können, für sie eine unwiderstehliche Bestätigung ihres Selbstwerts bedeutet. Ursprünglich wurde dies Verhalten dadurch eingeleitet, daß ihr erster Freund sich vorübergehend einem anderen Mädchen zuwandte. Das war für sie eine solche Kränkung, daß sie seither sexuelle Beziehungen mit mindestens zwei Männern unterhalten muß.

In ihrer ödipalen Phase erlebte sie, daß der Vater – ein Industrieller – sich von der Mutter abwandte und mit seiner Sekretärin ein Verhältnis begann. Die Mutter nahm die Tochter öfter in das Büro des Vaters mit, um ihm in ihrer Gegenwart eine Szene zu machen. Die Mutter, die von der Patientin bis dahin bewundert worden war, er-

15 Vgl. M. Mitscherlich-Nielsen: Entwicklungsbedingte und gesellschaftspezifische Verhaltensweisen der Frau. In: Psyche 12, 25, 1971.

schien ihr jetzt als schwach, hilflos und verächtlich. In der dennoch bestehenden Identifikation mit ihr aber fühlte sich auch die Patientin vom Vater verlassen und erniedrigt. Gleichzeitig blieb sie an beide Eltern fixiert, hatte das Bedürfnis, den patriarchalischen, in der Familie weit höher als die Mutter bewerteten Vater zu verführen; andererseits wollte sie der Mutter den Vater ersetzen. Denn wie sie sich vom Vater gekränkt fühlte, indem er eine andere Frau und nicht die Mutter oder sie wählte, so fühlte sie sich von der Mutter verletzt, wenn diese wiederholt durch plötzliche Stimmungsbesserungen demonstrierte, wie sehr sie von der gelegentlichen Rückkehr des Vaters ins elterliche Schlafzimmer abhängig war.

In ihrer Beziehung zu ihren beiden Freunden ging es ihr deswegen vor allem darum, den einen zu betrügen, wie der Vater die Mutter betrogen hatte, bei dem anderen den Vater zu spielen, der mit Hilfe seiner männlich-phallischen Qualität die Stimmung der hilflosen, vom Vater abhängigen Mutter so plötzlich zu heben vermochte, etwas, was ihr, der liebevollen Tochter, trotz aller Bemühungen nie gelang.

Hier mußte also eine Frau zwanghaft das Verhalten ihres Vaters nachahmen. Es wurde zwar moralisch von der sie umgebenden Gesellschaft verurteilt, die berufliche und sexuelle Potenz des Mannes fand aber gleichzeitig Bewunderung und Anerkennung, während die schwache und dem Vater nachlaufende Mutter nur ein mit Verachtung gemischtes Bedauern erhielt. Die Befreiung von solchen Werturteilen, die auch die Mutter übernommen hatte, war der Patientin nicht möglich – mit dem Erfolg, daß ihr ganzes Leben um eine narzißtische Kränkung kreiste, sie sich als Frau wertlos empfand und deswegen nicht in der Lage war, eigene Gefühle, eigene Gedanken zu haben, arbeitsfähig zu werden und eine ihr entsprechende, sie befriedigende Beziehung zu einem Mann einzugehen.

Die Identifikation als Weg zur Bildung eines autonomen Über-Ich gelingt leichter, wenn das Vorbild deutlich von der eigenen Person getrennt erlebt wird und nicht als Teil des eigenen Selbst, eines Wesens also, das einen unmittelbar verstehen kann und soll, wie das bei der Mutter über lange Zeit der Fall zu sein pflegt. Infolgedessen können Werte des fremderen Vaters leichter verinnerlicht werden als diejenigen der Mutter, mit der Knaben wie Mädchen eine frühe symbiotische Beziehung verbindet, von der immer Spuren erhalten bleiben. Das hängt natürlich auch damit zusammen, daß die Erziehung und Versorgung des kleinen Kindes fast ausschließlich der Mutter überlassen wird. Wenn die Mutter eine strenge und moralisch fordernde Haltung einnimmt, verschärft sich die Widersprüchlichkeit der Gefühle ihr gegenüber, und das stört den Aufbau einer harmonischen Identifikation. Dieser Ambivalenzkonflikt wird in der Position der Mutter-Tochter-Beziehung besonders stark erlebt, da die Tochter der Mutter in unserer Gesellschaft sowieso übelnimmt, daß diese sie dem Bruder gegenüber körperlich zu kurz kommen ließ.

Sie wird zudem nicht wie der Knabe durch Kastrationsangst dazu gezwungen, sich mit dem gleichgeschlechtlichen Elternteil zu identifizieren, anstatt mit ihm zu rivalisieren. Mehr oder weniger hält sie an der Hoffnung fest, vom Vater zu bekommen, was sie selber nicht hat. Da typischerweise in der Konstellation Tochter–Eltern die Verinnerlichungs- und Identifikationsvorgänge nicht so rasch wie beim Knaben ablaufen, bleibt also beim Mädchen eine stärkere Objektabhängigkeit mit ihrer größeren Angst vor Liebesverlust erhalten. Unsere Gesellschaft hat zudem die Neigung, diese Abhängigkeit des Mädchens, sein überstarkes Bedürfnis nach Liebe und Anerkennung, ohne Rückfrage als etwas Naturgegebenes anzusehen und sich entsprechend darauf einzustellen. Was als angeborene weibliche Eigenschaft angesehen wird, entpuppt sich bei genauem Zusehen als traditionsbestimmt. Traditionen stellen bekanntlich, psychologisch gesehen, über viele Generationen reichende Identifikationsmuster dar. Diese bauen sich in überwiegend unbewußten seelischen Prozessen auf und stehen nicht selten im Gegensatz zu den bewußten Absichten und Idealen des betreffenden Menschen. Eine neue Generation kann sich in ihrem äußeren Verhalten von der vorhergehenden auffallend unterscheiden. Über kürzer oder länger setzen sich dann jedoch Verhaltensweisen, Erwartungen, erstaunliche Ähnlichkeiten mit elterlichen Reaktionen durch, die in der Kindheit von Vorbildfiguren internalisiert worden waren. Die jeweilige junge Generation ist sich dieses Prozesses jedoch in keiner Weise bewußt. Trotz eines vielfältigen Traditionsbruches in unserer Zeit sind unausweichlich diese intimen Identifikationsvorgänge erhalten. Es gibt zugleich bewußt heftige Reaktionsbildungen gegen sie, wie der dramatische Generationskonflikt in den letzten zwei Generationen zeigt.

Ein Beispiel für die Tendenz, Verhaltensweisen der Mutter unbewußt fortzusetzen, ist Beate, eine junge berufstätige Frau. Sie kommt in die psychotherapeutische Beratung, weil es ihr nicht gelingt, zu ihrem Beruf und zu einem der zahlreichen jungen Männer, mit denen sie mehr oder weniger intime Freundschaften pflegt, eine ihr sinnvoll erscheinende und tiefere Beziehung zu gewinnen. Sie ist in einer kleinen süddeutschen Stadt geboren als das einzige Kind eines mittleren Beamten. Die Mutter hat in der Familie genau die Stellung inne, wie sie vielen Frauen ihrer Gesellschaftsschicht zugeschoben wird: Sie ist mehr oder weniger Sklavin ihres zu Jähzorn neigenden Mannes, dessen Ansichten in familiären, politischen und gesellschaftlichen Belangen sie unbefragt übernehmen muß, um den Frieden in der Familie zu wahren. Sie setzt damit die Tradition des eigenen Kindheitsmilieus in direkter Linie fort. Tiefe untergründige Meinungsverschiedenheiten werden unterdrückt oder auf eine oberflächlich friedfertige und sich anpassende Weise zu lösen versucht. Als Beate ins Trotzalter kommt und wegen ihrer Aufsässigkeit vom Vater Schläge bezieht, gerät ihre Mutter zum erstenmal in Konflikte, denn sie liebt ihre Tochter mehr als den tyrannischen Ehemann. Die Pubertät Beates verschärft erneut die Auseinandersetzung mit dem Vater und läßt die Mutter verzweifelt um die Aufrechterhaltung des Friedens in der Familie kämpfen. Indem sie einerseits ihr geliebtes Kind in seiner aufsässigen Haltung zu verstehen versucht, bringt sie die Tochter andererseits dazu, zu schweigen und nachzugeben, indem sie ihr Schuldgefühle macht. Die Mutter klagt, sie sei die Hauptleidtragende, wenn Vater und Tochter sich streiten, an ihr lasse der Vater seinen Zorn über die angeblich von der Mutter falsch erzogene Tochter aus. Beate gibt nach und bietet nun das Bild eines unterdrückten und in seinen Gefühlsäußerungen gehemmten jungen Menschen. Daß das Verhalten der Mutter Beate die ehrliche Auseinandersetzung mit dem Vater unmöglich gemacht hat und jeden tieferen Kontakt zwischen Vater und Tochter unterbinden mußte, ist der Mutter bewußt sicher nicht klar geworden. Erst als Beate ihr Elternhaus verläßt, um zu studieren, atmet sie befreit auf und schließt sich einer linksgerichteten Studentengruppe an. Wenn sie jetzt nach Hause kommt, ist ihre Mutter gern bereit, sich mit den revolutionären Schriften zu beschäftigen, für deren Inhalt sich Beate in ihrem unausgefochtenen Widerstand gegen den Vater besonders heftig einsetzt. Die Mutter schlägt sich im geheimen auf Beates Seite, um dadurch den Spalt zwischen Vater und Tochter nur noch zu vergrößern. Wenn immer sie jetzt nach Hause kommt, leidet Beate unter asthmaähnlichen Atembeschwerden, so bedrückend ist die Atmosphäre geworden: Einerseits darf sie dem Vater gegenüber ihre sehr *bewußten* Aggressionen nach wie vor nicht äußern, andererseits aber muß sie die ihr *unbewußte* Ambivalenz der Mutter gegenüber verdrängen, die ihr den Weg zum Vater verbaut.

Bewußt wehrt sie eine Identifikation mit der Haltung ihrer Mutter ab, die sich von ihrem Mann kampflos unterdrücken und einengen läßt, unbewußt allerdings geht die Identifikation mit der Mutter weiter, als sie denkt. Beate gründet eine Hausgemeinschaft politisch Gleichgesinnter, und ohne daß sie es bemerkt, wird sie dabei wie ihre Mutter zum Opfer einer egoistischen männlichen Ideologie. Sie unterwirft sich der Ansicht ihrer jetzigen Umgebung, die in dem Wunsch nach partnerschaftlicher Treue eine bürgerlich-eingeengte und besitzbetonte Weltanschauung sieht. Gefühle der Eifersucht haben in der Ideologie dieser Partner keinerlei Berechtigung. Sie müssen nicht weniger unterdrückt werden als die Aggressionen den Eltern gegenüber. Die Weigerung, sexuelle Beziehungen einzugehen, wird ihr als Egoismus angekreidet, da sie doch sehen müsse, wie sehr ihren männlichen Partnern an einer solchen Triebbefriedigung liege. Wie früher die Mutter in der Familie gibt sie allen diesen Forderungen bald schweigend und fast selbstverständlich nach, führt ein mehr oder weniger promiskuöses Leben, bleibt dabei aber gänzlich frigide. Eine tiefere Beziehung vermag sie zu keinem ihrer Partner einzugehen, genauso wenig wie es ihr in ihrem Verhältnis zum Vater gelang. Sie fügt sich den Ansichten ihrer Partner, die diese mit ähnlicher Sicherheit und Absolutheit vortragen, wie sie es vom Vater gewöhnt war, und ist dadurch in eine der der Mutter nicht unähnliche psychische Situation geraten. Innerlich vereinsamt sie, da es auf diese Weise nicht zu einer Beziehung kommt, die auf gegenseitiger seelischer und körperlicher Einfühlung beruht. Auch ist sie nicht imstande, mit ihren Freunden über ihre emotionellen und sexuellen Schwierigkeiten zu sprechen, denn sie kommt gar nicht auf den Gedanken, daß sie von ihren Partnern eine ähnliche Einfühlungsbereitschaft verlangen könnte, wie sie selbst sie zu geben bereit war.

Frauen wie Beates Mutter sind nicht in der Lage, das Gefühl zu überwinden, es sei aussichtslos, selbständig, autonom zu werden und sich entsprechend zu verhalten, um sich durchzusetzen. Aber auch bei Beate bleibt ein untergründiges Ohnmachtsgefühl bestimmend für ihr Verhalten. Ihre Charakterentwicklung zeigt, wie stark sie von einem unbewußten Gefühl der Minderwertigkeit bestimmt wurde und wie sehr sie dieses zu kompensieren bemüht sein muß.

Den Frauen unserer Kultur war bisher dieses Verharren in Unsicherheit des Urteils oft bequemer, denn passive Anpassung an maskulin bestimmte Gesellschaftsstrukturen wurden von ihnen über viele Jahrhunderte als Selbstverständlichkeit erachtet. Also verschafft ihnen die Identifikation mit dem Ehemann, seiner gesellschaftlichen Stellung und Tüchtigkeit die notwendige Sicherheit. Während dieses Bedürfnis vom Mann gefördert oder gar verlangt wurde, veranlaßte ihn die tatsächlich aufgezwungene Schwäche des Charakters der Frau, sie als kindlicher, verantwortungsloser und kulturunfähiger als sich selbst einzuschätzen. Tatsächlich regredierte die Frau unter dem Druck dieser heute naiv anmutenden Fehlschlüsse auf die kindliche Stufe, in der wir unser Selbstwertgefühl aufbauen, indem wir uns als Teil der mächtigen und idealisierten Eltern empfinden. Jetzt wiederholte sich das in der Identifikation mit dem Mann. Das mag dann auch dazu beitragen, daß Frauen unserer Gesellschaft politischen Führern bis heute noch hilfloser anheimfallen als Männer und oft noch mehr als diese dazu neigen, eine Partei zu wählen, die sich auf etablierte Strukturen gesellschaftlicher Macht stützt.

Der Identifikation mit dem glorifizierten Mann kann aber auch ein übermächtiger, unrealisierbarer Ehrgeiz zugrunde liegen; unrealisierbar deswegen, weil in ihm unbewußt unmittelbar der Wunsch nach einem Penis verwirklicht werden soll. Wenn in solchen Liebesbeziehungen der Mann ein Teil des eigenen Selbst wird, stellt sich automatisch ein Hörigkeitsverhältnis zu ihm her. Annie Reich[16] sprach von einer narzißtischen Objektwahl, der eine unbewußte Überschätzung des männlichen Geschlechtsorgans und den damit symbolisch verbundenen Eigenschaften zugrunde liegt. Die Trennung von einem Partner dieser Art ist selbstverständlich unerträglich und muß mit allen Mitteln, auch denen der Selbsterniedrigung, vermieden werden. Eine solche Trennung wird als Totalkastration, als ein symbolisch vermittelter, aber von panischer Angst begleiteter Selbstverlust erlebt. Der Trennungsschock vieler Frauen bei scheiternder Ehe hat hier ein starkes Motiv. Andererseits haben die sexuellen Beziehungen solcher Frauen oft ekstatische Qualität, denn sie erleben darin das Gefühl absoluter Einheit mit einem bewunderten, idealisierten Objekt, welches das eigene Ich-Ideal darstellt.

Das war bei einer Patientin, Johanna, der Fall, die, obgleich sie keinerlei sexuelle Störungen kannte, nicht imstande war, eine dauerhafte Beziehung zu einem Mann einzugehen. Sie war so beeindruckt von den phallischen Qualitäten des Mannes, daß sie diese quasi zu verschlingen versuchte. Das führte natürlich dazu, daß der jeweilige Mann, trotz großer Verwöhnung durch sie, sich dennoch überfordert und geradezu vergewaltigt empfand. Denn durch diese narzißtische Identifikation mit dem Mann wurde er als Eigenperson in weiten Bereichen nicht wahrgenommen; er mußte sich Idealisierungen gefallen lassen, die ihm natürlich unbewußt signalisierten, daß

16 A. Reich: Narcissistic object choice in women. In: J. Am. Psa. Assn. 1, 1953, S. 22–44.

hier nicht er selber, so wie er war, geliebt wurde, sondern das, was er symbolisch für die Patientin repräsentierte. Dem unbewußten Bedürfnis der Patientin nach narzißtisch-phallischer Ergänzung entsprach auch, daß sie gänzlich unkritisch in der Auswahl ihrer Partner war. Die Entfremdungen traten immer dann ein, wenn die narzißtische Idealisierung sich nicht mehr aufrechterhalten ließ und die Eigenperson des Partners nicht mehr zu übersehen war. Die immer erneuten Enttäuschungen hinderten Johanna aber nicht daran, die Art ihrer Beziehungen stereotyp zu wiederholen.

Eine ähnliche Überschätzung des Männlichen hatte sie in der Kindheit bei der Mutter erlebt, auch wenn diese den Idealen und Vorschriften ihrer Generation folgend durchaus monogam und frigide in ihrer Ehe gewesen war. Dennoch hatten für die Mutter Vater, Mann und Sohn im Zentrum ihres Interesses gestanden, war in der kleinstädtischen Umgebung der Patientin die patriarchalische Familienordnung mit ihrer Geringschätzung der Frau noch ungebrochen als Selbstverständlichkeit hingenommen worden. Die berufstätige, sich emanzipiert fühlende junge Frau war sich natürlich ihrer bleibenden Identifikation mit der familiären und gesellschaftlichen Überschätzung des Männlichen in ihrer kindlichen Umgebung keineswegs bewußt. Sie wußte auch nicht, bevor sie in Analyse kam, warum sie in geradezu abgöttischer Liebe an ihrem Sohn hing.

Mit dem Problem, warum die Frau ihre vom Mann behauptete Minderwertigkeit so bereitwillig anerkennt, befaßt sich Freud in verschiedenen Arbeiten, insbesondere in seinem Essay ›Einige psychische Folgen des anatomischen Geschlechtsunterschieds‹. Er sagt dort: »Nachdem es (das Mädchen) den ersten Versuch, seinen Penismangel als Strafe zu erklären, überwunden und die Allgemeinheit dieses Geschlechtscharakters erfaßt hat, beginnt es die Geringschätzung des Mannes für das in einem entscheidenden Punkt verkürzte Geschlecht zu teilen und hält wenigstens in diesem Urteil an der eigenen Gleichstellung mit dem Mann fest.«[17]

Hier wie an anderen Stellen meinte Freud, daß die Frau weniger als der Mann in der Lage sei, ein verinnerlichtes und gefestigtes Über-Ich zu entwickeln, kulturelle Leistungen zu vollbringen, sachliche Urteile zu fällen und innere Selbständigkeit zu erlangen. Er nahm an, daß diese negativen Eigenschaften im Laufe der psychischen Verarbeitung des anatomischen Geschlechtsunterschiedes entstehen. Vielleicht um der klaren Darstellung kindlicher Entwicklungsphasen willen, vielleicht weil zu seiner Lebzeit die vielfältigen

17 S. Freud: Einige psychische Folgen des anatomischen Geschlechtsunterschiedes. In: Ges. W., Bd. XIV, S. 25.

Einflüsse der Gesellschaft auf die soziale Einpassung und Entwicklungsrichtung des Individuums noch nicht so kritisch durchleuchtet waren, hat er in diesen Arbeiten davon abgesehen, die andere große Komponente: eben diesen Einfluß der gesellschaftlichen Einstellungen auf das Selbstgefühl der Frau, zu beschreiben. Gleichzeitig warnte er aber davor, den Einfluß der sozialen Ordnungen zu unterschätzen und »aktiv« mit »männlich«, »passiv« mit »weiblich« zusammenfallen zu lassen[18].

Ein Überblick über die psychoanalytische Literatur nach Freud läßt erkennen, daß die psychische und intellektuelle Entwicklung der Frau nach wie vor mehr auf die Entdeckung ihrer körperlichen Andersartigkeit zurückgeführt wird, als daß sie im Zusammenhang mit der unterschiedlichen Art der Erziehung von Mädchen und Knaben und der unserer Gesellschaft entsprechenden geringeren Einschätzung der Frau gesehen würde. Das sollte nachgeholt werden, denn eine säuberliche Trennung der seelischen Reaktion auf die Entdeckung des anatomischen Geschlechtsunterschiedes von den Auswirkungen seiner gesellschaftlichen Bewertung wird bei der Verflechtung von biologischen, psychologischen und gesellschaftlichen Faktoren nicht möglich sein.

Es ist deswegen wichtig, erneut hervorzuheben, daß Freud neben der Bedeutung, die er dem »anatomischen Schicksal« für die weibliche Entwicklung gab, zwei weitere Punkte erwähnte: die Wirkung des Denkverbots in bezug auf die Sexualität und die Auswirkungen des elterlichen Verhaltens gegenüber der kindlichen Onanie. Noch 1933, nachdem er die wesentlichen Arbeiten über Entwicklung und Sexualität der Frau geschrieben hatte, sagte er: »Das Denkverbot, das die Religion im Dienste ihrer Selbsterhaltung ausgehen läßt, ist auch keineswegs ungefährlich, weder für den einzelnen noch für die menschliche Gemeinschaft. Die analytische Erfahrung hat uns gelehrt, daß ein solches Verbot, wenn auch ursprünglich auf ein bestimmtes Gebiet beschränkt, die Neigung hat, sich auszubreiten und dann eine Ursache schwerer Hemmungen in der Lebenshaltung der Person wird. Diese Wirkung kann man auch am weiblichen Geschlecht beobachten als Folge des Verbots, sich auch nur im Denken mit seiner Sexualität zu beschäftigen.«[19]

18 S. Freud: Neue Folge der Vorlesungen. In: Ges. W., Bd. XV, S. 123.

19 S. Freud: Neue Folge der Vorlesungen. In: Ges. W., Bd. XV, S. 185. Mit der Bedeutung des Onanieverbots und seiner Folgen beschäftigen sich Freud und die Analytiker seiner Zeit viel eingehender, als es heute der Fall ist. Das ist zweifellos darauf zurückzuführen, daß die psychoanalytischen Erkenntnisse auf diesem Gebiet weitgehend in das allgemeine Bewußtsein aufgenommen worden sind und deswegen die Einstellungen der Erzieher zur Autoerotik und speziell zur kindlichen Onanie toleranter gewor-

Die erste Generation der Psychoanalytiker meinte, daß neben der Realisierung des anatomischen Geschlechtsunterschiedes das Verbot der Onanie für die Kastrationsangst des Knaben und das Minderwertigkeitsgefühl des Mädchens von ausschlaggebender Bedeutung sei. Die klitoridale Onanie des kleinen Mädchens kann, wenn sie von der Mutter mit Zeichen des Abscheus verboten wird, unbewußt als Zeichen der Wertlosigkeit dieses Organs gedeutet werden. Man könnte deswegen annehmen, daß die heute gewonnene größere Toleranz der Eltern den kindlichen Sexualäußerungen gegenüber auch zu einer Verminderung der Kastrationsangst des Knaben und der Minderwertigkeitsgefühle des Mädchens geführt habe. Vielleicht ist in der Tat die Angleichung der Geschlechter in ihrem äußeren Erscheinungsbild und oft auch in ihrem Verhalten, die wir heute erleben, darauf zurückzuführen, daß die geringere Kastrationsangst den Knaben länger in seiner ödipalen Zuwendung zur Mutter bleiben läßt und er sich deshalb nicht mehr zu der schnellen Verinnerlichung der väterlichen Verbote, die die Vorbedingung für das bisher als typisch männlich angesehene Über-Ich zu sein scheint, gezwungen sieht. Wenn das zutrifft, dann würde sich auch bei ihm nunmehr die Abhängigkeit von den Eltern verlängern; eine Abhängigkeit allerdings, die nach wie vor dem noch gültigen Männlichkeitsideal unserer Gesellschaft widerspricht und deswegen zu erneuten, wenn auch andersartigen Konflikten führen muß.

Es besteht also ein doppelter Zwang: Einerseits soll der junge Mensch sich mit dem Männlichkeits- und Weiblichkeitsideal der Gesellschaft identifizieren und die Rollen: männliche Unabhängigkeit und Selbständigkeit, weibliche Gefügigkeit übernehmen. Andererseits verhalten sich die Eltern manchmal den sexuellen Äußerungen ihrer Kinder gegenüber so tolerant, daß diese sich in eine sexuell getönte übermäßige Abhängigkeitsbeziehung geradezu gedrängt sehen. Dieser Konflikt kann dazu führen, daß sich heute viele

den sind. Sie wird nicht mehr prinzipiell als schädlich angesehen oder gar als Ursache für spätere körperliche und geistige Störungen betrachtet. Erfahrungen mit früh gestörten Kindern haben vielmehr gezeigt, daß ein Fehlen der kindlichen Autoerotik Anlaß zur Beunruhigung gibt und die kindliche und pubertäre Erforschung des eigenen Körpers als normale Entwicklung anzusehen ist. Die Analytiker sind sich im allgemeinen darüber einig, daß das Spiel mit den Genitalien in den ersten zwei Jahren der Entwicklung des Körperbildes dient und dann völlig fehlt, wenn die Mutter-Kind-Beziehung besonders schlecht oder gar nicht vorhanden ist. Als Onanie im eigentlichen Sinne wird erst die genitale Masturbation der phallisch-ödipalen Phase (zwischen 4 und 6 Jahren) und vor allem der Pubertät mit den sie begleitenden Phantasien angesehen. Eine übermäßige Hemmung der Masturbation stört die Fähigkeit zur Aufnahme von Objektbeziehungen und die normale Entwicklung zur Heterosexualität.

Jugendliche gegen eine solche Bindung an die Eltern besonders heftig auflehnen. Die jetzt zu beobachtende starke Identifikation mit den Gleichaltrigen dient dann nicht nur der Identitätsfindung und den gesellschaftlich geforderten Autonomiebestrebungen, sondern kann auch als die Abwehr einer Inzestangst gedeutet werden.

In der Psychoanalyse geht es bekanntlich im wesentlichen darum, die Mitteilungen und Leistungen des Unbewußten der Patienten zu verstehen und dieses Verständnis dann dem Patienten zurückzuvermitteln. Das Ziel ist es, auf diese Weise bisher verdrängte infantile und angsterregende Inhalte für das Bewußtsein des Kranken tolerabel zu machen, so daß er nicht mehr mit Symptomen, Charakterstörungen und Ich-Einschränkungen zu reagieren braucht. Daß das Unbewußte und seine Inhalte auch von Identifikationen mit den kulturell übermittelten Idealen und Forderungen geprägt und über viele Generationen von den Eltern an die Kinder weitergegeben werden und daß die Bewußtmachung dieser Inhalte sie zugleich in Frage stellt, ist zuerst in den kulturkritischen Arbeiten Freuds behandelt worden und stellt gegenwärtig ein Hauptthema der Forschung dar. Für die weiblichen Patienten bedeutet deswegen die psychoanalytische Aufdeckung, daß sie an einem unbewußten Penisneid leiden, nicht, wie einige Feministen meinen, daß damit konstitutionelle Minderwertigkeit der Frau eine Bestätigung findet und von ihr selber anerkannt wird; im gegenwärtigen historischen Augenblick wird vielmehr eine Erkenntnisleistung verlangt, sich mit der psychischen Verarbeitung verdrängter kindlicher Erlebnisse auseinanderzusetzen. Erst auf dieser Basis gelingt es, mit ihnen auf eine kritische und dem Erwachsenenalter entsprechende, rationale Weise umzugehen. Denn erst die psychoanalytischen Entdeckungen haben uns klargemacht, daß sowohl die Kastrationsangst des Mannes wie der Penisneid der Frau, nur solange sie *unbewußt bleiben*, wesentlich zur Verachtung der Frau, zu ihrer sozialen Benachteiligung und zur Entwicklung ihrer Minderwertigkeitsgefühle beitragen.

Es trifft zu, daß sich die Frau die Ansicht von Männern wie Aristoteles, Paulus und vielen anderen, die von der angeborenen Minderwertigkeit der Frau sprechen, weitgehend zu eigen macht, wenn sie sich als ein Wesen ansieht, das nur dann zur Vervollkommnung gelangen kann, wenn es wie der in ihrer Gesellschaft bevorzugte, idealisierte und gefürchtete Mann denkt, empfindet und handelt. Damit verbindet sich oft die Verleugnung eines sexuellen körperlichen Erlebens, das sich von dem des Mannes notwendigerweise unterscheiden muß: Die Körpergefühle, speziell die sexuellen, die Art des Orgasmus, sind bei Mann und Frau verschieden. Unbewußt verankerte Abwehr geschlechtsspezifischer Phantasien und Gefühle bis hin zur Wahrnehmungsverleugnung von Empfindungen des eigenen Körpers führen dann – wenn auch nicht als einzige Faktoren – dazu, daß sexuelle Schwierigkeiten in der Beziehung der Geschlechter miteinander zu den häufigsten Klagen gehören, mit denen sich der Psychoanalytiker konfrontiert sieht – auch heute noch. Dabei pflegt der Mann, der seinen sexuellen Körpergefühlen weniger defensiv gegenübersteht, seltener unter Orgasmusschwierigkeiten zu leiden als die Frau, deren häufigstes Symptom die Frigidität ist.

Die Frau besitzt im Gegensatz zum Mann zwei erogene Leitzonen: die Klitoris und die Vagina. Die Klitoris wird von vielen und so auch von Freud als der Körperteil angesehen, in dem sich die mit Männlichkeitsphantasien verknüpften Sexualgefühle der Frau zentrieren. Schon 1905 in ›Drei Abhandlungen zur Sexualtheorie‹ sagte Freud: »Mit Rücksicht auf die autoerotischen und masturbatorischen Sexualäußerungen könnte man den Satz aufstellen, die Sexualität des kleinen Mädchens habe durchaus männlichen Charakter.«[20] In der phallischen Phase gelten die aktiven, dranghaften Triebstrebungen des kleinen Mädchens der Mutter und finden ihre Abfuhr in der Klitorismasturbation. Die klitoridalen Organgefühle erwekken nach Ansicht der Psychoanalytiker im kleinen Mädchen die Penisphantasie, die es erst nach voller Realisierung des anatomischen Geschlechtsunterschiedes aufzugeben bereit ist[21].

Freud meinte, daß der Wechsel der erogenen Leitzone von der Klitoris zur Vagina als notwendiger Reifungsschritt zur erwachsenen weiblichen Genitalität anzusehen sei. Damit hat Freud zum Mythos des vaginalen Orgasmus als Ausdruck der psychosexuellen Reife einer Frau wesentlich beigetragen. Zwar meinte er, daß ohne den Gesichtspunkt der Bisexualität man weder beim Mann noch bei der Frau zum Verständnis ihrer Sexualäußerungen kommen könne, hat aber die auf zwei erogenen Leitzonen beruhende sexuelle Erregbarkeit der Frau dann als Entwicklungshemmung angesehen, wenn sie im Erwachsenenalter nicht zugunsten einer ausschließlich vaginalen Orgasmusfähigkeit aufgegeben werden konnte. Untersuchungen über das weibliche Sexualverhalten haben aber gezeigt, daß der Wechsel der erogenen Leitzone von Klitoris zur Vagina selten vollständig vollzogen wird. Dafür sind nicht nur psychische Störungen verantwortlich zu machen, sondern der weibliche Körper und

20 S. Freud, in: Ges. W., Bd. V, S. 120.

21 Vgl. Käthe Dräger: Übersicht über psychoanalytische Auffassungen von der Entwicklung der weiblichen Sexualität. In: Psyche 22, 1968, S. 416–422.

seine physiologische Beschaffenheit verhindern in sich einen vollständigen Wechsel; ein ausschließlich vaginaler Orgasmus scheint biologisch unmöglich, die Forderung nach dieser Einschränkung ein zeitspezifischer, wissenschaftlich eingekleideter Mythos zu sein.

Mary Jane Sherfey[22] erregte mit einer Arbeit in Analytiker-Kreisen Aufsehen, in der sie die Psychoanalytiker mit den Ergebnissen neuerer Untersuchungen über die Anatomie und Physiologie der menschlichen Sexualreaktionen und mit Forschungen über die geschlechtliche Differenzierung des Embryos konfrontierte. Aus den Befunden ging hervor, daß jeder Embryo in seinen Anfangsstadien phänotypisch weiblichen Geschlechts ist. Letzteres zwang dazu, sich erneut mit der Frage nach der biologisch fundierten Bisexualität des Menschen auseinanderzusetzen. Aber mehr noch als die Forschungsergebnisse auf dem Gebiet der Embryologie waren die Beobachtungen von Masters und Johnson[23] für die psychoanalytische Theorie von Bedeutung und erforderten Korrekturen der Vorstellungen über die Libidoentwicklung der Frau, wie man sie von Freud übernommen hatte. Masters und Johnson stellten fest, daß die mit dem Orgasmus verbundenen Kontraktionen der den unteren Abschnitt der Vagina umschließenden Beckenmuskulatur und andere genitale Reaktionen unterschiedslos erfolgen, ganz gleich, ob der Orgasmus ein Ergebnis klitoridaler oder vaginaler Reizung ist. Die weibliche physiologische Antwort auf eine wirksame sexuelle Stimulierung ist gleichbleibend und auch unabhängig davon, ob sie durch psychische oder physische Erregung zustande kam. Das bedeutet natürlich nicht, daß das psychische Erleben von der Art der sexuellen Erregung unbeeinflußt bleibt. Denn wenn wir auch annehmen müssen, daß anatomisch-physiologisch zwischen vaginal und klitoridal ausgelöstem Orgasmus kein Unterschied besteht, daß dieser höchstens an Stärke und Intensität variiert, so ist doch offensichtlich, daß das mit der sexuellen Reizung in Zusammenhang stehende seelische Erleben von vielfältigen Begleitumständen abhängig ist. Amerikanische Analytiker haben sich mit den Beobachtungen von Masters und Johnson und den damit in Zusammenhang stehenden, von Sherfey aufgeworfenen Problemen für die psychoanalytische Theorie eingehend beschäftigt[24].

22 M. J. Sherfey: The Evolution and nature of female sexuality in relation to psychoanalytic theory. In: J. Am. Psa. Assn. 14, 1966.

23 William H. Masters und Virginia E. Johnson: Human sexual response. Boston 1966.

24 Warren J. Barker (Berichterstatter): Female Sexuality. Panel Report. In: J. Am. Psa. Assn. 16, 1968.

Nach diesen Erkenntnissen kann die Forderung nach einem völligen Wechsel der erogenen Leitzone von der Klitoris zur Vagina als notwendigem Reifungsschritt zur erwachsenen weiblichen Genitalität nicht mehr aufrechterhalten werden. Biologisch gesehen gibt es keinen rein vaginalen Orgasmus. Wenn bei einer erwachsenen Frau klitoridale Erregbarkeit beobachtet wird, so ist das ein normaler Vorgang und braucht nicht ein neurotisches Festhalten an dem Wunsch, ein Mann zu sein, bedeuten. Aufgrund dieser neueren Ergebnisse stellt Gillespie[25] deswegen mit Recht an die Analytiker die Frage, ob es dabei bleiben kann, daß wir weiterhin die klitoridale Erregung mit dem Wunsch nach männlich-phallischer sexueller Aktivität gleichsetzen. Sind wir nicht vielmehr gezwungen anzunehmen, daß die Klitoriserregung zur normalen vollen weiblichen Sexualität gehört, da sie auch durch koital ausgelösten Orgasmus befriedigt werden kann?

Sherfey interpretierte die Beobachtungen von Masters und Johnson im Sinne einer potentiellen sexuellen Unersättlichkeit der Frau und vergleicht sie mit Beobachtungen an weiblichen Primaten, die auch unersättliche Kopulationsbedürfnisse zeigen können. Nicht nur müsse in früheren Entwicklungsstadien der Menschheit eine solche ungehemmte Sexualität der Frau zu Konflikten mit ihrer Aufgabe als Mutter geführt haben, so meint sie, unausweichlich hätte dieses Verlangen auch die Angst des Mannes aktiviert, und das habe in prähistorischen Zeiten zur Unterdrückung der Frau geführt, um auf diese Weise ihre hemmungslose Sexualität zu kontrollieren.

Solche Vorstellungen sind zwar interessante Spekulationen, aber betrachtet man die heutige Frau und ihre sexuelle Pathologie, so muß man doch mit Therese Benedek[26], Lily Fleck[27] u. a. übereinstimmen, daß die orgastische Fähigkeit nicht zum alleinigen Kriterium der psychosexuellen Reife gemacht werden kann. Sexuelle Unersättlichkeit pflegt mit einer psychopathologischen Entwicklung, einer Schwächung der mitmenschlichen Objektbeziehungen und Ichfunktionen einherzugehen. Die Beziehung zwischen Mann und Frau wird zweifellos zufriedenstellender sein, wenn beide sich so aufeinander einstellen können, daß die Frau koital orgasmusfähig ist und nicht allein durch klitoridale Manipulationen befriedigt werden muß.

25 William H. Gillespie: Concepts of vaginal orgasm. In: Int. J. Psa. 4, 1969.

26 Th. Benedek: Über Orgasmus und Frigidität. In: Jahrbuch d. Psychoanalyse, Bd. III, 1964.

27 L. Fleck: Die Beurteilung der orgastischen Kapazität der Frau und ihre Störungen aus psychoanal. Sicht. In: Psyche 23, 1969, S. 58–74.

Es trifft also nicht zu, wie psychoanalytische Beobachtungen mittlerweile gezeigt haben, daß die Fähigkeit zum vaginalen Orgasmus mit der Reifung der Frau »zur vollen Weiblichkeit« Hand in Hand geht. Diese Vorstellung hat aber dazu geführt, daß viele Frauen sich heute ihrer klitoridalen Erregbarkeit schämen und ihre vaginale Frigidität verleugnen und damit ihre Empfindungen der Unzufriedenheit und Minderwertigkeit verschweigen. Solche Empfindungen werden dann auf andere Gebiete verschoben; die Frauen erleben sich wieder einmal als Versager und vermögen sich dann auch deswegen im beruflichen Bereich nicht erfolgreich durchzusetzen.

Die Fähigkeit, den Orgasmus zu erreichen, sollte immer im Hinblick auf die Qualität der Objektbeziehungen einer Person gesehen werden; denn auch im Sexuellen bestimmt die Fähigkeit zur gegenseitigen Befriedigung das psychische Erleben. Da die vaginale Orgasmusfähigkeit in der heutigen Gesellschaft zu einer Art von Standardkriterium geworden ist, pflegt die Frau sich also der Störungen ihrer vaginalen Empfindungsfähigkeit zu schämen. Während die Frauen früherer Generationen unter der Last der ihnen zugedachten Reinheitsrolle ihre sexuellen Gefühle verdrängten, stehen sie heute unter sexuellem Leistungszwang und wagen es nicht, ihre Frigidität zuzugeben und den Mann zu einer Einfühlung in ihr sexuelles Empfinden zu bewegen.

Indem die Frau sich dem modernen sexuellen Leistungszwang unterwirft, bleibt sie trotz angeblicher sexueller Befreiung mit dem Mann und dessen Vorurteilen identifiziert, nicht anders als es ihre Mutter vor ihr war. Der Mechanismus bleibt der gleiche, nur die Inhalte haben sich geändert.

Kate Millet zeigt in ihrem Buch ›Sexus und Herrschaft‹[28] an einigen eindrucksvollen Beispielen aus der Literatur, daß die sexuelle Befreiung der Frau oft nur die Roheit des Mannes ihr gegenüber verstärkt hat. Denn trotz aller oberflächlichen Angleichung der Geschlechter scheint der Mann die Angst, unmännlich zu werden, sobald er in der Frau den Partner sieht und sich ihr gegenüber einfühlend und rücksichtsvoll verhält, nicht verloren zu haben.

Renate Staewen-Haas[29] unterscheidet in Anlehnung an Janine Chasseguet-Smirgel die Identifizierung des Mädchens mit dem männlichen Glied in seiner Bedeutung als Sexualorgan von der Identifizierung mit dem Phallus in seiner symbolischen Bedeutung; das

28 A.a.O.

29 R. Staewen-Haas: Identifizierung und weibliche Kastrationsangst. In: Psyche 24, 1970, S. 23–39.

erstere führe zu Hörigkeit, zu allzu großer Beeinflußbarkeit durch die jeweiligen männlichen Objektbeziehungen, also zu Ich- und Über-Ich-Schwäche; das letztere sei als nicht pathologisch anzusehen, denn, so schreibt Grunberger:

»Wenn man jeden Penisneid als eine Abwehr der Weiblichkeit deutet, riskiert man, die Bedeutung des Wunsches nach narzißtischer Integrität zu verkennen, jenes Wunsches nach Vollständigkeit, der ja im Unbewußten beider Geschlechter oft durch das Bild des Phallischen ausgedrückt wird. Dieses Bild drückt im Unbewußten oft auch die vollendete Weiblichkeit aus. So könnte ein falsches Verstehen der weiblichen Einstellung zum Vollständigkeitsphallus nur zu einer Verstärkung des Penisneides (als sexuelles Organ) und zu einer dauernden Fixierung führen.«[30]

Warum aber ist der Phallus für beide Geschlechter zum Symbol der Autonomie, der körperlichen und geistigen Unversehrtheit geworden? Es scheint sich doch hier um eine Symbolträchtigkeit zu handeln, die eine lange sozio-kulturelle Vorgeschichte hat, eine Übereinkunft auf ein Symbol hin, nicht aber einen naturgegebenen Tatbestand darstellt. Unbefragt hinzunehmen, daß das Integre und Heile für jeden Menschen quasi von Natur her im Phallussymbol seinen Ausdruck findet, würde die auf keiner biologischen Grundlage beruhende geringere Bewertung der Frau und ihrer Leiblichkeit verewigen. Solange man den Körper der Frau in seiner symbolischen Bedeutung als etwas Zerstörtes oder Unvollständiges ansieht, wird man mit Angst oder Verachtung darauf reagieren oder als Mann unfähig sein, sich in die Frau und ihre Sexualität einzufühlen.

Fehlende Einfühlung, unterschiedliche Bewertung von Mann und Frau führen aber nicht nur zu einer Fixierung des Penisneides, sondern aktivieren auch Rachebedürfnisse und sadistische Phantasien. Viele der masochistischen Attitüden der Frau, die immer wieder als typisch weiblich angesehen werden und bis zur bedingungslosen Unterwürfigkeit gehen können, werden in der Analyse als Reaktion auf eigene kastrierende, destruktive Phantasien dem einfühlungsunfähigen und die Frau zum Neid herausfordernden Mann gegenüber aufgedeckt. In der Kindheit ist es nicht nur die Haltung des Vaters der Mutter gegenüber, die kränkend wirken kann, sondern oft ist es ein Bruder, der seine Schwester mit brutaler Abwertung behandelt und deswegen Angst und Haßgefühle auslöst. Der Kreis schließt sich, wenn dieser Haß wiederum Schuldgefühle und Strafbedürfnisse auslöst, die sexualisiert werden können.

30 Bela Grunberger: Über das Phallische. In: Psyche 17, 1964, S. 604–620.

In der psychoanalytischen Praxis zeigte sich, daß die Orgasmusfähigkeit einer Frau häufig von typischen masochistischen Phantasien abhängt[31]. Meistens stellt sie sich Situationen vor, in denen sie zu sexuellem Verkehr gezwungen wird oder andere Erniedrigungen ertragen muß. Die Sexualisierung der solchen masochistischen Phantasien zugrunde liegenden unbewußten Strafbedürfnisse hat dazu geführt, daß die Frau ihr unterwürfiges Verhalten mit Lust besetzt und diese Reaktionsform nicht mehr aufzugeben vermag.

Auch ein Wechsel zwischen masochistischen und sadistischen Phantasien ist nicht selten zu beobachten. Daraus ergibt sich wiederum ein Circulus vitiosus: Die masochistischen Phantasien und ihnen entsprechende unterwürfige Verhaltensweisen regen bei der Frau untergründig neuen Haß an, Wut und sadistische Phantasien beherrschen dann für einige Zeit das seelische Leben. Darauf folgen wieder Schuldgefühle, erneute masochistische Phantasien, oft begleitet von Depressionen und intellektueller Denkhemmung. Dazu folgendes Beispiel[32]:

Betty, eine 32jährige Akademikerin, wehrte ihren Zorn auf beide Eltern mit masochistischen Phantasien ab. Es kam aber trotzdem immer wieder zu Wutausbrüchen, die ihr die Beziehung nicht nur zu den Eltern, sondern auch zu anderen Menschen, die später in irgendeiner Form Aspekte der Eltern symbolisierten, erschwerten. Als Betty 4 Jahre alt war, hatte die Mutter einen Sohn geboren, und Betty meinte, sie habe ihn bevorzugt. Für den Vater stand Betty im Mittelpunkt der Aufmerksamkeit. Er schien sie der Mutter vorzuziehen und äußerte offen, daß er von ihr mehr hielt als von der Mutter. Er war sehr ehrgeizig, vermochte sich aber aufgrund einer narzißtisch-paranoiden Symptomatik beruflich nicht durchzusetzen und verlangte jetzt von der Tochter, daß sie alle seine ehrgeizigen beruflichen Pläne verwirklichen sollte. Der Vater war für Betty einerseits – seiner eigenen Selbstüberschätzung entsprechend – ein Übervater, der allen anderen in ihrer Umgebung überlegen war. Andererseits war er nicht in der Lage, beruflich so viel Erfolg zu haben, daß sie in der Schule und später beim Studium in der Identifikation mit ihm gesellschaftliches Selbstvertrauen aufbauen konnte.

Bettys Vertrauen zu sich selbst als Mädchen war dadurch gestört worden, daß sie von der Mutter nach den ersten vier Jahren, in denen sie von ihr besonders verwöhnt worden war und für beide Eltern im Mittelpunkt der Aufmerksamkeit gestanden hatte, nach der Geburt

31 Vgl. Th. Benedek: Discussion of Sherfey's Paper on Female Sexuality. In: J. Amer. Psa. Assn. 16, 1968, S. 442.

32 Vgl. M. Mitscherlich-Nielsen, a.a.O.

des Bruders ziemlich fallengelassen wurde. Auch konnte sie sich mit der Mutter nicht identifizieren, da der Vater ihr immer wieder zu verstehen gab, daß er die Mutter nicht als geistigen Partner anerkennen konnte. In der Schule wurde über ihren Vater, der Lehrer war, gelacht, er wurde nicht ernst genommen; ihre ursprüngliche Neigung, im Vater einen Halbgott zu sehen, mußte aufgegeben werden und hinterließ das Gefühl tiefer Wertlosigkeit. Dennoch blieb Betty so weit mit dem Vater identifiziert, daß sie sich gegen dieses Gefühl der Entwertung mit gelegentlichen Ausbrüchen maßlosen Hochmutes wehrte. Sie schwankte zwischen Selbstverachtung und dem Gefühl, daß außer ihr niemand etwas wert sei.

Ihrem Bruder gegenüber, den sie einerseits innig liebte, andererseits aber auch als Rivalen haßte und unbewußt zerstören wollte, verhielt sie sich ähnlich wie allen späteren Geliebten gegenüber: Einerseits betete sie ihn an, andererseits machte sie ihn zum verächtlichen Versager. Diese Mischung von ungehemmt aggressiver Verachtung und Szenen der Selbstzerfleischung macht verständlich, warum keiner ihrer Freunde es längere Zeit an ihrer Seite aushielt. Eine einzige Ausnahme gab es: einen Mann, der ihre Ausbrüche grenzenloser Verachtung zu genießen schien. In dieser Beziehung war sie mit Hilfe von sadistischen, den Koitus begleitenden Phantasien voll orgasmusfähig.

Betty hatte dem Vater unbewußt nicht verzeihen können, daß er sie einerseits zu einem Teil von sich, zu einem ihrem Gefühl nach männlichen Wesen gemacht hatte, andererseits aber diese phallische Identifikation mit ihm, das Gefühl des damit erreichten Wertes, wiederum zerstört hatte, indem er sich beruflich und gesellschaftlich in keiner Weise durchzusetzen vermochte. In der Beziehung zu ihrem masochistischen Geliebten war die Rache am Vater unschwer zu entdecken; allerdings verband sich damit auch Selbsterniedrigung. Die Identifikation mit der Mutter war ihr nicht gelungen, da diese sich selber als Frau keinen Wert zu geben vermochte, den Sohn höher bewertete und auch vom Vater keine Anerkennung bekam. Im Grunde schien es für den Vater, der hinter seiner narzißtisch-paranoiden Einstellung eine latente Homosexualität verbarg, nur ein Geschlecht, das männliche, zu geben. In dieser Konstellation war es Betty nicht möglich, ein echtes Selbstwertgefühl aufzubauen, vielmehr erlebte sie sich nicht nur als etwas geistig Zerstörtes, sondern wurde auch während der Menstruation wiederholt von Ängsten überfallen, körperlich zerstört zu sein.

Über lange Zeit hat man sich in der psychoanalytischen Literatur fruchtbarer mit der inneren Realität, mit intrapsychischen Entwicklungen, Konflikten und Phantasien beschäftigt als mit der neurotisierenden Wirkung der äußeren Realität. Denn was als »Realität« anzusehen ist, die nicht von innerseelischen Affekten und Phantasien des Patienten verzerrt wird, läßt sich im psychoanalytischen Prozeß nur selten feststellen. Nur bei der Beobachtung kleiner Kinder konnte eindeutig wahrgenommen werden, welche Rolle die äußere Realität, z. B. frühzeitige oder länger dauernde Trennungen von der Mutter, für die Entwicklung des Kindes spielte[33]. Freud war, nachdem er die Phantasien seiner Patientinnen, vom Vater verführt worden zu sein, zuerst für bare Münze genommen hatte, in dieser Hinsicht ein gebranntes Kind und nicht mehr so leicht bereit, die äußere Realität unbefragt als Ursache für die neurotischen Erkrankungen seiner Patienten anzunehmen. Er sagt darüber:

»Sie erinnern sich an eine interessante Episode aus der Geschichte der analytischen Forschung, die mir viele peinliche Stunden verursacht hat. In der Zeit, da das Hauptinteresse auf die Aufdeckung sexueller Kindheitstraumen gerichtet war, erzählten mir fast alle meine weiblichen Patienten, daß sie vom Vater verführt worden waren. Ich mußte endlich zur Einsicht kommen, daß dieser Bericht unwahr sei und lernte so verstehen, daß die hysterischen Symptome sich von Phantasien, nicht von realen Begebenheiten ableiten. Später erst konnte ich in dieser Phantasie von der Verführung durch den Vater den Ausdruck des typischen Ödipuskomplexes beim Weib erkennen.«[34]

Trotz solcher für die Entstehung der Psychoanalyse zentralen Erkenntnisse über typische Verzerrungen der äußeren Realität durch im Unbewußten virulent gebliebene kindliche Wünsche und Vorstellungen war Freud nicht blind für die Rolle, die historisch gesellschaftliche Realitäten für die Persönlichkeitsentwicklung der Frau spielten. Man erinnere sich an seine Äußerungen über die Wirkung des der Frau auferlegten Denkverbotes und dessen Folgen für ihre intellektuelle Entwicklung. Zwischen der »Dummheit« der Frau und der von ihr kulturell geforderten Hemmung ihrer sexuellen Neugierde besteht sicher ein Zusammenhang. Die befreite Sexualität macht aber nur dann klug, wenn sie mit der Erforschung eigener Gefühle und Bedürfnisse einhergeht und nicht erneut ein gedankenloses Einschwenken auf modisch geforderte Verhaltensmuster darstellt.

Obwohl die unterschiedlichen Geschlechtsmerkmale verschie-

33 René A. Spitz: Vom Säugling zum Kleinkind. Naturgeschichte der Mutter-Kind-Beziehungen im 1. Lebensjahr. Stuttgart 1967.

34 S. Freud (1932), in: Ges. W., Bd. XV, S. 128.

dene Arten des sexuellen Erlebens bedingen, kann man nicht von einem »natürlichen« Unterschied zwischen männlicher und weiblicher Wesensart sprechen, die oft fälschlich mit dem physiologischen Unterschied gleichgesetzt oder aus ihm abgeleitet wird. Was als geschlechtsbedingte Wesensart anzusehen ist, scheint sich jeder genauen Bestimmung zu entziehen. Anthropologen wie M. Mead, B. Malinowski usw. haben bei ihren Untersuchungen der verschiedenen primitiven Stammesgemeinschaften festgestellt, daß zwar deren innere Gliederung auf einer Scheidung der Lebensfunktionen beider Geschlechter beruhte; was als »männliche« und was als »weibliche« Eigenschaften betrachtet wurde, war jedoch so unterschiedlich, daß man dafür keine einheitlichen Kategorien finden konnte.

Immer wieder wird auch die Frage gestellt, ob die Frau die gleiche Sublimierungsfähigkeit wie der Mann besitze; ob nicht gerade ihre Neigung, gefühlsmäßig und persönlich zu reagieren, sie daran hindere, die genügende Distanz und Sachlichkeit zu entwickeln, um im wissenschaftlichen und politischen Bereich mit dem Mann konkurrieren zu können. Ein Blick in die Geschichte belehrt uns, daß in der Tat die wissenschaftlichen und künstlerischen Leistungen zu einem größeren Anteil den Männern zu verdanken sind. Aber das hat natürlich ebenfalls seine soziokulturellen Hintergründe.

Denn was ist Sublimierung? Sublimierungen sind modifizierte Äußerungen ursprünglicher Triebwünsche; anstatt der infantilen Form der Triebbefriedigung entstehen im Laufe der Entwicklung auf Befriedigungsaufschub und Beweglichkeit des Triebzieles beruhende Verhaltensweisen. Diese Entwicklung korreliert mit der Ich-Entwicklung. Die Fähigkeit, das ursprüngliche Triebziel aufgeben zu können, ermöglicht die Kulturleistungen, z. B. tritt an die Stelle der Lust zum Schmieren die Fähigkeit zu malen und zu schreiben; anstatt seinem Wunsch zu beißen nachzugeben, kann ein Erwachsener die Neigung zu »beißendem Sarkasmus«, zu »beißender Kritik« entwickeln. Viele Berufe stellen bekanntlich eine Sublimierung libidinöser und aggressiver Triebbedürfnisse dar. Eine bloße Unterbrechung des Strebens nach dem Triebziel, also des entspannenden Handelns, würde als Frustration, Enttäuschung erlebt werden. Gelungene Sublimierungen als das Ergebnis von Modifizierungen des Triebziels werden nicht als solche Enttäuschungen erlebt, sie wekken im Gegenteil ein Gefühl langanhaltender Befriedigung.

Auch Gefühle der Zärtlichkeit leiten sich zwar von physischen sexuellen Strebungen her, können aber wie z. B. im Eltern-Kind- und Kind-Eltern-Verhältnis losgelöst von genitaler Erregung erlebt werden. Die Hemmung des ursprünglichen Zieles, der genitalen Befriedigung, trägt zur undramatischen, stetigen Äußerungsweise der sublimierten Befriedigungen bei. Prägenitale und genitale Sexualität ist sublimierungsfähig. Dauerhafte Freundschaftsbeziehungen z. B. sind beim reifen Menschen auch dann möglich, wenn die Erfüllung ursprünglicher Triebbedürfnisse in ihnen nicht stattfindet. Zielgehemmte Triebbefriedigungen von der Art der Zärtlichkeit finden wir bei Frauen häufiger als bei Männern. Triebsublimierungen als Voraussetzung befriedigender beruflicher und wissenschaftlicher Arbeiten findet man bei Männern bis heute häufiger als bei Frauen.

Sublimierte Impulse sollten von solchen unbewußt wirkenden seelischen Abwehrmechanismen unterschieden werden, die dem Ich dauernden Energieaufwand abverlangen, um durch die sogenannte »Gegenbesetzung« die Verdrängung aufrechtzuerhalten und die Wiederkehr des Verdrängten zu verhindern. Wenn Schmutz etwa unbewußt die Qualität des Lustvollen und des Verbotenen angenommen hat, bedarf es einer dauernden Rückdrängung der Schmutzlust, bis schließlich die permanente Abwehr zu einem Charakterzug hervorragender oder zwanghafter Ordnungsliebe wird. Solche Gegenbesetzungen wie etwa auch Unterwürfigkeit anstelle aggressiver Gelüste binden oder blockieren viel ursprünglichen Schwung und seelische Regsamkeit, während die Sublimierung den Triebwünschen einen neuen, weiterführenden Weg weist. Aber auch Sublimierungen verlangen einen ununterbrochen fließenden Energiestrom, der oft erst dann zur Verfügung steht, wenn es gelungen ist, Verdrängungen mit ihrem Aufwand an Gegenbesetzungen überflüssig zu machen.

Wegen der ihm zugewiesenen Rolle der Unterwürfigkeit ist das Mädchen auch aus Angst vor Liebesverlust viel stärker zu Gegenbesetzungen gegen seine Aggressionen und Rivalitätsgefühle motiviert als der Knabe. Durch seine Identifikation mit dem starken Vater erlebt er sich weniger schutz- und liebebedürftig und kann sich deshalb freier von den häuslichen Forderungen zurückziehen und eigenen Interessen zuwenden. Das ist ein günstigerer Ausgangspunkt zum Aufbau einer Sublimierungsfähigkeit. Die Abhängigkeit des Mädchens und später der Frau von der Anerkennung in ihrem sozialen Feld pflegt weidlich ausgenutzt zu werden. Mit Hilfe von sogenannten Weiblichkeitsidealen wird der Frau die Liebe und Hingabe als höchstes Gut hingestellt, um dadurch die Neigung zur Abhängigkeit, Verdrängung oder Gegenbesetzung gegen aggressive Strebungen noch zu festigen. Es gelingt ihr dann kaum, sich den zahlreich ihr zugemuteten sozialen und häuslichen Pflichten zu entziehen, so daß ihr weder die Zeit noch die innere Selbständigkeit und Freiheit für geistige oder berufliche eigenständige Arbeit bleibt.

Nicht nur fällt es der Tochter schwerer, sich gefühlsmäßig von der Mutter zu distanzieren, als es dem Knaben in seinem Verhältnis zum Vater gelingt. Die Identifikation des Mädchens mit der Mutter stellt zudem weniger den Anfang einer Entwicklung zur Autonomie dar als vielmehr die ersten Schritte, Verhaltensweisen der Mutter unbewußt fortzusetzen, auch dann, wenn sie bewußt abgelehnt werden, wie es an einigen Beispielen dargestellt wurde.

Mit der größeren Angst vor dem Liebesverlust bleibt das Mädchen, wie wir zu zeigen versuchten, auch abhängiger von Liebesäußerungen und ist eher bereit als der Knabe, alles zu tun, um einen Liebesentzug zu verhindern. Eine derartige Konstellation wirkt sich richtunggebend auf die weitere Charakterentwicklung aus.

Aber für beide, Knabe wie Mädchen, scheitert ihre erste kindlich sexuelle Liebesbeziehung, die zur Mutter, an der anatomischen Unmöglichkeit, von ihr sexuell ernst genommen zu werden. Indem der Knabe entdeckt, daß er nur auf dem Umwege einer Identifikation mit dem Vater und der in den väterlichen Qualitäten sich repräsentierenden Gesellschaft ein ernst zu nehmender Konkurrent werden kann, paßt er sich bestehenden Gesellschaftsordnungen an; er ist aber in einer besseren Situation als das Mädchen, das erkennen muß, daß ihm tatsächlich etwas Grundlegendes fehlt, um in seiner Werbung um die Mutter mit dem Vater konkurrieren zu können. In dieser Situation bleibt ihr nichts anderes übrig, als auf aktive Forderungen zu verzichten und äußerlich ein passiv werbendes Verhalten zu zeigen; denn auch der Vater pflegt sich von ihr abzuwenden, wenn sie solche Verhaltensweisen nicht entwickelt, die dann fälschlich als typisch »weiblich« angesehen werden.

Indem der Knabe sich darauf konzentriert, selber zum großen Vater zu werden, wird er zu einem typischen Mitglied unserer übertrieben auf Leistung ausgerichteten Gesellschaft. Er investiert den größten Teil seiner Energien in Tätigkeiten, die ihn konkurrenzfähig machen, um auf keinen Fall noch einmal in die Situation des Abhängigen oder Unterlegenen zu geraten. Seine Haltung Frauen gegenüber ist deswegen oft zurückhaltend, mißtrauisch oder von oben herab. Er neigt dazu, sie entweder zu idealisieren oder nicht ernst zu nehmen. Sie als gleichberechtigten Partner zu erleben, gelingt ihm nur selten; dieses Verhalten ist natürlich nicht nur eine Folge seiner kindlichen Entwicklungsgeschichte, sondern entspricht auch dem Männlichkeitsideal unserer Gesellschaft, von dem sein Wertgefühl abhängt. Die Folge davon ist eine Störung der männlichen Liebesfähigkeit und ein gestörtes Verhältnis des Mannes zu seiner Gefühlswelt überhaupt, die trotz aller scheinbaren Angleichung der Geschlechter immer noch als unmännlich empfunden wird. Das von der Angst vor dem Liebesverlust bedrängtere Verhältnis der Tochter zu ihren Eltern sensibilisiert aber die Gefühlswahrnehmungen des Mädchens. Gefühle – vom Verstand her beurteilt ein ungenaues psychisches Geschehen – werden der Frau deswegen als Ausdruck ihres Wesens von der Kultur zugestanden. Aber auch in dieser Aufteilung steckt ein Stück Verachtung der Frau: Man hält sie für unfähig zu sachlicher Arbeit, unfähig zu objektiven Urteilen. Die Idealisierung der Frau gilt weniger der realen Frau als ihrem phantasierten Bild; ihr »Bild« ist also sehr bestimmt von den narzißtischen Wünschen des Mannes. Der Frau fällt dann bei der Selbstidealisierung des Mannes die Rolle eines Statussymboles zu. Beim »Glamour-Girl« wird die Doppelbödigkeit der Einschätzung besonders deutlich. Je besser die Frau es versteht, im Dienste des Mannes sich zu exhibieren, desto höhere Ansprüche werden ihr auch zugebilligt; zugleich wird sie wegen dieser völligen Abhängigkeit von der sozial wirksamen Potenz des Mannes von diesem als Besitz kalkuliert und im Falle des Interessenkonfliktes wie Ware »abgestoßen«.

Wenn ein Mann eine Frau schlecht behandelt, mag dem aber auch eine verspätete oder verschobene Rache an der Mutter zugrunde liegen; ein Bedürfnis, das psychologisch verständlich und auflösbar wäre, wenn es nicht in seiner Ausdrucksform von der Gesellschaft akzeptiert und als normal angesehen würde. Die starke ursprüngliche Abhängigkeit des Knaben von der Mutter und die mit dieser intensiven Beziehung in Zusammenhang stehenden unvermeidbaren Enttäuschungen und Kränkungen haben sicher zur jahrhundertelangen Unterdrückung der Frau das ihrige beigetragen.

Im Rückblick auf unser Thema wird deutlich, daß von wirklicher Befreiung der Frau – nicht nur aus männlicher Knechtschaft, sondern auch aus der Umklammerung einer männlich konzipierten Lebensordnung mit ihrem beruflichen und sexuellen Leistungszwang, mit ihrer narzißtischen Orientierung am Erfolg, an Schönheit und ewiger Jugend oder ihrer Forderung nach Moral um ihrer selbst willen – noch kaum die Rede sein kann. Die Gefahr einer falschen Emanzipation besteht, wenn die Frau sich nach wie vor mit dem »Aggressor« identifiziert; denn dann wird sie ihre Geschlechtsgenossinnen untergründig weiter verachten und sich nicht wirklich mit ihnen solidarisieren können; oder sie ahmt den Mann und seine von Abwehrmechanismen diktierten Verhaltensweisen nach. Noch verzweifelter wird die Situation, wenn die Selbstentfremdung der Frau so weit geht, daß die Identifikation an den männlichen Wertvorstellungen als eigenes Bedürfnis empfunden wird und z. B. gerade diejenigen Politiker gewählt werden, mit deren Hilfe eine männlich orientierte Gesellschaftsordnung mit ihrer Unterdrückung und Verachtung der Frau verewigt wird. Am Anfang jeder Emanzipation sollte deswegen vor allem eine Aufklärungsarbeit oder eine Erziehung stehen, die den Frauen hilft, einen besseren Zugang zu ihren tatsächlich vorhandenen Gefühlen und Wünschen zu finden, und die sie lehrt, sich selber weniger zu verachten.

Je mehr Selbstvertrauen eine Frau entwickelt, um so leichter wird es ihr fallen, einer sie umgebenden männlichen Gesellschaft die eigenen Wertvorstellungen entgegenzusetzen. Ihre im Verhältnis zum Mann ausgebildetere Sensibilität und stärkere Gefühlsfähigkeit kann die oft starre und zynische, Gefühle und Angst abwehrende männliche Haltung nur dann in Frage stellen oder ad absurdum führen, wenn sie diese Fähigkeiten als Wert anzusehen vermag und sie gemeinsam mit anderen Frauen verteidigen kann. Denn um das Ziel einer fairen Partnerschaft zwischen Mann und Frau zu erreichen, müssen sich erst einmal die Frauen für eine größere gegenseitige Unterstützung entscheiden. Das bedeutet gewiß nicht, den Männern in pauschaler Feindseligkeit gegenüberzustehen; vielmehr sollte eine neu gewonnene Selbstsicherheit der Frau dazu dienen, auch dem Mann zu helfen, damit er sich weniger krampfhaft an sexuelle Erfolge oder soziale und berufliche Anerkennung klammern muß; je sicherer sie in sich selbst ruht, um so größer wird ihr Verständnis für den Mann und seine Ängste sein. Denn auch für den Mann gilt es zu erkennen, daß er nicht selten aufgrund seiner Abwehr gegen Gefühle, Ängste und Abhängigkeitswünsche ein »falsches Selbst« aufgebaut hat.

Erst dann wird man sich ein Bild machen können, wie eine Welt aussieht, die aus *gemeinsamer* Zielsetzung heraus entsteht. Bisher kennen wir nur eine, in der die Frauen sich ihrer Unterdrückung entweder gar nicht bewußt oder in der Anstrengung um Selbstbefreiung gezwungen waren, zur Demonstration ihrer gleichwertigen Daseinsberechtigung den Mann nachzuahmen.

Müssen wir hassen?
Leidensgeschichten – Arten des Umgangs mit Aggressionen

Es gibt genügend Anlaß zum Haß. Wir brauchen uns nur umzuschauen, und wir brauchen nur an unsere jüngste Geschichte zu denken. Systeme oder Personen, die unmenschliche Handlungen gutheißen, sinnlose Grausamkeit verherrlichen, hilflose Menschen erniedrigen und ausbeuten, sollten wir hassen. Aber oft hassen wir an falscher Stelle und sperren uns danach gegen die Bewußtmachung der unserem Haß zugrunde liegenden Motive. Zu Zeiten Hitlers haßten wir die Verfolgten und Erniedrigten und liebten die Verfolger, wobei »wir« eine gewiß problematische, aber angesichts der Woge des Hasses eine hier ganz bewußt gewählte Verallgemeinerung ist: wir Deutsche.

Wenn viele Menschen dasselbe sagen, sich zu den gleichen, noch so absurden Ideologien bekennen, schwenken die meisten, in deren Nachbarschaft so eine Einigung stattfindet, über kurz oder lang ein und sind bereit, sich der Urteile und der Sprachregelung der Mehrheit anzuschließen. Die Majorität der Deutschen haßte die Juden, uneingestanden zunächst, weil sie neidisch und eifersüchtig auf deren Erfolge war; denn die Juden waren z. B. in der Finanzwelt und in intellektuellen Berufen prozentual stärker vertreten als die übrige Bevölkerung. In den Notjahren der Weltwirtschaftskrise breitete sich der Antisemitismus rasch aus. Die Juden als Minderheit mit anderen religiösen Wertvorstellungen verhalfen den Deutschen bei ihrer Suche nach einem Schuldigen für diese Entbehrungen und Erniedrigungen dazu, ihre bereitliegenden Haß-, Rache- und Neidaffekte auf sie, die Juden, projizieren zu können. Diese Affekte hatten ursprünglich anderen, nämlich den nach herkömmlicher Erziehungsart unterdrückenden Vätern und Erziehern gegolten, von denen man oft Härte und Unrecht zu spüren bekam. Jetzt in der Arbeitslosigkeit war man wieder Opfer stärkerer, überwältigender Mächte und haßte sie. Die Ohnmacht der realen Lage gegenüber erweckte Haß, und dieser verband sich, wie immer in ähnlichen Situationen, mit alten Ängsten und Affekten des Hasses und der Rache. In der Familie konnte man sie nicht ausreichend, nach Radfahrerprinzip, abreagieren; das hätte zu schwerwiegenden Konflikten führen können[1].

1 Vgl. Alexander und Margarete Mitscherlich: Die Unfähigkeit zu trauern. München 1967, 1. Kap.

Eine Minderheit wie die der Juden, für die Stereotype wie: schwarze Magier, Christus- und Kindermörder bereitlagen, bot sich als Ersatzobjekt an. In diesen und ähnlichen Notsituationen mit hoher Haßbereitschaft wirken Minderheiten wie Blitzableiter. Das alles ist zwar bekannt; aber bei einigem Willen zur Ehrlichkeit wird sich kaum jemand ganz davon freisprechen können, im Laufe seines Lebens nicht dann und wann Haß auf Ersatzobjekte verschoben zu haben.

Jeder, der die oft hysterischen und übertriebenen Haßgefühle im Zusammenhang mit der Baader-Meinhof-Gruppe oder die Reaktionen auf Langhaarige, Hippies und ähnliche Randgruppen verfolgt hat, mußte sich fragen, ob nicht dieses Verhalten einem ähnlichen Bedürfnis nach einem Blitzableiter entspringt. Selbstverständlich kann man eine über Jahrhunderte vorhandene Minderheit wie die der Juden, die immer extreme Verfolgungen zu erdulden hatte, nicht mit aktuell aufgetauchten und bewußt provozierenden Minderheiten leichthin vergleichen. Bei unvoreingenommener Betrachtung wird es sehr deutlich, daß gerade in so tragischen Entzweiungen wie der zwischen Juden und Christen die irrationalen Motive die führenden waren und sind; z. B. jüdischerseits der Anspruch, das auserwählte Volk zu sein, christlicherseits der Anspruch, den einzig gültigen Glauben zu besitzen. Aufklärung ist hier machtlos, denn der Haß auf die Minorität dient dem eigenen Selbstgefühl. Man selbst ist erniedrigt; aber es gibt Menschen, auf die man noch herunterschauen kann. Dieser Gedanke bildet einen wichtigen Bestandteil jedes militanten Glaubens.

Tiefgehende familiäre Fehden, soziale Statuskämpfe und Kränkungen können umgangen oder verdeckt werden, wenn größere oder kleinere Gruppen mit differenten Glaubenssätzen bis hin zur abweichenden Kleidung sich als Projektionsobjekte anbieten. Was in der eigenen Auffassung »heidnisch« ungläubig, ketzerisch ist, wird von der solcherart inkriminierten Gruppe wiederum oft als Glaube, Tradition mit letzter Entschlossenheit verteidigt. Angesichts vieler Rassen- und Klassenkonflikte ist eine psychologische Analyse von Minderheitenverfolgungen dringend nötig, um zielstrebig aufklären und vorbeugen zu können. Oft spielt dabei nicht nur eine Neigung zum Projizieren und Verschieben eigener Konflikte und Haßgefühle eine Rolle, sondern – auf der Gegenseite – auch ein Zwang zum Märtyrertum der Gruppen, auf die projiziert wird.

Um gefährliche Haßentwicklungen eindämmen zu können, müssen wir uns mit den sogenannten psychischen Abwehrmechanismen der »Verdrängung«, »Projektion«, »Verschiebung« und der »Wendung gegen die eigene Person« beschäftigen. Wenn es uns tatsächlich gelingt, sie in ihrer Entstehungsgeschichte zu verfolgen, verlieren sie viel von ihrer unkontrollierten, automatischen Gefährlichkeit. Das gilt besonders für den akuten wie den chronifizierten Haß und seine unbewußten Motive.

Nur wenn wir die Fähigkeit entwickelt haben, zwischen *äußeren* und *innerseelischen* Anlässen zum Haß zu unterscheiden, läßt sich feststellen, ob er berechtigt oder unberechtigt ist: das soll heißen, ob er aus tatsächlichen Unmenschlichkeiten oder Kränkungen entsprungen ist oder aus einem Phantasievorgang, in dem einem Haßopfer die Unmenschlichkeit angedichtet wird. Diese Unterscheidung ist nicht einfach, denn die Ursprünge einer späteren Haßentwicklung stammen oft aus der frühen Kindheit. Ein Beziehungsabbruch oder Enttäuschungen können die tiefe Ohnmacht, das Gefühl, verstoßen worden zu sein, und den aus diesen Gefühlen untergründig entwickelten Haß eingeleitet haben. Diese Erfahrungen bleiben zuweilen über lange Perioden gleichsam stumm, bis sie von Ereignissen, die ähnliche Gefühle wecken, in regressiven Prozessen wiederbelebt werden, ohne daß der Betreffende eine Ahnung davon hat, welche Ereignisse seinen Haßgefühlen tatsächlich zugrunde liegen. Untersuchungen von John Bowlby[2], Albert J. Solnit[3] und Martha Wolfenstein[4] haben z. B. ergeben, daß Kinder auch auf den frühzeitigen Verlust eines Elternteils mit Störungen ihres aggressiven Verhaltens und mit untergründigen Haßgefühlen reagieren können, die dann verdrängt oder verschoben werden müssen, da der Tod ja keine rationale Veranlassung bietet, um dem Verstorbenen gegenüber Haßgefühle zu entwickeln.

Wir beobachten auch den anderen Fall, daß unsere Art zu lieben den kleinkindlichen Abhängigkeitscharakter beibehalten hat. Wir verlangen dann von unserem Liebesobjekt totale Befriedigung aller unserer Wünsche, ohne selber in der Lage zu sein, Einfühlung in die eigenen Bedürfnisse dieses Gegenübers zu entwickeln. In dieser Art primärer Liebe[5] versagt die Realitätsprüfung. Das führt in innerer Konsequenz zu immer erneuten Enttäuschungen, die dann die Ursache dafür sind, daß Liebe in Haß umschlägt.

2 J. Bowlby: Pathological Mourning an Childhood Mourning. In: J. Am. Psa. Assn. 11, 1963.

3 A. J. Solnit: A Study of Object Loss in Infancy. In: Psa. Study Child 25, 1970.

4 M. Wolfenstein: How is Mourning Possible? In: Psa. Study Child 21, 1966.

5 Michael Balint: Über Liebe und Haß (1951). In: Balint: Die Urformen der Liebe und die Technik der Psychoanalyse. Stuttgart 1966.

Haß ist eine spezifische Erscheinungsform von Aggression. Haß und Liebe können auf merkwürdige und paradoxe Weise miteinander verflochten sein. Es kann nicht nur geschehen, daß wir Verfolgern stürmisch zustimmen, wenn sie ihre Opfer verfolgen, sondern wir identifizieren uns unter Umständen überraschenderweise auch dann mit ihnen, wenn wir selbst zum Opfer der Verfolgung geworden sind. Der Sieger, der Gewalttätige, der Angreifer wird idealisiert, er wird zum Vorbild, und man übernimmt seine Wertvorstellungen, mögen sie auch gegen die eigene Person, die eigene Rasse, die eigene unmittelbare menschliche Mitwelt gerichtet sein. In der westlichen Welt wurde dieses Phänomen der »Identifikation mit dem Aggressor« – ebenfalls ein Abwehrmechanismus – vornehmlich bei Minderheiten, bei Juden und Negern, beobachtet und untersucht. Auch in der vorliegenden Abhandlung wird ein so gearteter Fall dargestellt. In der östlichen Welt zeigte während der Epoche der Schauprozesse das Verhalten vieler Angeklagter ähnliche Züge bewundernder Unterwerfung und Selbstverachtung. Auch in der Prozedur des »brain-washing« an den amerikanischen Kriegsgefangenen des Korea-Krieges wurde die natürliche Reaktion des Hasses gegen den Verfolger systematisch ins Gegenteil, in seine Bewunderung, verkehrt[6].

Noch verheerender wirken sich Verkehrungen der Gefühle aus, in denen wir Haß nicht bewußt werden lassen, sondern ihn mit Hilfe von Idealisierungen abwehren: wenn wir z. B. nicht ertragen können, einem Menschen, von dem wir abhängig sind, ambivalent, d. h. in einer Mischung von Liebe und Haß gegenüberzustehen. Dieser Vorgang ist deswegen so gefährlich, weil dann Haß verschoben zu werden und an anderer Stelle wieder aufzutauchen pflegt. Das Opfer dieses Vorganges ist oft eine schwächere als die ursprünglich gehaßte Person. Sie, zuweilen ist es auch eine ganze Gruppe, bekommt dann unsere tiefe Abneigung, unsere oft destruktive Aggression zu spüren.

Wenn wir in solche Verkehrungen und Verschiebungen verwikkelt werden, verfälschen sich unsere Wahrnehmungen, wir sehen nur noch schwarz-weiß. Wir idealisieren, oder wir verfolgen oder fühlen uns verfolgt.

Schon diese Andeutungen zeigen, daß uns – offen oder verdeckt – Haß kein unbekanntes Gefühl ist. Betrüblicherweise überwiegen nicht selten die aus der Phantasie stammenden Haßmotive die realen. Betrüblicherweise auch deshalb, weil sie, unbewußt bleibend, die Tendenz zum Weiterwuchern zeigen können. Sie mögen dann

6 Vgl. R. J. Lifton: Thoughtreform and the Psychology of Totalism. A Study of »brain-washing« in China. New York 1961.

schließlich ein hauptsächliches Bauelement eines haßvollen Charakters werden. Zum Haß im großen Stil gehört, daß er in einer Massenideologie wurzelt, die unsere kritische Selbst- und Realitätskontrolle ausschaltet. Hitler, der so intensiv imaginäre Gegner haßte, ermöglichte damit den Haß seiner Anhänger, und zwar bei bestem Gewissen. Dranghafte Projektionen eigener Affekte verknüpfen sich gleichsam zu einem Vorhang, auf dem unsere eigenen Haßgefühle als Eigenschaften verachteter Feinde erscheinen. Was hinter dem Vorhang geschieht – das Eigenleben des subjektiv mit gutem Gewissen verachteten und verhaßten Gegners – bleibt verborgen. Projektion heißt, wir erleben eigene Haßgefühle und in unserem Urteil hassenswerte Eigenschaften nicht an uns selber, sondern an Sündenböcken. Oder wir hassen, nicht weil der Gehaßte hassenswert wäre, sondern aus verdrängtem Neid und Eifersucht, die an der Stelle unseres gekränkten Selbstwertgefühls hochschießen. Das ist besonders dann der Fall, wenn Minderheiten oder Randgruppen durch ihre abweichenden Ideologien oder Glaubenssätze verraten, daß sie die Wertvorstellungen, die Weltauslegung, an der sich die Majorität einer Gesellschaft orientiert, nicht teilen. Bei aller Heftigkeit der Affekte ist die Beziehung kompliziert. Zum Beispiel täuschte die Assimilationsbereitschaft vieler Juden im kaiserlichen Deutschland einen Annäherungsvorgang vor, der aber durch die Haßenergien, die Hitler zu wecken und lenken verstand, wieder zerstört wurde. Das antisemitische Vorurteil erwies sich als stärker als die jüdische Eingliederungsbereitschaft.

Aber nicht nur die Fähigkeit, auch die Unfähigkeit zum Haß, wie bei der Identifikation mit dem Aggressor, beruht auf der fehlenden Fähigkeit, zwischen innerseelischen und der Außenwelt zugehörigen Anlässen genügend unterscheiden zu können. Die geforderte Lernaufgabe besteht darin, sich von den eigenen Triebbedürfnissen, den inneren Repräsentanten eigener unbewußter Motive und Phantasien selbstkritisch distanzieren zu können. Das ist der einzige verfügbare Schutz gegen grobe Täuschungen durch Vorurteile. Wir bleiben, von extremen geschichtlichen und politischen Lagen abgesehen, nur dann das manipulierbare Opfer äußerer Kräfte, wenn uns diese Möglichkeit einer sicheren Unterscheidung zwischen innen und außen fehlt; das ist besonders dann der Fall, wenn wir auf diesen Unterschied in unserer Erziehung nicht aufmerksam gemacht wurden, weil unsere Vorbilder ebenfalls vorurteilsbefangen waren. Auf dem Hintergrund einer ökonomischen und unaufgeklärten Mangelgesellschaft ist dieser Grad der Reflexionshöhe besonders schwer zu erreichen.

Mit welcher Hilflosigkeit ein derart unbelehrt gebliebenes Individuum den Forderungen und überlieferten Wertsystemen seiner Gesellschaft ausgesetzt ist, soll das Beispiel einer Gastarbeiterin illustrieren:

Aus einem armen Dorf stammend, hatte Maria als älteste der Geschwister frühzeitig für den Unterhalt der Familie mitzusorgen, da diese am Rande einer Hungerexistenz vegetierte. Der Vater war über lange Zeit abwesend, um in anderen, reicheren Teilen des Landes den Lebensunterhalt der Familie zu verdienen. Da es in seiner Kindheit keinen Schulzwang gab, war er nie zur Schule gegangen und hatte auch nie schreiben gelernt. Die Familie hörte deswegen manchmal über Jahre nichts von ihm.

Obwohl in Marias Jugend eine dreijährige Schulpflicht bestand, war die unmittelbare Not, mit der ihre Familie und die Menschen ihrer Umgebung täglich konfrontiert waren, zu groß, als daß jemand wirklich auf die Einhaltung dieser Verpflichtung geachtet hätte. So lernte Maria zwar die ersten Anfänge des Lesens und Schreibens, mußte aber, wenn die Mutter krank war, für die Familie sorgen. Mit 9 Jahren, nach Beendigung der Schulzeit, ging sie von zu Hause weg in die nächstliegende Kleinstadt, um dort Geld zu verdienen.

Wann immer der Vater auftauchte, tyrannisierte er die Familie und entwickelte seiner heranwachsenden Tochter gegenüber eine zunehmend heftige Eifersucht. Es war ihr verboten, mit ihren Freundinnen in den wenigen freien Stunden der Woche tanzen zu gehen; wenn die Möglichkeit einer Bekanntschaft mit einem jungen Mann sich anbot, wußte der Vater diese Beziehung zu zerstören, indem er ihr heftige moralische Vorwürfe machte. Der Inhalt dieser Vorwürfe war eindeutig projektiver Natur, denn er bezichtigte die Schuldlose gerade solcher Vergehen, die er in der jahrelangen Abwesenheit von zu Hause selber begangen hatte. Maria konnte dem projektiven Anteil der Vorwürfe natürlich nicht kritisch begegnen, so wenig wie sie verstand, daß sein Vorgehen von Eifersucht diktiert war. Sie entwickelte Schuldgefühle, die in bezug auf die Realität gänzlich ungerechtfertigt waren, sich aber auf tatsächlich vorhandene sexuelle Phantasien bezogen. So blieb sie den Angriffen ihres Vaters hilflos ausgeliefert, zog sich immer mehr in sich selbst zurück, arbeitete wie eine Sklavin und lieferte alles Geld zu Hause ab. Ihrer sozialen Umgebung, die sich moralisch gab, sie aber materiell ausnutzte und die Ansprüche des Vaters deckte, stand sie genauso hilflos gegenüber. Bei ihrer geringen Schulung zur kritischen Wahrnehmung mußte Maria diesen mächtigen Gegenspielern ziemlich hilflos ausgeliefert bleiben; sie litt zunehmend unter Schuldgefühlen, wann immer sie in sich selber sexuelle Wünsche entdeckte oder Gefühle der Aufsässigkeit nicht zu unterdrücken vermochte.

In einer Wohlstandsgesellschaft wie der unsrigen sind die Schwierigkeiten in vielem anderer Art. Aber auch in ihr fühlen sich die Jugendlichen in einer Vielzahl zunächst undurchschaubarer Einflüsse desorientiert; sie sind haßerfüllt, desillusioniert, wenn sie Heucheleien, krassen Egoismus und Zynismus hinter den Verhaltensweisen unserer Gesellschaft entdecken, die sich für so gerecht und demokratisch hält. Natürlich sind die bewußtseinsklareren Jugendlichen jeder Generation empört, wenn sie ihre Idealisierungen verlassen müssen und auf das Unheile ihrer Umwelt stoßen. Diese Abwendung von zunächst verehrten Eltern- und Vorbildfiguren ist aber in den gegenwärtig lebenden Generationen besonders heftig verlaufen. Wahrscheinlich spielt dabei auch die naive Vorstellung eine Rolle, daß Wohlstand für alle auch Glück für jeden bringen wird. Auf diese Illusion zu verzichten, fällt schwer. Aber mit der zunehmenden Verbesserung der materiellen Lebensumstände im Verlauf der industriell-technischen Revolutionen hat sich, wie wir wissen, zu gleicher Zeit eine Massengesellschaft gebildet, in welcher der Mensch als einzelner nicht mehr viel Aufmerksamkeit für sich fordern und erreichen kann. »Volk und Knecht und Überwinder, sie gestehn zu jeder Zeit: Höchstes Glück der Erdenkinder sei nur die Persönlichkeit.«[7] Aus diesem Ideal des Bildungsbürgertums ist die Forderung nach Selbstverwirklichung geworden als selbstverständliches Anrecht eines jeden. Wo ist dieser Anspruch berechtigt, wo maßlos, ohne Gefühl für die Rechte des anderen und deswegen gesellschaftsauflösend? Es sind uns keine leicht entdeckbaren Maßstäbe geblieben, um diese Frage zu beantworten. So müssen wir uns an die Schattenseiten halten. Ohne Zweifel hat die Entwicklung unserer bundesdeutschen Gesellschaft ein hohes Maß an sozialer Isolierung und Vereinsamung gebracht, das oft nur scheinbar kompensiert ist. Eine Vielzahl politischer und pseudopolitischer, religiöser und pseudoreligiöser, auch rein auf Kameradschaft untereinander – bei brutalem Ausagieren nach außen – gebildeter Gruppen zeigen, wie bedürftig des Haltes natürlich nicht nur die Jugendlichen sind. Auch dieser Wunsch nach Sicherheit und Halt ist keine ungewöhnliche, sondern eine selbstverständliche Erwartung des Menschen als Gruppenwesen. Häufig wurde jedoch – auch früher – diese Grup-

7 Johann Wolfgang von Goethe: Westöstlicher Diwan, Buch Suleika.

penabhängigkeit ausgenutzt. Vielleicht ist es ein historischer Irrtum zu glauben, die Enttäuschung der jungen Menschen heute sei besonders tief, vielleicht vermögen sie ihre Gefühle nur besser zu artikulieren und ist ihnen das auch gestattet – und vielleicht liegt gerade darin ein historischer Fortschritt.

Es kann deswegen nur um den Versuch gehen, Formen des gesellschaftlichen Miteinanders zu finden, in denen die Beziehungslosigkeit überwunden wird, ohne daß die persönliche Identität verlorengeht. Blindwütiges Anrennen gegen eine Situation, auf die sie keinen Einfluß nehmen können, und ein Gefühl der Sinn- und Hoffnungslosigkeit ist bei jungen Menschen oft zu beobachten. Kritische Jugendliche nehmen dabei durchaus wahr, daß sie nicht wissen, was in ihrem Bild von der Welt durch eigene Angst und Projektion zustande kommt und was tatsächlich in der Außenwelt sich zuträgt. Sie fühlen sich von den Eltern und Erziehern im Stich gelassen, die ihnen die Sicherheit der Unterscheidung zwischen innen und außen nicht genügend vermittelt haben. Diese Leistung, zwischen äußerer Wahrnehmung und inneren Vorstellungen, Phantasien, Motiven unterscheiden zu können, steht aber nur dem zur Verfügung, der die Wahrnehmungsirrtümer in bezug auf sich selbst, auf seine Mitmenschen und auf seine soziale Umgebung erkennen gelernt hat und überdies weiß, wie vorsichtig man beim Weitergeben solcher Erkenntnisse verfahren muß, um das Selbstgefühl der anderen nicht empfindlich zu verletzen, was dann deren Ablehnung neuen Einsichten gegenüber nur verstärken würde.

Die psychoanalytische Methode gestattet einen unmittelbaren Einblick in die Aggressionsentwicklung des einzelnen; darauf beschränkt sich im wesentlichen die folgende Darstellung. Dabei geht die Erwartung dahin, daß das individuelle Verhalten, von dem die Rede sein wird, in charakteristischer Weise die Konflikte und innerseelische Abwehr vieler vermittelt.

Aggressionen können die vielfältigsten Motive haben und die vielfältigsten Formen annehmen. Sie können sich z. B. auf eine mehr passive Weise äußern und dennoch sehr zielstrebig sein: Wir alle kennen Menschen, die durch lebenslange Vorwurfshaltungen oder durch eine selbstquälerische Aufopferung ihrer Umgebung mehr zusetzen, als es durch direkte Aggressionen möglich wäre. Um diese noch weithin unbekannten psychologischen Phänomene des menschlichen Aggressionsverhaltens, dessen offene oder verborgene, nach außen oder nach innen gewandte Grausamkeit man nicht unterschätzen sollte, verständlicher zu machen, wollen wir mit der Darstellung von drei Leidensgeschichten beginnen. Dabei ist das

Ziel, jene Faktoren deutlich zu machen, die auf die Aggressionsentwicklung bestimmenden Einfluß hatten[8].

Beginnen wir mit Klara. Sie stammt aus einer polnischen Kleinstadt und ist das einzige Kind eines jüdischen Baumeisters. Ein um drei Jahre jüngerer Bruder starb etwa ein Jahr nach seiner Geburt an einer Lungenentzündung. Klara lebte für einige Jahre nach dem Krieg in Polen, dann in Israel und ist jetzt in der Bundesrepublik verheiratet. Klaras Kindheit verlief harmonisch; Auseinandersetzungen zwischen den Eltern sind ihr kaum erinnerlich. Auch mit der kleinstädtischen Umgebung lebte man im wesentlichen ohne Konflikte. Die ganze Familie war dort wohlgelitten, unter antisemitischen Äußerungen oder Verhaltensweisen hatte die Familie nicht zu leiden. Im Gegenteil, Klara hatte viele Freunde und Freundinnen, in deren Familien sie ein- und ausging und sich völlig zu Hause fühlte. Klaras Mutter war eine besonders liebevolle, gebildete, aber auch ungewöhnlich passive Frau, die zu gelegentlichen Depressionen neigte. Die Sorge des Vaters kreiste um die Mutter, deren seelische Empfindsamkeit und körperliche Zartheit dazu herausforderten.

Wenn immer Klara das jedem normalen Kind entsprechende motorische und seelische Aggressionsverhalten zeigte, waren die Reaktionen des Vaters übermäßig schreckhaft, und er neigte dazu, Klara wegen ihres aufbrausenden oder bewegungsfreudigen Verhaltens Vorwürfe zu machen: »Du machst die Mutter krank. Mit deiner unruhigen Art bist du schuld, wenn die Mutter wieder ins Sanatorium muß.« Die Mutter hatte in Klaras Kindheit, nach dem Tode des Bruders, einen »Nervenzusammenbruch« gehabt und wiederholt ein Sanatorium aufsuchen müssen. Die körperliche und seelische Anfälligkeit der Mutter verstärkte die Schuldgefühle Klaras. Sie empfand sich insgeheim auch deswegen als zerstörerisch, weil der jüngere, bald wieder verstorbene Bruder von ihr als Rivale empfunden worden war, der sie aus ihrer Mittelpunktstellung verdrängt hatte. Auch deutete sie die depressiven Verstimmungen der Mutter als Gleichgültigkeit ihr gegenüber und zog aus der langen mütterlichen Trauer um den Bruder den Schluß, daß dieser mehr geliebt worden war.

Nicht ohne Verbitterung lernte Klara dadurch frühzeitig, daß sie mit Bedürfnissen und Problemen, die der Mutter Angst und Sorge bereiten könnten, allein fertig werden mußte; denn obwohl der Vater sich ihr gegenüber freundlich und zugewandt verhielt, galt sein Hauptinteresse doch eindeutig der Mutter, in der er ja weit mehr den

8 Vgl. M. Mitscherlich-Nielsen: Aggression – Überlegungen und Beispiele. In: Neue Rundschau, Frankfurt 1970.

zu behütenden und beschützenden Menschen sah als in seiner kleinen Tochter. Überdies war der Vater ein weicher und nachgiebiger Mann, dem es schwerfiel, sich selbst zu behaupten. Die Patientin verachtete den Vater wegen seiner Schwäche und zeigte das offen, was ihre Schuldgefühle noch vermehrte, da er sie nie schlug und im Grunde auch ihr gegenüber ein stets liebevoller Vater war.

Als die Familie nach dem Einmarsch der Deutschen untertauchen und immer erneut fliehen mußte, war die Mutter dieser Situation nicht gewachsen, und der Vater neigte dazu, die Tochter zu mühevollen und schweren Arbeiten heranzuziehen, um so die Mutter zu schonen. Aus diesem Grunde war Klara eher erleichtert, als sich während dieser Zeit die Möglichkeit einer Trennung von den Eltern ergab. Gleichzeitig zürnte sie jedoch den Eltern deswegen; sie empfand deren Haltung als Gleichgültigkeit und fühlte sich überfordert, als man von ihr verlangte, sie solle sich selber entscheiden. Ohne es nach außen zu zeigen, schlug sie sich in ihren Gefühlen auf die Seite des Starken und verachtete mit den Aggressoren die eigene Familie und sich selber.

Sie verließ die Verwandten, bei denen sie Aufnahme fand, bald wieder und schlug sich selber auf erstaunliche Art durch, verschaffte sich falsche Papiere und Arbeit, ging immer, wenn es notwendig wurde, meist in Begleitung Gleichaltriger, in den Untergrund und überlebte auf diese Weise das Kriegsende. Sie hatte ja bereits als Kind gelernt, mit vielen Dingen allein fertig zu werden.

Obgleich die Eltern im Laufe des Krieges in einem Konzentrationslager ums Leben kamen, konnte sie für die schonungslosen deutschen Angreifer kaum Haß empfinden. Noch viel weniger konnte sie ihren nächsten Mitmenschen, beginnend mit den Eltern, dann den Freunden und Verwandten, später ihrem Mann gegenüber starke ambivalente Gefühle entgegenbringen. Alle Haßgefühle verdrängte sie und reagierte mit starker Angst, wann immer Anlaß zu ambivalenten Reaktionen der Familie gegenüber bestand. Schuldgefühle und Selbstvorwürfe auch den Eltern, insbesondere der Mutter gegenüber überwogen noch in den Nöten des Krieges ihren Zorn und ihr Gefühl der Verlassenheit.

Klara hatte sich entschieden mit ihrem Vater identifiziert in der Verpflichtung, die Mutter zu beschützen, und sie hatte, allen rationalen Gegeneinwänden zum Trotz, das Empfinden, am Tode der Mutter mit schuld zu sein, weil sie sie verlassen hatte. Sie neigte dazu, die weitere Umgebung als die Starken, die Angreifer zu empfinden, die sie fürchtete und mit deren Wertsystem sie sich dennoch identifizierte.

Nach dem Kriege begeisterte Klara sich für eine sozialistische Weltordnung. Schuldgefühle und die uneingestandene, aber tiefverwurzelte Verbitterung, benachteiligt gewesen zu sein, der Wunsch, endlich auf der Seite des Starken zu stehen, förderten sicher ihre Begeisterung. Sie wollte als Siegerin mithelfen, eine gerechte Gesellschaft aufzubauen; sie wollte wiedergutmachen, indem sie den sozial Schwachen und Hilflosen gegenüber ihre Pflicht besser erfüllte, als es ihr widerfahren war, aber auch als es ihr selber in der Beziehung zur schwachen Mutter gelungen war.

So war sie in der Nachkriegszeit besonders aktiv und war von ihrer Partei nicht weniger anerkannt als in der Kindheit von ihren Nachbarn und Freunden. Sie fühlte sich in einer Gruppe Gleichgesinnter, mit denen sie sich unmittelbar identifizieren konnte, sicher und wohl.

Es vergingen einige besonders arbeits- und erfolgreiche Jahre. Erst eine unglückliche Liebesaffäre begann, ihre Aktivität zu lähmen, weswegen sie von ihrer Partei auf eine enttäuschende Weise kritisiert und angegriffen wurde. Sie fühlte sich fallengelassen und wieder in die Rolle der Ungeliebten und Verfolgten zurückversetzt. Das aktivierte ihre unbewußten Schuldgefühle. Wer, wie sie, den Menschen gegenüber, die ihr am meisten bedeuteten, so ambivalent empfand, konnte nur Strafe, z. B. in Form von Schicksalsschlägen oder Zurückweisungen, erwarten. Von neuem identifizierte sie sich mit dem Angreifer und fühlte sich gegen besseres Wissen verächtlich und schuldig. Dies alles zusammen wirkte so traumatisch auf sie, daß sie – unbewußter Ausdruck ihrer Verzweiflung – einen Autounfall verursachte und für Monate an den Folgen darniederlag.

Nach der Gesundung konnte sie ihre aktive optimistische Einstellung nicht zurückgewinnen. Wann immer sie jetzt angegriffen wurde, fühlte sie sich hilflos, bekam ungerechtfertigte Schuldgefühle und war unfähig, sich zu verteidigen. Ein grundlegendes Gefühl der Angst, es müsse ja doch in Kürze etwas Schreckliches geschehen, nahm auch während ihrer später geschlossenen, an sich glücklichen Ehe weiter zu. Als ihr Sohn geboren wurde, an dem sie mit besonderer Liebe hing, war sie in übermäßiger Weise um ihn besorgt und fühlte sich bei den geringsten Anlässen einer geradezu überwältigenden Angst ausgesetzt. Ihre aus ihr unbewußten Quellen stammende Schuldangst ließ sie dauernd ein schreckliches Unglück vorausahnen. Die Vorformen ihrer späteren Angstkrankheit machten sich schon darin bemerkbar, daß sie nur in Zeiten der Not, wie im Kriege und während der schwierigen Umsiedlung nach Israel, sich von der Realität genügend bestraft fühlte, um in der Lage zu sein, im Dienste der Selbsterhaltung ungestört ihre Fähigkeiten zu mobilisieren; sie vermochte dann ausgezeichnet zu funktionieren.

Daß Klara ein ungewöhnlich hartes und plötzlich über sie hereinbrechendes Schicksal traf, ist offensichtlich. Ursprünglich normale kindliche Schuldängste, Ambivalenzen und Aggressionen haben sich hier durch den Eintritt einer erbarmungslosen Umwelt so selbstzerstörend entwickelt, daß Klara, trotz aller äußeren Veranlassung, unfähig wurde, zu hassen und ihr Selbstgefühl einer feindlichen Umwelt entgegenzustellen und sich zu behaupten. In übermäßiger Weise ist sie dem Selbsthaß ausgesetzt, einem Mechanismus, der demjenigen des Melancholikers in manchem ähnelt[9]. Sie kann sich von ihren kindlichen Beziehungspersonen unbewußt nicht lösen, kann aufgrund der schrecklichen und so traumatischen Trennung von den Eltern eine Verarbeitung dieses Geschehens nicht leisten. Im symbolischen Erleben stellen nun Mann und Kind die früheren elterlichen Beziehungspersonen dar, die sie aufs neue zu verlieren fürchtet, weil sie natürlich auch ihnen gegenüber ambivalente Gefühle hegt, die als unerträgliche Bedrohung von ihr erlebt werden. Das ist der Augenblick, in dem sich ihre Neurose als Erwachsene voll entwickelt. Von diesen Menschen war sie in ihrer Krankheit so abhängig geworden wie ein Kind, und sie erwartete Strafe, wann immer sie feindselige Gefühle zeigte, und fürchtete eine erneute Trennung, so traumatisch wie damals in ihrer Kindheit. Wir sehen bei Klara die Folgen eines schweren psychischen Traumas in der frühen Pubertät. Es traf auf eine Kindheitsentwicklung, in der schon die Aggressionen eine Wendung nach innen erfahren hatten wegen der einerseits besonders liebevollen, aber andererseits für die aktive und aggressive Entwicklung ihres Kindes wenig Verständnis zeigenden Haltung der Eltern. Die Neigung des Vaters, Schuldgefühle in seiner Tochter zu erwecken, verstärkte diese Fehlhaltung. Die Geburt des Bruders, als Klara etwa drei Jahre alt war, sich also auf dem Höhepunkt ihrer ambivalenten Entwicklung in der analen Phase befand, mochte noch hinzukommen. Die Eifersucht auf den Bruder und die auf seinen Tod folgende länger dauernde Depression der Mutter trugen zu einer besonders intensiven Vermischung von wütender Aggression mit Schuldgefühlen bei. Nach der Geburt des Bruders verstärkten sich die in dieser Phase üblichen Konflikte zwischen Autonomie und Abhängigkeitsbedürfnissen. Die Angst vor ihren kindlichen Todeswünschen dem neugeborenen Rivalen gegenüber, Wünsche, die auch allzu bald in Erfüllung gehen sollten,

9 Vgl. A. und M. Mitscherlich: Die Unfähigkeit zu trauern, a.a.O.

mögen der erste Anlaß dafür gewesen sein, daß die Umwandlung ihrer Aggressionen in die der Autonomie förderliche Aktivität später Störungen zeigte.

Wer unter Depressionen leidet wie Klaras Mutter, ist in dieser Phase emotional nicht ansprechbar. Ein Kind fühlt sich deswegen auch dann von einer depressiven Mutter verlassen, wenn diese physisch anwesend ist. Es pflegt mit Verzweiflung, Wut, Haß und schließlich mit Rückzug und Hoffnungslosigkeit zu reagieren, wenn die innere oder äußere Abwesenheit der Mutter zu lange dauert oder sich kein Ersatzobjekt anbietet.

Es ist an der Zeit, hier festzustellen, daß Haß und Aggression trotz gemeinsamer Wurzel nicht gleichzusetzen sind. Aggression als Triebgeschehen ist den psychophysischen Reifungsstufen unterworfen und drückt sich nicht ausschließlich in zwischenmenschlichen Beziehungen und Gefühlen aus. Haß dagegen ist immer auf ein Objekt gerichtet, und sei es das eigene Ich. Tatsächlich kann Haß manchmal vor der völligen inneren Objekt- und Hoffnungslosigkeit schützen, weil mit seiner Hilfe die innere Beziehung zu einem Objekt zeitweilig aufrechterhalten werden kann. Bei Klara richtete sich der Haß, wie wir sahen, später zunehmend gegen das eigene Selbst. Sie war, nachdem das Schicksal sie als kaum zwölfjähriges Kind tatsächlich schwer geschlagen hatte, weniger als der normale Mensch in der Lage, Aggressionen auch offen gegen andere richten zu können, was in belastenden Situationen eine seelische Erleichterung bewirken und einer notwendigen Selbstbehauptung dienen kann. Es fiel ihr dadurch immer schwerer zu unterscheiden, ob und wann es sich um eigene oder fremde Aggressionen handelte. Die Möglichkeit zum gerechtfertigten und notwendigen Haß, die klare Abgrenzung gegen den Aggressor, geht dadurch verloren. Zudem war es ihr fremd, eigene Fehler und Schwächen auf den anderen zu projizieren; im Gegenteil, auch wenn es den Tatsachen nicht entsprach, fühlte sie sich als die Schuldige und war deswegen Angriffen und Vorwürfen meist hilflos ausgesetzt. Wenn man Klara Schuldgefühle machte, konnte man sie unschwer ausbeuten. Nie war sie sich dessen sicher, ob es nicht eigentlich ihre Schuld war, wenn irgend jemand sich aggressiv ihr gegenüber verhielt. Außerdem schätzte sie die Aggressionen der Außenwelt in ihrer Stärke und Qualität nicht richtig ein. Entweder erlebte sie diese als überwältigend, oder sie identifizierte sich mit ihnen.

So überaus störend der unbewußt gesteuerte Vorgang der Projektion eigener Bedürfnisse, Gefühle usw. im Leben von Gruppen aller Größen ist, Klara zeigt uns, daß ein *völliges* Blockieren der Fähigkeit zur Wendung nach außen, einschließlich projektiver Vorgänge, für die Selbstverteidigung eine schwere Beeinträchtigung darstellt.

Fast entgegengesetzt stellen sich uns die Verhaltensweisen von Herta dar. Sie scheint sich ungewöhnlich gut durchsetzen zu können, kann überall Feinde entdecken, gegen die sie mit gutem Gewissen zu Felde zieht. Sie ist eine intelligente, kämpferische Studentin der Biologie und Mitglied einer revolutionären Studentenvereinigung. Allerdings hat auch sie ihre Probleme. Ihre Selbstsicherheit ist jüngsten Datums, und sie kennt sich gut genug, um zu wissen, wie leicht sie wieder ein Opfer des ihr allzu bekannten Gefühls des Ausgestoßenseins und der sozialen Minderwertigkeit werden kann. In der Pubertät und noch zu Beginn des Studiums war sie sehr einsam. Allein ihr Ehrgeiz hielt sie aufrecht; ihre menschlichen Beziehungen waren miserabel, die männlichen Freunde nutzten sie aus und nahmen sie nicht ernst, eine Freundin fehlte ihr ganz.

Herta stammt aus sehr komplizierten Familienverhältnissen. Der Vater, einziges Kind einer exzentrischen Mutter, war in seiner Jugend übergroßer Fürsorglichkeit und Verwöhnung gepaart mit Inkonsequenz ausgesetzt. Er hatte sein Medizinstudium nie beendet und war später als Krankenpfleger tätig. Da er nie gelernt hatte, darauf zu verzichten, im Mittelpunkt zu stehen, fühlte er sich durch seine gesellschaftliche Position erniedrigt; zur Abwehr seiner Entwertungsgefühle reagierte er der Umgebung gegenüber mit besonderem Hochmut. In dem kleinen Ort, in dem die Familie lebte, war es ihm auf diese Weise durch sein Verhalten gelungen, sich gänzlich zu isolieren. Wegen seines schlechten Verdienstes mußte die Mutter berufstätig sein; sie wurde vom Vater verachtet, ein Gefühl, das Herta übernahm. Der Vater hatte verschiedene Affären, unter anderem mit einer Krankenschwester, die ein Kind von ihm bekam, das dann als zweites Kind Aufnahme in der Familie fand. Die Patientin fühlte, daß der Vater sie der Mutter vorzog. Dem jüngeren Bruder gegenüber war sie allerdings später die Benachteiligte.

Die Aggressionen wurden in der Familie meist offen ausgetragen, indem man Verachtung zeigte, sich stritt und quälte, suizidale Gedanken äußerte oder, wie der Bruder, asoziale Verhaltensweisen entwickelte. Die Mutter war bei diesen Kämpfen meist die Leidtragende. Aber auch zwischen Herta und ihrem Vater gab es erhebliche Auseinandersetzungen. Die Familie blieb dennoch zusammen, ein Grund dafür mag ihre soziale Isolierung gewesen sein. Schlimmer als alle Feindseligkeiten im Innern der Familie war diejenige gegenüber der sozialen Umgebung, die wiederum Gleiches mit Gleichem beantwortete und der in vielem intellektuell überlegenen Familie keinerlei Anerkennung entgegenbrachte.

Die ambivalenten Gefühle insbesondere der Mutter, aber auch dem Vater gegenüber konnte Herta nicht, wie andere Kinder, in der Pubertät konkret auf andere Mitglieder ihrer sozialen Umgebung übertragen und dadurch erträglicher gestalten; denn auch sie war bereits in der Schulzeit in eine totale Isolierung von dieser Umgebung geraten.

Herta fühlte sich verlassen, da die Eltern von sich und ihren Schwierigkeiten so in Anspruch genommen waren, daß sie zuwenig innere Bereitschaft für die Nöte und Probleme der Kinder aufbrachten. Beide Kinder wehrten sich dagegen, indem sie ihre Aggression und Enttäuschungen in vehementer Weise äußerten. Das deutet darauf hin, daß hier bereits in der frühen Kindheit schwerwiegende Erziehungsfehler zu einer Aggressionsentwicklung führten, die eine erträgliche Mischung von Liebe, Haß und Wut nicht zustande kommen ließen und beim Bruder zu einer asozial-destruktiven Verhaltensweise führten, die späteren Beeinflussungsversuchen gegenüber resistent blieb.

Wenn wir die frühe Kindheit Hertas betrachten, ergibt sich etwa folgendes: Der jüngere Bruder wurde geboren, als sie noch nicht 4 Jahre alt war. In der Zeit vorher hatte es erhebliche Verstimmungen zwischen den Eltern gegeben, die wie immer offen ausgetragen wurden und deren Zeuge Herta wurde. Sie war abwechselnd von den Eltern, insbesondere vom Vater, mit Liebe und Zuwendung überhäuft worden, um dann wieder unbeachtet zu bleiben, während sie zusehen mußte, wie die Eltern sich im Quälen und Gequältwerden verzehrten. Das vergrößerte ihre Unfähigkeit, mit den an sich verstärkten Ambivalenzgefühlen der analen Entwicklungsstufe – der Reinlichkeitsphase – einigermaßen fertig zu werden, und ließ sie die Eltern als Autoritätsfiguren verinnerlichen, die miteinander im Streit lagen und sich gegenseitig entwerteten. In einer solchen Situation wird das grundlegende Wertgefühl des Menschen erschüttert, da der eine Teil seiner Wertinstanz unentwegt den anderen in Frage stellt. Um unerträglichen inneren Spannungszuständen zu entgehen, pflegt dann die eine der verinnerlichten Elternfiguren externalisiert und in der Außenwelt bekämpft zu werden.

Als Herta, die eine besonders intelligente Schülerin war, mit 16 Jahren für ein Jahr ins Ausland ging in der Hoffnung, dort eine Familie zu finden, die sie zum Zentrum ihres Interesses machen würde, erlebte sie eine bittere Enttäuschung: Dieser Platz wurde schon von einer verwöhnten Tochter eingenommen. So fühlte sie sich in eine

Aschenputtelrolle gedrängt, wie sie etwa zu Hause die Mutter innehatte, mit der sie auf keinen Fall sich identifizieren wollte.

Ihre Rache war raffiniert und traf sicherlich die empfindlichste Stelle ihrer Pflegeeltern: Sie trat, halb geplant, halb ihrer Motive unbewußt, in eine Art Hungerstreik und entwickelte eine leichte Magersucht. Damit machte sie jedem in der sozialen Umgebung dieser Familie deutlich, wie sehr sie vernachlässigt und seelisch mißhandelt wurde. Solche Aufmerksamkeiten zu erzwingen, war ihr zu Hause nicht gelungen, weil die Bindung an die Eltern sie daran gehindert hätte, ihre widerstreitenden Gefühle der feindseligen Umgebung preiszugeben. Jetzt genoß sie es ganz bewußt, daß sie ihre Pflegefamilie in deren kleinstädtischem Milieu unmöglich machte. Aggression kann bekanntlich unpersönlich sein. Rache, als eine Form des Hasses, ist ohne intensive reale oder auch imaginierte Beziehung zu einem oder mehreren Menschen nicht denkbar. Sie dient nicht nur der Wiederherstellung des verletzten eigenen Wertgefühls, sie hat hier, wie so oft, den Zweck, das Selbstwertgefühl des anderen empfindlich zu treffen.

In dieser Zeit starb ihr Vater an einer schweren Kreislaufstörung. Obgleich Herta ihn der Mutter vorgezogen hatte, empfand sie kaum Trauer. Vor ihrer Reise ins Ausland fühlte sie sich schwer von ihm enttäuscht, da er sich mehr dem jüngeren Bruder zuwandte. Sie reagierte darauf mit einer ablehnenden, verächtlich-aggressiven Haltung, von der sie wußte, daß sie ihn kränkte. Auf seinen damals schon gestörten Gesundheitszustand nahm sie wenig Rücksicht, im Gegenteil, es ärgerte sie, daß er deswegen im Mittelpunkt der Familie stand. Sie konnte ihre aggressive Gereiztheit so offen zeigen, wie sie es vom Vater gewöhnt war, ohne deswegen bewußt unter Schuldgefühlen zu leiden. Allerdings gelang es ihr immer wieder, in ihren Beziehungen zu Männern, die sie zu lieben glaubte, sich die Position einer Gequälten und Erniedrigten zu schaffen. Ihr Verhalten in diesen Situationen hatte eine deutliche selbstbestrafende Note. Auch in dem Symptom der Magersucht war ja die Aggression gegen die enttäuschenden Pflegeeltern gepaart mit einer den eigenen Körper schädigenden Destruktion.

An Herta läßt sich gut beobachten, wie Menschen, die ihre Schuldgefühle verdrängen, dazu neigen, sich selbst zu bestrafen. Sie neigen zum Beispiel zu Unfällen oder verhalten sich so, daß sie unglückliche zwischenmenschliche Beziehungen herstellen und in schwierige Situationen geraten. Darüber hinaus benutzte Herta hauptsächlich den Abwehrmechanismus der Projektion. Wie der Vater hatte auch sie die Fähigkeit entwickelt, ihre Umwelt ins Unrecht zu setzen. Für die Fehler ihrer Mitmenschen besaß sie eine hellsichtige Urteilskraft, ohne allerdings ein entsprechendes Gefühl für die Wirkung ihres eigenen Verhaltens zu haben. Dadurch gelang ihr einerseits eine intelligente Erfassung äußerer Verhältnisse und die Entwicklung einer besonders kritischen Begabung, andererseits fehlte es ihr an Einfühlungsvermögen in ihre Mitmenschen. Sie wurde darum bei näherem Kontakt von ihren Kommilitonen oft abgelehnt. Sicher trug dieser Mangel auch zu der wiederholten unglücklichen Partnerwahl bei. Sie konnte nicht leisten, was Balint[10] die »Eroberungsarbeit« genannt hat. Um die Liebe und Zuneigung eines anderen Menschen zu gewinnen, muß man in der Lage sein, dessen »Realität« erfassen zu können, was voraussetzt, daß man Spannungen zu ertragen und sich, seine Gefühle und Bedürfnisse zurückzustellen vermag.

Die von ihr in der Psychotherapie verlangte selbstkritische Einstellung bedeutete für Herta und ihre Art gestörter Kindheitsentwicklung zunächst eine seelische Belastung, die sie kaum zu leisten vermochte, denn zum erstenmal wurde von ihr gefordert, mit Schuldgefühlen und Aggressionen anders als von unbewußten Motiven geleitet, d. h. agierend und auf die Außenwelt projizierend, umzugehen. So konnte sie den Versuch, ihr die abgewehrten Schuldgefühle dem Vater wie auch der Mutter und dem Bruder gegenüber bewußt zu machen, nur mit hilfloser Angst beantworten. Es kam vorübergehend zu schweren Erregungs- und Verwirrtheitszuständen.

In dieser Situation kam ihr u. a. die politische Entwicklung unter den Studenten zu Hilfe, weil hier, durch ideologische Thesen gedeckt, erneut die Abwehr der Aggressionen und Schuldängste durch den Mechanismus der Projektionen gefördert und von der Gruppe gebilligt wurde. Die Aggressoren[11] waren statt in ihrem Inneren, ihrem Über-Ich, wieder in der Außenwelt zu suchen, mit dem anfangs schon beschriebenen Entlastungseffekt. Durch diese Rückkehr zu einer alten Verhaltensweise wurde ihre ursprüngliche Identifikation

10 M. Balint: Über Liebe und Haß. In: Balint: Die Urformen der Liebe und die Technik der Psychoanalyse.

11 Die Identifikation mit dem Aggressor kann langsam zu einer Verinnerlichung von ursprünglich als aggressiv empfundenen Ver- und Geboten (z. B. der Eltern) führen und trägt dann zum Aufbau des Über-Ich wesentlich bei. Sie kann eine Identifikation mit den Wertvorstellungen des tatsächlichen Aggressors darstellen und die oben beschriebene Selbstverachtung einleiten. Sie kann aber auch, wie A. Freud darstellte, zu einer Identifikation mit zu erwartenden Aggressionen der Eltern, der Außenwelt etc. führen und diese durch eigenes aggressives Verhalten vorwegnehmen. Mit Hilfe eines Angriffsverhaltens wird so Angst abgewehrt.

mit dem trotz aller neurotischen Symptomatik anscheinend gesünderen Mitglied der Familie, dem Vater, gefestigt. Ihre Art des Sehens und Erlebens war zwar in vielem projektiv, aber keineswegs wahnhaft. Sie vermochte tatsächliche Schwächen der Umwelt oft scharf zu sehen und herauszustellen. Ihre haßerfüllte Kritik traf nicht selten affektprovozierende, reale Mißstände. Sie konnte es aber nicht verhindern, daß immer wieder projektive Verzerrungen ihr Bild der Wirklichkeit[12] mitbestimmten. Aber diese Art des Urteilens und Wahrnehmens wurde von vielen Altersgenossen ihrer Umgebung geteilt und brachte ihr die dringend erwünschte soziale Anerkennung.

Eine langwierige Behandlung war notwendig, um mit Hilfe der Übertragungsvorgänge[13] auf den Analytiker neue Identifikationen zu schaffen, die nicht miteinander im Kampf lagen wie die verinnerlichten Elternfiguren. Hertas Selbstwertinstanzen mußten sich nicht mehr gegenseitig entwerten oder partiell externalisiert werden, um in der Außenwelt bekämpft werden zu können. Dadurch nahm auch die Fähigkeit zu, Enttäuschungen zu ertragen und nicht mehr so schnell mit Haß darauf reagieren zu müssen. Zunehmend war zu beobachten, daß Aggression in den Dienst des Ich gestellt, d. h. in Aktivität verwandelt werden konnte.

In der letzten Leidensgeschichte, in der Haß im Sinne gestörter Aggressionsentwicklung sichtbar wird, ist von Hanna zu berichten. Sie ist 25 Jahre alt, studiert Medizin und ist wie Herta begeisterte Anhängerin einer revolutionären Studentengruppe. Sie ist groß, überschlank, unauffällig, aber nicht sehr vorteilhaft gekleidet und trägt keinerlei Make-up. Ihre Bewegungen sind eckig und gehemmt. Sie scheint erregt, als sie zum erstenmal in die Sprechstunde kommt, errötet häufig und hat unmittelbar das Bedürfnis, die Ärztin in dem, was sie sagt, zu kontrollieren. Sie wirkt aggressiv und schüchtern zugleich.

Hanna ist das jüngste Kind eines protestantischen Pfarrers, der übergewissenhaft ist und sich und seine Familie täglichen religiösen Zeremonien unterwirft. Die Mutter hat vor ihrer Ehe auch Theolo-

12 Mit Wirklichkeit sind hier ausschließlich die tatsächlichen augenblicklichen Gegebenheiten der Umwelt, die tatsächlich zu beobachtenden Verhaltensweisen der Herta umgebenden Mitmenschen gemeint. Ich betone das, um nicht die falsche Vorstellung zu erwecken, daß Realität gleich objektiver Wahrheit sei. Mir ist bewußt, daß eine Diskussion über Entstehung von Realitäten, deren Fragwürdigkeit als Urteilskriterium für Normverhalten und für Wertvorstellungen dringend notwendig ist, wenn sie auch im Zusammenhang mit der vorliegenden Abhandlung nicht geleistet werden kann.

13 Vgl. dazu auch S. 74 in diesem Band.

gie studiert und fühlt sich vom Vater nicht genügend anerkannt. Sexualität ist in der Familie offiziell nur zur Erzeugung von Kindern erlaubt. Aber selbst für deren Vorhandensein glaubt der Vater im Grunde sich entschuldigen zu müssen. Beruflich ist er ein zuverlässiger und einsatzbereiter Mann, der in der Hitlerzeit zahlreichen Verfolgten uneigennützig und mit großem Mut geholfen hat.

Zwischen den Eltern bestand immer eine unterdrückte Kampfstimmung, obgleich sie in ihren moralischen Forderungen und religiösen Einstellungen ganz übereinstimmten. Beide möchten die mittlerweile erwachsenen Kinder unter ihrem Einfluß behalten und haben – besonders der Vater – eine sehr autoritative Art, mit den Kindern umzugehen. Dennoch weiß Hanna, daß sie von den Eltern geliebt wird und daß diese bereit sind, große Opfer für das Wohlergehen ihrer Kinder zu bringen, und schwer verstehen können, warum diese sie in vielem ablehnen und nur ungern nach Hause kommen.

Hanna selber war eine ausgezeichnete Schülerin und ist eine besonders begabte Studentin. Schon früh entwickelte sie ein ausgesprochenes Machtbedürfnis und war geringfügigen Enttäuschungen gegenüber sehr empfindlich. Durch schnelles Entdecken kleinster Fehler und Widersprüche, die sie rückhaltlos äußert, ist sie bei Professoren und Kommilitonen gefürchtet. Allerdings ist sie ihren eigenen Fehlern und Schwächen gegenüber genauso kompromißlos und unerbittlich.

Als fünfjähriges Kind zeigte sie kleinere Zwänge, wie magische Abwehrhandlungen, Übergewissenhaftigkeit in der Ausübung ihrer religiösen Pflichten, ein übertriebenes Reinlichkeitsbedürfnis u. a. In der Pubertät wurde sie von Zwangsvorstellungen, die vorwiegend einen aggressiven und sexuellen Inhalt hatten, stark bedrängt. In ihren Vorstellungen hatten sich Aggressionen und Sexualität auf unglückliche Weise gemischt. Dabei blieb die Aggression in Führung. Die sexuellen Phantasien erhielten einen destruktiven oder selbstdestruktiven Inhalt, die aggressiven waren sexualisiert worden. Gequält vom Inhalt und der Unbeeinflußbarkeit ihrer Zwangsvorstellungen wandte sich Hanna in ihrer Not an die Mutter, die zugleich ungeduldig und depressiv reagierte.

Es ist klar, daß Hanna, sich mit den Eltern identifizierend, ein überstrenges, aggressives und sexualisiertes Gewissen entwickelt hatte. Da sie lange im elterlichen Schlafzimmer schlief, konnte sie beobachten, daß die Eltern trotz des ethischen Abscheus sexuelle Beziehungen miteinander hatten.

Da ihre Eltern weder bei sich selbst noch bei ihren Kindern klar zwischen der analen und genitalen Entwicklungsstufe der Libido zu unterscheiden gelernt hatten, unterwarfen sie in ihrem Reinlichkeitsdrang Hanna schon mit kaum drei Jahren übertriebenen Sauberkeitsdressuren. Wenig später wurde sie mit moralischen Forderungen, wie allabendlicher Gewissenserforschung, konfrontiert. Bei aller Zuwendung zu den Eltern fühlte sich Hanna durch diese allzu frühzeitigen und überstrengen Forderungen nach Triebunterdrükkung weit überfordert und sah sich in unlösbare Konflikte gestürzt, die sie, wie erwähnt, mit Zwangssymptomen beantwortete. Sie begann, die elterlichen Gewissensforderungen im Stil des »Dienstes nach Vorschrift« zu erfüllen, d.h. rituell zwanghaft zu entleeren und dadurch ad absurdum zu führen und lächerlich zu machen. Das war ihre unbewußt gesteuerte Rache an den Eltern – allerdings, ohne daß sie dadurch die innere Freiheit gewonnen hätte, diese Haltung wieder aufgeben zu können. Sie quälte mit ihrer Symptomatik sich selbst nicht weniger als ihre Umgebung. Die Entwicklung von Zwängen dient der Abwehr von angsterregenden Haßgefühlen ambivalent geliebten oder gefürchteten Personen gegenüber.

Verglichen mit Herta waren die Konflikte Hannas bewußtseinsnäher. Sie war gewiß genauso scharf in ihren Angriffen auf die Autorität, deren Schwächen und Inkonsequenzen sie nur allzu genau herausspürte, aber ihre Fähigkeit zur Selbstkritik war größer und ihre projektiven Verzerrungen dadurch geringer. Allerdings näherte sich bei ihr die Selbstkritik oft der Selbstzerfleischung. Mit ihren Angriffen auf die Autoritäten gab sie nur zurück, was ihr ursprünglich von ihnen, im Zwang zur verfrühten, rigorosen und übertriebenen Gewissenserforschung, widerfahren war.

Hanna überhöhte in ihrem Erleben die Eltern weit über das Alter kindlicher Idealisierungsbedürfnisse hinaus; zugleich wurden die Eltern von ihr verachtet. Ganz ähnlich ging sie mit sich selber um. In schneller Folge verachtete, haßte und idealisierte sie sich. Ein Zustand, der eine chronische innere Spannung erzeugt und leicht zu destruktiven und selbstdestruktiven Verhaltensweisen führt.

Einer psychotherapeutischen Behandlung war Hanna trotzdem leichter zugänglich als Herta, weil sie ihre Schuldangst weniger verleugnen und projizieren mußte und weil ihre weniger beeinträchtigte Fähigkeit zur Selbstkritik ihr die Einsicht in die neurotische Art ihres Aggressionsverhaltens ermöglichte. Ihre Beziehung zu den Eltern war bei allen Schwierigkeiten in ihrem liebenden Anteil nie grundlegend gestört. Auch war ihr die Möglichkeit gegeben, im Latenzalter und in der Pubertät Kontakt mit ihrer weiteren Umgebung aufzunehmen und ihn aufrechtzuerhalten. Wie schon erwähnt, lernt das Kind durch die Einbeziehung anderer Menschen in die kindliche Erfahrungswelt die allzu enge Beziehung zu den Eltern zu lockern und seine Konflikte mit ihnen auf andere zu verschieben. Dadurch wird die Einstellung zu den Eltern relativiert. Und mit dem Sammeln neuer mitmenschlicher Erfahrungen gelingt es dem Heranwachsenden, zu den verschiedenen Menschen auch unterschiedliche Beziehungen zu entwickeln.

Der Therapeut pflegt im Behandlungsverlauf für den Patienten sowohl die Eltern, wie dieser sie als Kind wahrnahm, darzustellen als auch gleichzeitig der Realität entsprechend eine Person der außerfamiliären Welt zu sein. Diese mehrdeutige Beziehung verhilft dem Patienten dazu, seine frühkindlichen Probleme und Konflikte neu zu erleben und sie distanzierter zu sehen, wodurch er sie sich bewußter machen kann. Mit Hilfe der Psychotherapie gelang auch Hanna diese angemessene Verarbeitung ihrer unbewußten Konflikte. Sie entwickelte eine größere innere Freiheit und vermochte sich von dem mit Aggressionen erfüllten, überstarken inneren Gewissensdruck zu distanzieren. Die Haß- und Rachenote in ihrer kompromißlosen und skrupulösen wie in ihrer selbstzerfleischenden Haltung wurde ihr bewußter, und dadurch änderte sich die Starrheit und die Aggressivität ihrer Verhaltensweisen. Mit dem Selbsthaß und dem Ekel gegenüber dem eigenen Körper verloren sich zudem ihre Zwangsvorstellungen. Der verinnerlichte Haß, der ursprünglich dem gefürchteten Elternbild ihrer frühen Kindheit galt, konnte bewußt gemacht und von ihrem mittlerweile gereiften und gestärkten Ich mit der gegenwärtigen Realität konfrontiert und so gemildert werden.

Das machte sie auch fähig, dort zu hassen, wo menschliche Gemeinheit und die Ausnutzung Schwacher eindeutige Gefühle notwendig machen, um sich zur Wehr setzen oder anderen helfen zu können. Früher hatte sie sich zu sehr bei Unvollkommenheiten und Schwächen ihrer selbst und anderer aufgehalten und ungewöhnlich heftige Haßgefühle dort erlebt, wo kaum Ursache dazu vorhanden war. Ihre heftigen Gefühle waren dann als Reaktion auf Zurückweisungen, auf enttäuschtes Idealisierungsbedürfnis und Selbstidealisierung zu verstehen. Das Gefühl des Hasses war also mehr ein Ausdruck ihrer narzißtischen Kränkung, die ihrem eigenen oder dem elterlichen Ideal widerfuhr, als daß dieser Haß durch tatsächliche menschliche Niedertracht provoziert worden wäre.

Aggressionsausbrüche haben, wie die drei Fälle zeigten, ihren Ursprung nur zu einem Teil in einer somatischen Reizquelle, sind also nicht nur Ausdruck eines Aggressionstriebes, sondern immer auch Folge bestimmter sozialer Erfahrungen und meist schon aus der Kindheit stammender Verständigungsschwierigkeiten. Aus diesem Grunde müssen wir uns fragen, was für einen Verlauf die individuelle Aggressionsentwicklung genommen hat, in welcher Entwicklungsphase es zu Mißverständnissen mit den Eltern, zu einem Fehlverhalten der Erzieher gekommen ist. Seelische Verarbeitung unserer kindlichen Erlebnisse beeinflußt oft ein Leben lang unsere individuelle Art, auf Mitmenschen zu reagieren. Wenn wir einem Individuum eine altersentsprechende Ausdrucks- und Abwehrmöglichkeit seiner Aggression vereiteln, wenn wir ihm keine Ambivalenz, keine Mischung von Haß und Liebe gestatten, neigt es dazu, sich selbst zu schädigen und seine Aktivität einzuschränken oder bei massiven Verständigungsschwierigkeiten mit den Eltern destruktive Aggressionen zu entwickeln.

Manchmal ist der Aggressionsdruck so groß, daß jeder, der einem über den Weg läuft, für dieses Feindbedürfnis herhalten muß. Der charakteristische amerikanische Brauch des »chip on the shoulder« zeigt das sehr deutlich: Ein junger Mann legt sich ein kleines Holzstück auf die Schulter, um mit dem, der es ihm in zufälliger Bewegung herunterstößt, eine Rauferei zu beginnen. Was hat ein solches Verhalten hervorgerufen? Beim Brauch des »chip on the shoulder« ist der jugendliche Wunsch, seine Kraft zu erproben, gewiß das stärkste Motiv. Es mag auch eine aktuelle Kränkung erlebt worden sein, die abreagiert werden soll. Schließlich kann eine bereits früher erworbene seelische Schädigung hier aktiviert werden, z. B. die Unfähigkeit, die wirklichen Motive seiner Mitmenschen zu verstehen, weil der junge Mensch als Kind von seinen Eltern selber nicht verstanden worden ist. Dann wird von dem Betreffenden nahezu jedes Verhalten seiner Umgebung als Kränkung ausgelegt und löst aggressives Verhalten aus.

Um solche aus der Kindheit stammenden Mißverständnisse zu verhindern und um es den oft hilflosen Eltern leichter zu machen, ist es dringend notwendig, sie darauf vorzubereiten, was sie in den verschiedenen Reifungsstadien an Aggressionsäußerungen von ihren Kindern zu erwarten haben[14]. Das ermöglicht es ihnen, sich durch solches Verhalten nicht persönlich gekränkt zu fühlen und zu lernen, welche Art ihrer elterlichen Reaktionen die Umwandlung der destruktiven Aggression in andere Formen der Aktivität am be-

14 Vgl. A. und M. Mitscherlich: Aggression als individuelles und gesellschaftliches Schicksal. Stuttgart 1969.

sten fördert[15]. Das Kind sollte zwar vor unnötigen Kränkungen und Enttäuschungen geschützt werden, muß aber mit Hilfe einfühlender Erzieher die Fähigkeit erwerben, unvermeidbare Frustrationen, Rivalitäts- und Neidsituationen – etwa die Geburt eines Geschwisters – zu ertragen oder mit dem Verlust seiner Mittelpunktsposition in seiner Geschwisterreihe und der Vielfalt der Groß-Klein-Probleme in der Familie fertig zu werden.

Gewiß geschieht den Kindern als den Schwächeren oft Unrecht, und doch schützt allzu große Nachgiebigkeit und Verwöhnung bekanntlich die Kinder nicht vor einer Fehlentwicklung ihrer Aggressionen. Schon Freud wies in ›Das Unbehagen in der Kultur‹ darauf hin, daß eine allzu gewährende Erziehung oft Angst- und Schuldgefühle der Kinder steigert und zu einer Wendung der Aggression nach innen beiträgt. Das Kind braucht also gelegentlich Kontrollinstanzen, um mit sich selber fertig werden zu können, so wie es sich später Wertvorstellungen aufbauen muß, nach denen es sich zu richten vermag und die ihm die Möglichkeit geben, sich die Freiheit der eigenen Entscheidung zu bewahren und gegen zu große Beeinflussung von außen resistent zu bleiben.

Das bedeutet gewiß nicht, daß ein Kind »autoritär« erzogen werden sollte, ganz im Gegenteil, es kommt vor allem darauf an, die individuellen und phasenspezifischen Bedürfnisse des Kindes so gut wie möglich zu verstehen, um seine Selbständigkeit zu fördern, aber auch um ihm zu ermöglichen, seine Ängste, Phantasien und Abhängigkeitswünsche zu äußern. Daß Angst und Aggression eng miteinander zusammenhängen, ist bekannt. Aggressionen lösen Strafangst oder Angst vor Liebesverlust aus, aber auch Angst kann die Ursache für aggressives Verhalten sein. Wir alle wissen aus zahlreichen Erfahrungen mit uns selber und mit anderen, daß wir oft besonders aggressiv reagieren, wenn wir im Grunde Angst haben.

Die Hoffnung vieler Erzieher, ein Kind angstfrei erziehen zu können, hat sich bisher nicht erfüllt. Anna Freud schreibt aufgrund ihrer jahrzehntelangen Erfahrung mit psychoanalytischen Erziehungsversuchen: »Noch aussichtsloser ist es, Kindern die beabsichtigte Angstfreiheit zu verschaffen. Wo die Angst vor der elterlichen Strenge verschwindet, steigt die Gewissensangst; wo die Strenge des Über-Ichs sich mildert, finden die Kinder sich überwältigt von der Angst vor der eigenen Triebstärke, der sie ohne den Einspruch von äußeren oder inneren Instanzen hilflos ausgesetzt bleiben.«[16]

15 Vgl. A. Mitscherlich: Aggression und Anpassung. In: Die Idee des Friedens und die menschliche Aggressivität. Frankfurt 1969.

16 A. Freud: Wege und Irrwege in der Kinderentwicklung. Stuttgart 1968, S. 17.

Es ist eine menschliche Besonderheit, daß Bedürfnisbefriedigung für ungewöhnlich lange Zeit und ausschließlich von den Eltern oder deren Stellvertretern abhängig ist. Dadurch können die Eltern sehr leicht durch gelegentliche Verweigerungen oder ungenügende Einfühlung in die Art und Weise, wie die Befriedigung erwünscht wird, zu enttäuschenden, gehaßten oder angsterregenden Objekten werden. Da es im Tierbereich die lange infantile Abhängigkeit wie beim Menschen nicht gibt, kennt die tierische Verhaltensforschung auch das Phänomen der Frustrationsaggression nicht, sondern nur das der Beute- und Rivalitätsaggression. Die Möglichkeiten, mit der frühkindlichen Frustrationsaggression erzieherisch umzugehen, sind zwar vielfältig, aber es dürfte unmöglich sein, eine Erziehungsform zu finden, die zu einer völlig frustrations- und konfliktfreien Entwicklung des Kindes führen könnte. Im übrigen kann durchaus bezweifelt werden, ob das überhaupt wünschenswert wäre, denn Angst im erträglichen Ausmaß regt zum Denken an, Konflikte können die Möglichkeit fördern, von mehreren Seiten her ein Problem zu betrachten und zu lernen, dialektisch zu denken.

Wie sollten wir uns auch in die Schwierigkeiten und Nöte anderer Menschen einfühlen können, wenn wir nicht am eigenen Leibe erfahren haben, was es heißt, Enttäuschungen zu ertragen und mit emotionellen Spannungen umzugehen? Denn ohne die Fähigkeit, eigene Wünsche zurückstellen und Gefühle des Gekränktseins relativieren zu können, wird es kaum möglich sein, tragfähige mitmenschliche Beziehungen aufbauen zu können.

Zweifellos sollte man dem kleinen Kind, das mit seinen Enttäuschungen, seiner hilflosen Wut so schwer umzugehen lernt, die Möglichkeit nicht nehmen, seine aggressiven Gefühle zu äußern, da sonst die Gefahr einer zu frühen Wendung der Aggression gegen die eigene Person besteht, die sich in einer unbewußt wirksamen Neigung zur Selbstbeschädigung und zu übermäßiger Selbstbestrafung ausdrücken kann.

Das später sich differenzierende Über-Ich, die Gewissensinstanz, erhält in dieser frühkindlichen Entwicklungszeit seine ersten Umrisse. Sind aggressive Äußerungen verboten, wird sich auch das Gewissen durch allzu große Härte, Enge und Rigidität auszeichnen. Wie tolerant oder Selbstkontrolle fordernd wir den Aggressionsäußerungen des Kindes begegnen, werden wir demnach von seinen Entwicklungsphasen abhängig machen müssen.

Dennoch bleibt es immer eine schwierige Entscheidung, die Einfühlung in das Kind und Selbsteinsicht verlangt.

Die Sprachverwirrung, die so häufig zwischen Kindern und Erwachsenen herrscht und von der Sandor Ferenczi[17], einer der ersten und begabtesten Mitarbeiter Freuds, sprach, ist deshalb so häufig, weil wir als Erwachsene zuviel von unserer kindlichen Erlebniswelt, von den Auslegungen, die wir damals vielen befremdenden und angsterregenden Erscheinungen gaben, vergessen haben. Auch Alfred Lorenzer[18] spricht von der Pseudokommunikation zwischen Eltern und Kindern. Er meint damit, daß Kinder und später auch Neurotiker eine rationalisierende Sprache lernen, deren hintergründige Affekte und versteckte Bedeutung zuerst in der Kindheit von den Eltern und später von den Kranken selber nicht mehr verstanden werden. Es gilt, die dem Kind selbst verborgenen Hintergründe seines Verhaltens und seiner Äußerungen zu verstehen und wenn möglich zu verbalisieren. Die Gefahr, daß Erwachsene dabei kindliche Kommunikationsversuche rationalisieren, ist immer vorhanden. Wenn man zu schnell einem Verhalten, z. B. dem eines disharmonischen und aggressiven oder unglücklich sich zurückziehenden Kindes, eine konkrete Erklärung anhängt, wie z. B. die alle Konflikte aus der Welt schaffende Feststellung: »Du bist ja nur hungrig«, oder: »Du bist übermüdet«, dann weist man die Verständigung auf der Ebene affektiver Symbolik und der zu ihr gehörenden Phantasien zurück, und der unmittelbare Kontakt zum Kind geht verloren. Auch lernt das Kind auf diese Weise, selbst ähnlich oberflächlich abtuend, d. h. mißverstehend mit seinen eigenen Gefühlen und Phantasien umzugehen. Je abwartender und sensibler Eltern auf die Äußerungen ihrer Kinder einzugehen lernen, um so mehr schützen sie das Kind vor Mißverständnissen und Enttäuschungen; nur so gewinnt auch das Kind langsam einen verstehenden Zugang zu dem, was in ihm vorgeht. Darüber hinaus wird es sich mit dieser Haltung der Eltern identifizieren und anderen gegenüber eine ähnlich einfühlende und rücksichtsvolle Haltung einnehmen können.

Auch eine noch so sorgfältige sexuelle Aufklärung hilft dem Kind nicht in seiner Verwirrung und Angst, wenn dabei nicht genügend Rücksicht auf die kindliche Phantasiewelt genommen wird. Da es nicht imstande ist, das erwachsene Geschlechtsleben zu verstehen, beharrt es auf seinen »prägenitalen« Vorstellungen. In ihnen stellt der elterliche Verkehr, wo er einmal beobachtet wird oder seine Geräusche wahrgenommen werden, einen ernsthaften aggressiven Akt des Vaters gegen die Mutter dar. In diesen kindlichen Phantasien geschieht auch die Empfängnis durch den Mund und die Geburt geht

17 S. Ferenczi: Sprachverwirrung zwischen dem Erwachsenen und dem Kind. In: Bausteine zur Psychoanalyse, Band 3, S. 511–525 (vgl. in diesem Band S. 25, Anm. 11).
18 A. Lorenzer: Sprachzerstörung und Rekonstruktion. Frankfurt 1970.

durch den Anus oder durch den Nabel vor sich. Nur wenn die Erwachsenen eine Ahnung von diesen Vorstellungen, von der Verschiedenheit kindlicher und erwachsener Bedürfnisse und Ängste behalten haben und sie respektieren, bis das Kind über sie hinauswächst und lernt, die äußere Realität Schritt um Schritt besser zu verstehen und von seinen Phantasien abzutrennen, werden Entfremdungen nicht mehr als unvermeidlich eintreten.

In der Psychoanalyse wurde der Aggressionstrieb vor allem in seinen Interaktionen mit der libidinösen Entwicklung untersucht[19]. Man nimmt an, daß bei der normalen Entwicklung libidinöse und destruktive Elemente innig gemischt und deswegen im Verhalten schwer auseinanderzuhalten sind. Beißen, Spucken, die Lust am Greifen, Zerreißen, Sich-Einverleiben charakterisieren die sogenannte infantil-orale Aggression, die etwa bis zur Mitte des zweiten Lebensjahres dauert. Mit den ersten Anpassungsleistungen an soziale Forderungen der Sauberkeitsgewöhnung beobachten wir oft heftige Ausbrüche zerstörerischer, wütender, grausamer Aggressivität. Sie wird aber nur dann unbeherrschbar, wenn die mit der Stuhlentleerung verbundenen Phantasien und Ängste unberücksichtigt bleiben und die Sauberkeitserziehung als Dressurakt ausgeführt wird, anstatt selbstregulierende Fähigkeiten des Kindes abzuwarten. Man spricht in diesem Lebensalter – der physiologischen altersentsprechenden Zentrierung von Lust und Unlust folgend – von analem »Sadismus«, der im dritten Lebensjahr vorherrscht. Herrschsucht, Prahlerei, Überheblichkeit, Unduldsamkeit gegen Rivalen sind für das Kind zwischen dem vierten und sechsten Lebensjahr die typischen Formen, in denen es versucht, sich durchzusetzen und seine noch mangelhaften Fähigkeiten und Kenntnisse, seine Kleinheits- und Hilflosigkeitsgefühle vor sich und anderen zu verbergen. In der sexuellen Triebentwicklung entspricht dieser Phase die langsame Entdeckung früher, an das Geschlechtsorgan gebundener Lusterfahrungen. Diese sogenannte »phallisch-ödipale Phase« ist durch intensive Rivalitätsaggression ausgezeichnet, da in diesem Alter neben der Mutter der Vater eine große Rolle zu spielen beginnt und das Kind sehr unter Eifersucht leidet.

Wie schon ausführlich dargestellt wurde[20], beginnen sich in unserer Kultur zu dieser Zeit die Probleme des Mädchens deutlich von denen des Knaben zu unterscheiden. Für beide Kinder besteht die Welt jetzt aus mindestens zwei zentral wichtigen Personen, und beide müssen lernen, daß sie die Mutter oder den Vater mit anderen

19 Vgl. A. Freud: Wege und Irrwege in der Kinderentwicklung, a.a.O.
20 Vgl. ›Emanzipation und Sexualität‹, in diesem Band S. 13ff.

teilen müssen. Die damit sich entwickelnde Fähigkeit, zu mehreren Menschen unterschiedliche Beziehungen aufzunehmen, bedeutet aber auch eine wesentliche Erweiterung und Differenzierung des seelisch-geistigen Horizonts eines Kindes. W. Loch[21] spricht davon, daß die Drei-Personen-Beziehung und ihre Internalisierung als Voraussetzung für die Entwicklung eines reflexiven Bewußtseins zu gelten haben. Die durch die Eifersucht entstehenden Haßgefühle den Eltern gegenüber, die doch zu gleicher Zeit geliebt und idealisiert werden, verarbeitet das Kind gewöhnlich mit Hilfe von Verinnerlichungen der Aggression und der Entwicklung von Schuldgefühlen. Damit beginnt sich das Über-Ich zunehmend zu differenzieren und seine Ansprüche anzumelden.

Hinzuzufügen ist noch, daß für die Entwicklung der Aggression während der ersten drei Lebensjahre einige besonders kritische Phasen zu beachten sind. Während der ersten Lebensmonate ist eine Wendung der Aggression von innen nach außen lebensnotwendig. Wenn eine liebevolle Versorgung durch eine Mutter oder Mutterersatzfigur fehlt, beobachten wir beim Säugling die Neigung zur Selbstschädigung des eigenen Körpers, wie z. B. durch Kratzen, Beißen, Stoßen des Kopfes gegen die Wand und ähnliches. Um den 18. Lebensmonat hat das Kind langsam gelernt, zwischen Selbst und Objekt besser zu unterscheiden. Wenn bis zu dieser Zeit längere Trennungen von der Mutter erfolgten oder schwerwiegende Störungen in der Beziehung zu ihr auftraten, wenn also in der Außenwelt des Kindes kein zuverlässiges menschliches Objekt zu finden war, welchem das Kind sich liebend zuwenden konnte und durch das es eine einfühlende Befriedigung seiner Bedürfnisse erlebte, reagiert es regelhaft entweder depressiv, selbstzerstörerisch oder zunehmend destruktiv. Es hat dann nicht erreicht, was die Psychoanalyse Objektkonstanz nennt und was die Voraussetzung für die spätere Entwicklung zu dauerhaften mitmenschlichen Beziehungen darstellt. Auch die Sprachentwicklung steht mit der Fähigkeit, zwischen Selbst und Objekt unterscheiden zu können, in engem Zusammenhang. Das Kind lernt jetzt, sich an etwas zu erinnern, sich etwas vorstellen zu können, Wortsymbole für Dinge und Personen zu finden, die es nicht unmittelbar wahrnehmen kann, weil sie abwesend sind. Die Fähigkeit, ohne den unmittelbaren Anstoß äußerer oder innerer Reize Menschen, Objekte, Bedürfnisse usw. sich bewußt und willentlich vorstellen zu können, ist ein ungewöhnlich wichtiger Vorsprung, den der Mensch vor dem Tier hat. Altersent-

21 Wolfgang Loch: Über die Zusammenhänge zwischen Partnerschaft, Struktur und Mythos. In: Psyche 23, 7, 1969.

sprechende Versagungen regen diese Vorstellungsfähigkeit des Kindes an und lassen Wortsymbole entstehen. Es entwickelt dadurch innere Repräsentanzen und ist z. B. nicht mehr so abhängig von der unmittelbaren Gegenwart der Mutter, von der unmittelbaren Befriedigung seiner Bedürfnisse. Loch[22] hat dargestellt, daß ohne genügende Entwicklung von Repräsentanzen und Symbolen sich leicht eine »konkretistisch-wahnhafte Interpretation der äußeren Ereignisse ergibt«, weil Überblick und Einfühlung in Handlungen und Verhaltensweisen anderer fehlen. Wie sich aus solchen wahnhaften Interpretationen der Umwelt die Neigung zu Gewalttätigkeit und Haß entwickelt, wurde schon am Anfang unserer Ausführungen dargestellt.

Je zuverlässiger das Kind zwischen Selbst und Objekt zu unterscheiden vermag, um so mehr hat es auch die innere Möglichkeit, seine Aggressionen auf ein von ihm als außen erlebtes mitmenschliches Wesen direkt richten zu können. Das ist im dritten Lebensjahr, in dem das Kind bekanntlich unter erheblichen Ambivalenzgefühlen dem Erzieher, meist der Mutter, gegenüber leidet, deutlich zu beobachten. Im Kind liegen jetzt zwei entgegengesetzte Bedürfnisse miteinander mit Streit: Ein Teil von ihm entwickelt zunehmend Selbständigkeitswünsche, ein anderer Teil hat nach wie vor starke Abhängigkeitsbedürfnisse. Wenn eine Mutter sich wegen der Destruktivität, des Trotzes und Eigensinnes, den typischen Erscheinungsformen dieses Konfliktes in der analen Phase, von ihrem Kind abwendet, kann das zu so nachhaltigen Störungen im Sinne einer destruktiven Aggressivität führen wie die emotionale oder tatsächliche Abwesenheit einer Mutter oder Muttersatzfigur in den ersten beiden Lebensjahren.

Bei Kriegskindern und Heimkindern, die frühzeitig ihre Mutter verloren haben oder über längere Zeit von ihr getrennt waren, denen also eine konstante mütterliche Beziehungsperson fehlte und die darüber hinaus oft mit Ungeduld oder Gleichgültigkeit behandelt wurden, sieht man grobe Störungen der Aggressionsäußerungen besonders häufig. Ihrer Zerstörungslust fehlen oft die notwendigen Hemmungen. Die normalen Reaktionen wie Mitleid, Bedauern und Schuldgefühl bleiben unterentwickelt. Solche Kinder neigen zur Tierquälerei oder zur Mißhandlung von Schwächeren oder aber zu massiven selbstdestruktiven Akten. Diese Reaktionen haben nichts mit einem überdurchschnittlichen Potential an Aggressionen zu tun, sie sind vielmehr die Folge einer ungenügenden libidinösen Zuwen-

22 W. Loch: Zur Entstehung aggressiv-destruktiver Reaktionsbereitschaft. In: Psyche 24, 1970.

dung und Ausdruck früher Enttäuschungen, Trennungen, Objektverluste – von Geschehnissen also, durch die der Aufbau mitmenschlicher Beziehungsfähigkeiten und damit positiver Identifikations- und Verinnerlichungsmöglichkeiten, im Sinne des normalen Umgangs mit Symbolen, gestört werden.

Um es zu wiederholen: Nur wenn Aggression in den verschiedenen Phasen geduldet und verstanden wird, kann sie sich libidinös legieren. Sie unterstützt dann Neugierde und Aktivität und Lust am Lernen[23]. Destruktive oder selbstdestruktive Verhaltensweisen sind meistens auf eine fehlende oder in ihrer Kontinuität gestörte Objektbeziehung in den ersten Lebensjahren, auf mangelhafte Triebfusion, auf eine sadomasochistische Mutter-Kind-Beziehung in der analen Phase zurückzuführen. Massiv-brutales oder selbstdestruktives Verhalten in der Kindheit und später beim Jugendlichen oder Erwachsenen signalisiert uns in jedem Fall, daß früh im Leben solcher Menschen Wunden geschlagen wurden, die, wie Anna Freud es beschrieb, »zu aggressiv-destruktiven Folgeerscheinungen führen, die jedem erzieherischen Eingriffe gegenüber unbeeinflußbar bleiben«.[24]

Mit der Auflösung des ödipalen Konfliktes, mit der Verinnerlichung der elterlichen Ge- und Verbote wird die Aggression, so Sigmund Freud, »introjiziert, verinnerlicht, eigentlich aber dorthin zurückgeschickt, woher sie gekommen ist, also gegen das eigene Ich gewendet. Dort wird sie von einem Anteil des Ichs übernommen, der sich als Über-Ich dem übrigen entgegenstellt, und nun als ›Gewissen‹ gegen das Ich dieselbe strenge Aggressionsbereitschaft ausübt, die das Ich gerne an anderen, fremden Individuen befriedigt hätte. Die Spannung zwischen dem gestrengen Über-Ich und dem ihm unterworfenen Ich heißen wir Schuldbewußtsein; sie äußert sich als Strafbedürfnis.«[25] Zwischen dem sechsten und zwölften Lebensjahr, in der »Latenzphase«, kommt die frühkindliche sexuelle Entwicklung zu einem vorübergehenden, teilweisen Stillstand. Die aggressive Triebentwicklung wird nun bei normalem Verlauf intensiv mit physischen und intellektuellen Lernprozessen verknüpft, das Kind beginnt, sich von seinen frühkindlichen engen Beziehungen zu den Eltern zu lösen, und wendet sich zunehmend Gleichaltrigen zu. Es lernt, Rivalen neben sich zu ertragen. Häufig beginnt es, sich mit ihnen zu solidarisieren im Kampf gegen die Erwachsenen. Nicht selten wird die Rivalität als Anregung empfunden, und Rivalitätsspie-

23 A. Mitscherlich: Aggression und Anpassung, a.a.O.
24 A. Freud: Wege und Irrwege in der Kinderentwicklung, a.a.O.
25 S. Freud: Das Unbehagen in der Kultur. In: Ges. W., Bd. XIV, S. 482f.

len kommt eine zentrale lustbereitende Rolle zu. Wenn die Spielregeln und damit Form und Grenzen der Aggression genau bestimmt und eingehalten werden, scheint aus dem Rivalitätshaß eine Rivalitätslust werden zu können. Wie leicht allerdings aus der Rivalitätslust wieder Haß und Aggression werden können, ist offensichtlich.

Störungen des Selbstwertgefühls können schon bei kleinen Enttäuschungen und Zurückweisungen zu Haß- und Aggressionsausbrüchen führen. Das Gefühl des eigenen Wertes hängt zunächst von der Möglichkeit ab, die Eltern, mit denen das Kind sich identifiziert, idealisieren und bewundern zu können. Aber diese Eltern sind als Personen, objektiv betrachtet, natürlich nicht die makellosen Ideale, die das Kind in ihnen zu sehen pflegt, sondern reale Menschen mit ihren Vorzügen und Fehlern. In dem Augenblick, in dem das Kind über manche »Entwicklungsstufen des Wirklichkeitssinnes«[26] zu der Einsicht gekommen ist, daß man die Eltern nicht mit Gewalt auf jener Idealstufe halten kann, auf die man sie in der frühen Kindheit gestellt hat, sondern daß es auch an den Eltern Fehler zu ertragen gilt, pflegen tiefe Spannungen in der Eltern-Kind-Beziehung aufzutreten.

Dies ereignet sich am Ende der Latenzperiode, in der Vorpubertät und vor allem in der Pubertät mit oft großer Heftigkeit von beiden Seiten.

Denn auch die Eltern pflegen in dieser Lebenszeit von ihren Kindern enttäuscht zu sein. Auch sie wollten ideale Kinder, entsprechend den Erwartungen, die ihnen ihr Selbstideal diktiert. Dieser Prozeß der Entidealisierung ist für beide Teile gleichermaßen schmerzlich. Das Kind verliert seine »idealen Eltern« und fühlt sich dadurch selbst entwertet, denn indem es sich mit ihnen identifizierte, war sein eigenes Wertgefühl weitgehend von der Idealisierung und Wertschätzung seiner Eltern abhängig. Heinz Kohut[27] hat an zahlreichen Beispielen dargestellt, daß eine zu frühe Desillusionierung des Elternideals zu Störungen der Selbstwertregulation führt. Der Heranwachsende entwickelt dann entweder eine übertriebene narzißtische Kränkbarkeit, oder grandiose Selbstgefühle nehmen überhand. Man fühlt sich den Eltern weit überlegen. Oft schwankt der Jugendliche zwischen Größenphantasien und gereizter Empfindlichkeit.

Aber auch bei Entwicklungen im Bereich der normalen Entidealisierung wird den Eltern in der Pubertät ihrer Kinder die doppelte Belastung zugemutet, von ihnen entthront zu werden und die eigene

26 S. Ferenczi: Bausteine zur Psychoanalyse, Band 1, a.a.O., S. 26.
27 H. Kohut: The analysis of the self. New York 1971.

Idealisierung »ihrer« Kinder endgültig aufgeben zu müssen. Zudem muß zugegeben werden, daß die aus Verzweiflung und gestörtem Selbstgefühl besonders aggressive Kritik der Jugendlichen an den Eltern wirklich schwer zu ertragen ist. Sie gehört aber zu dieser Reifungsstufe und stellt einen notwendigen Ablösungsschritt dar. Ohne ihn bleiben die Jugendlichen in kindlicher Weise abhängig und unkritisch an eine enge familiäre Wertwelt gebunden[28].

Darüber hinaus sollten Eltern und Erzieher nicht vergessen, wie sehr die Selbstwertgefühle des Jugendlichen auch dadurch beeinträchtigt werden, daß er unfähig ist, seine sexuellen Probleme zu lösen. Die Pubertät ist die triebstärkste Zeit im menschlichen Leben, aber die soziale Umgebung und die eigene geistig-seelische Unsicherheit und Unreife des Jugendlichen lassen eine seiner körperlichen Reife entsprechende psychosexuelle Partnerschaft nur selten zu. Bei aller sogenannten Aufgeklärtheit in Fragen der Sexualität bleibt die Adoleszenz eine Zeit der Unerfahrenheit, heftiger Gefühlsdurchbrüche und mangelnder Einfühlung gerade in den sexuell begehrten Partner. In dieser Periode wird deswegen das ohnehin geschwächte Selbstgefühl des Jugendlichen, der seine Eltern entidealisierte, dabei seine kindlichen Bindungen nur schwer aufzugeben vermag, noch labiler. Seine aggressiven Ausbrüche oder sein »passiv-aggressiver« Trotz und seine Abkapselung sind deswegen auch Ausdruck seiner Unfähigkeit, mit seinen sexuellen Triebbedürfnissen fertig zu werden.

Mit der Verlängerung komplizierter Lernprozesse und der damit länger dauernden finanziellen Abhängigkeit hat sich die Pubertät bis weit in einen Altersabschnitt hinein verschoben, in dem man früher als Erwachsener galt[29]. Der Lebenslauf der Gastarbeiterin Maria zeigte freilich, daß diese Entwicklung vom Grad der Technisierung und Industrialisierung bestimmt wird. In den in dieser Hinsicht rückständigen Ländern wird die arme Bevölkerungsschicht weiterhin von den wenigen herrschenden Familien ausgebeutet. Sehr typischerweise nehmen die auf diese Weise mißachteten Eltern ihren Kindern gegenüber eine ähnliche Haltung ein. So herrscht in Marias Heimat das ungeschriebene Gesetz, daß die Kinder bis zum 21. Lebensjahr für ihre Eltern arbeiten. Das wurde auch bei uns vor ein, zwei Generationen nicht selten verlangt. Dort ist es bis heute eine unbefragbare Selbstverständlichkeit geblieben. Nach wie vor wer-

28 Vgl. A. und M. Mitscherlich: Identifikationsschicksale in der Pubertät. In: Die Unfähigkeit zu trauern, a.a.O.

29 Siegfried Bernfeld: Über eine typische Form der männlichen Pubertät. In: Imago 9, 1923.

den die wenigen Jahre der Schulpflicht nur nachlässig eingehalten, und Kinderarbeit ist gang und gäbe.

Ähnlich verhält es sich mit der Rechtlosigkeit der Frauen dieser Länder. Ihr Marktwert wird bestimmt von ihrer Mitgift, ihrer Arbeitsfähigkeit, ihrer Jungfräulichkeit, vielleicht noch von ihrer Schönheit. Ein Selbstbewußtsein als Individuum wird ihnen kaum zuerkannt. Entsprechend eng und vorurteilsüberlastet bleibt ihr Realitätsverständnis – das der inneren wie der äußeren Realität. Die Idee der Selbstverwirklichung taucht deswegen nicht einmal als Fata Morgana am Phantasiehorizont solchermaßen unterdrückter und ausgenutzter Frauen auf. Solange aber die Männer noch die Möglichkeit haben, eigene Unterdrückungserlebnisse an einer anderen, schwächeren Schicht, den Frauen, auszulassen, nehmen sie eher zu diesem Verschiebungsmechanismus Zuflucht, als sich gegen den Stärkeren revolutionär aufzulehnen.

Diese von den unseren unterschiedlichen Entwicklungsbedingungen zeigen, daß Latenzperiode und Pubertät, abgesehen davon, daß sie biologischen Reifungsstufen entsprechen, in hohem Maß kulturgeprägt sind. Für unseren Kulturbereich gilt die Pubertät als eine besonders labile Phase, die ständig von Zweifeln am eigenen Wert, von Störungen der Identität erschüttert wird. Die Geduld der Erwachsenen wird auf eine harte Probe gestellt; dem Jugendlichen mangelt sie im allgemeinen, für ihn gelten die Begriffe »Sturm und Drang« nach wie vor. Die haßgefährdete Beziehung von Jugendlichen zu Eltern und, ganz ausgesprochen und gewiß nicht selten, von Eltern oder Erziehern zu den Jugendlichen wird gemildert, wenn sich in den Jahren der Kindheit bis zur Pubertät eine intensive emotionelle Bindung zwischen Kind und Erwachsenen hergestellt hat, in der – bei aller Abhängigkeit – das Kind als selbständiges Wesen anerkannt wurde und es lernte, im emotionalen Bereich nicht nur der nehmende, sondern auch der gebende Teil zu sein. Wie häufig diese Voraussetzung fehlt, muß nicht belegt werden.

Es kommt aber noch etwas hinzu. Der Jugendliche kann, wie jeder in Entwicklung befindliche Mensch, auf Vorbilder, auf Möglichkeiten zu neuen stimulierenden Identifikationen nicht verzichten. Um aber als Vorbild überzeugend zu wirken, muß der Erwachsene seinen eigenen Schwierigkeiten einigermaßen bewußt und offen gegenüberstehen. Hat er diese Fähigkeit nicht erlernt, so werden ihn die jungen Menschen erbarmungslos an seinen »kognitiven Dissonanzen« (Leon Festinger)[30], d. h. an allen inneren Wider-

30 L. Festinger: A theory of cognitive dissonance. Evanstone, Ill. 1957.

sprüchen, die sie erkunden können, angreifen – die Tragödie manchen Lehrerschicksals.

Wenn Eltern oder Lehrer in der Lage sind, ihre Fehler, aber auch ihre Überzeugungen und Ideale zu reflektieren, werden sie diese Fähigkeit auch jüngeren Menschen vermitteln können. Mindestens unter den gegenwärtigen, aufgeklärten Bedingungen unserer Kultur ist es meist nicht blinde Überzeugungstreue, sondern dageschärfte Bewußtsein für eigenes Nichtwissen, für eigene Vorurteilsneigungen und ähnliche Schwächen, das junge Menschen auf der Suche nach Identität zur Nachahmung herausfordert.

Opportunistische Anpassung, die »Lebenslüge« des ängstlichen Angepaßtseins an die vorgezeichnete Rolle und die damit verbundene Unfreiheit sozialen Zwängen gegenüber werden für den kritischen Blick des Jugendlichen, der mitten im Prozeß der notwendigen Lösung seiner bisherigen Beziehungen zu Menschen und Idealen steht, viel deutlicher und rascher erkennbar, als es der Erwachsene ohne Selbstdistanz gewahr werden kann. Das Bewußtsein des Erwachsenen, durchschaut zu sein, ohne daß er die innere Möglichkeit zu der von ihm verlangten Änderung hat, verstärkt dann auch in ihm reaktiv seine Intoleranz, aus der nicht selten Haß wird.

Je weniger der Erwachsene die Zusammenhänge überblickt, desto intoleranter wird er handeln. Umgekehrt überzeugen unreflektiertes bloßes Mitlaufen mit der Zeit oder schnelle Übernahme neuer Wertvorstellungen die Jugendlichen mit Recht ebensowenig. Auch fachliche Qualitäten allein genügen den Studenten wie überhaupt der Jugend als Identifikationsangebot nicht mehr: sie sucht nach Vorbildern, die ihr glaubhaft darstellen, was »Affektbildung«[31] ist, jene emotionelle Selbstformung, die nicht nur der Befriedigung des eigenen Selbstwertgefühls dient, sondern die befähigt, auch Wertvorstellungen anderer anzuhören und zu durchdenken. Immer bleibt es bei diesen Bemühungen um Verständigung ein Problem, wie man Frustrationstoleranz, d. h. Einsicht in den zuweilen unvermeidlichen Aufschub der Befriedigung, vermitteln kann, ohne daß es zu unnötigen Kränkungen oder unangemessenen Beschränkungen der persönlichen Freiheit kommt.

Ratlos reflektieren die Hoffnungen bestimmter Studentengruppen ein utopisches, zumindest ein historisch noch nicht verwirklichtes Menschenbild: eine menschliche Gemeinschaft, die vornehmlich durch Liebe geeint wird, in der Aggression, Verzicht auf Zwang überflüssig geworden sind. Zu diesem Vorausentwurf menschlicher

31 Vgl. A. Mitscherlich: Auf dem Wege zur vaterlosen Gesellschaft. München 1963, S. 31 ff.

Gemeinschaft gehört auch, daß es in ihr keine unvermeidbaren Frustrationen und Rivalitäten mehr geben soll; infolgedessen braucht man dann auch nicht mehr zu lernen, derlei Lebenssituationen zu bewältigen. Aber falls wir nicht dem Wunschdenken unsere kritische Einsicht opfern wollen, müssen wir feststellen, daß eine solche vor Enttäuschungen bewahrende Welt nur in einem begrenzten Umfang zu verwirklichen sein wird. Jede Sozialisation, jede Einordnung in eine Gesellschaft bringt Enttäuschungen mit sich und verlangt vom Individuum Verzichte auf egoistische Wünsche und narzißtisch bestimmte Triebbefriedigung.

Unseres Erachtens geht es deswegen darum, sehen zu lernen, mit welcher Erziehungsart wir einem Kind helfen können, unvermeidbare Spannungen und Enttäuschungen besser, d. h. haßfreier zu ertragen.

Enid und Michael Balint[32] haben zwei verschiedene Erziehungsarten untersucht, um herauszufinden, welche einem Kind größere Toleranz seinen eigenen Triebspannungen gegenüber vermittelt und zu größerer Gegenseitigkeit in den mitmenschlichen Beziehungen führt. Sie unterscheiden die Über-Ich-Erziehung, die in unserer Kultur mit einer Orientierung an den moralischen Forderungen des Vaters gleichgesetzt werden kann, von der gewährenden Erziehung, die kindliche Bedürfnisse unmittelbar zu befriedigen sucht und als mütterliche Erziehungsart bezeichnet wird.

Beide Wege werden – für sich genommen – nicht zum Ziel führen. A. Mitscherlich[33] hat dargestellt, wie die hierzulande nach wie vor bestehende Über-Ich-Erziehung einer kulturellen Entleerung ausgesetzt ist, da eine zwar am Mann orientierte Gesellschaft dennoch im Grunde keine verbindliche väterliche Autorität mehr besitzt. Auf der anderen Seite hat die permissive Erziehung, die seit langem in den USA praktiziert wurde, ihrerseits die Haßgefühle gegen eine die Triebunterdrückung erzwingende Kultur erhöht, obwohl die Triebunterdrückung geringer geworden ist, wie es kürzlich H. und Y. Löwenfeld[34] an einigen Beispielen sehr eindrucksvoll dargestellt haben.

Als Folge dieser »schwachen« Erziehung scheint auch das Über-Ich als Ganzes sich nur schwach auszubilden, d. h. infantil zu bleiben, und zwar sowohl in seinem Konformität erzwingenden wie in

32 E. Balint: Fair Shares and Mutual Concern. Vortrag, gehalten auf dem Internationalen Psychoanalytischen Kongreß in Wien 1971.

33 A. Mitscherlich: Auf dem Wege zur vaterlosen Gesellschaft, a.a.O.

34 Henry und Yela Löwenfeld: Die permissive Gesellschaft und das Über-Ich. In: Psyche 24, 1970.

seinem auf Autonomie gerichteten Aspekt. Während die Über-Ich-Erziehung mehr an der Erfüllung moralischer Ziele und an der Orientierung ambitioneller Ideale interessiert ist und weniger an Einfühlung in den anderen und dem Verständnis für individuelle Bedürfnisse, führt die permissive Erziehung zunächst unerwartet zu einer Unselbständigkeit des Kindes, zu ausgesprochen infantiler Frustrationsintoleranz mit Neigung zu unkontrollierten aggressiven Ausbrüchen. Vorbedingung für eine auf Gegenseitigkeit ausgerichtete mitmenschliche Beziehung ist die Fähigkeit, auf die schnelle Erfüllung eigener Triebbedürfnisse, falls es notwendig wird, verzichten zu können. Auch die mit der permissiven Erziehung gewöhnlich einhergehende protrahierte Abhängigkeit von der Mutter oder mütterlichen Ersatzfiguren stört nicht nur die Fähigkeit zur Selbstregulierung, sondern erweckt auch leicht Haßgefühle dem gegenüber, der einen so abhängig werden ließ.

Die richtige Erziehung für jeden zu finden, bleibt ein aussichtsloses Unterfangen. Die Über-Ich-Erziehung verspricht gleiches Recht für alle diejenigen, welche die Ver- und Gebote des »Vaters« befolgen. Sie will Gerechtigkeit nach quantitativen Gesichtspunkten und erträgt es nicht, wenn der »verlorene Sohn« bei seiner Rückkehr mehr Zuwendung erhält als der »zu Hause gebliebene«, der die bestehenden Regeln und Gesetze seiner sozialen Umgebung treu befolgte. Mehr Gerechtigkeit in der Erziehung wird es nur dann geben können, wenn die Gesellschaft den Wert verstehender, einfühlender und erst dann fordernder Pädagogik über die andere stellt, die glaubt »law and order« seien wie der Pariser Meter Urmaßstäbe, die es anzulegen gelte, gleichgültig, wer da für dieses Gehorsamsziel zu erziehen sei.

Was macht man z. B. mit einem Kind, das einen Schock erlitten hat? Wird man es trösten und dann bald ins Bett legen, damit es in Ruhe wieder zu sich selbst finden kann, oder wird man es lange mit sich herumtragen, bis es auf dem Arm der Mutter einschläft? Wird ihm mehr damit geholfen sein, wenn wir es anregen, mit der Bewältigung von Traumen selbständig fertig zu werden, oder braucht es einen lang dauernden Trost, um das Gefühl der Sicherheit entwikkeln zu können? Ist es nicht vor allem notwendig, in seinen Kindern ein Gefühl dafür zu entwickeln, daß die verschiedenen Menschen unterschiedliche Arten des Verstehens brauchen? Elterliche Verhaltensweisen sollten deswegen dem Kinde anschaubar machen, daß unterschiedliche Behandlungsweisen der verschiedenen Kinder nicht unbedingt ein Grund zu Neid, Eifersucht und Haßgefühlen sind.

Aber nicht nur die Eltern müssen Verständnis für ihre Kinder aufbringen, auch diese müssen lernen, auf die Eltern und deren Möglichkeiten einzugehen. Denn es ist sinnlos, wenn Eltern sich selbst vergewaltigen und eine Erziehungsart versuchen, die ihrer persönlichen Fähigkeit, das Leben zu bewältigen, nicht entspricht. Das kann nur zu einer verkrampften Einstellung dem Kind gegenüber führen und dadurch den Aufbau eines unmittelbaren entspannten Kontaktes hemmen. So behandelte Kinder entwickeln dann oft als Erwachsene Angst vor der Nähe eines Menschen; sie können sich nur entspannt fühlen, wenn sie allein sind. So sehr wir als Eltern also zu einer selbstkritischen Betrachtungsweise bereit und zu einer Korrektur unserer Erziehungsweise fähig sein sollten, so sollten wir doch andererseits lernen, auch im Umgang mit uns selbst eine verstehende und tolerante Haltung einzunehmen und andern gegenüber durchzusetzen.

Denn nicht die einseitig liebende Beziehung, sondern der langsame Aufbau einer sich gegenseitig verstehenden Liebe zwischen dem Kind und seinen Mitmenschen entscheidet darüber, ob allmählich zwischen Liebe und Haß ein Mischungsverhältnis entstehen kann, in dem die Liebe überwiegt; nur wenn Erziehung Einfühlung im Umgang mit sich selbst und mit anderen fördert, wird sie als Grundlage dauerhafter Objektbeziehungen und einer im Rahmen unserer Massengesellschaft noch möglichen Selbstverwirklichung dienen können.

Wird ein ausgewogenes Verhältnis zwischen Liebe und Selbstbehauptung hergestellt, können die Aggressionen eher fördernd als hemmend auf die Entwicklungen des Kindes zum Mitmenschen wirken: »Der Säugling braucht die aggressiven (d. h. aktiven) Regungen, um seine Zuwendung zur Außenwelt und sein Festhalten an ihr zu sichern; beim Kleinkind stärkt die Aggression den Wunsch, groß und unabhängig zu werden, und sich an die Stelle der Eltern zu setzen, d. h. sich mit ihnen zu identifizieren. Die Über-Ich-Bildung ist von der Aggression abhängig, insoweit nach außen gerichtete aggressive Regungen von der Objektwelt zurückgezogen und dem Über-Ich zur Verfügung gestellt werden.«[35] Die Fähigkeit, aggressive Impulse sozial zu meistern, hängt also davon ab, wie sich die Eltern zu den aggressiven und sexuellen Äußerungen ihrer Kinder in den verschiedenen Entwicklungsphasen verhalten, auf welche Weise dem Kind Ge- und Verbote erteilt werden, wie es lernt, Triebaufschübe, Enttäuschungen, Spannungen zu ertragen und sich auf andere einzustellen, welcher Art die Rollen und Verhaltensan-

35 A. Freud: Wege und Irrwege in der Kinderentwicklung, a.a.O., S. 165.

weisungen der Gesellschaft sind. Diese beginnen von der Latenzzeit an eine immer größere Rolle zu spielen.

Die drei Krankengeschichten fordern dazu heraus, noch ein Wort zur Tradition affektiver Einstellungen anzufügen. Unausweichlich übernehmen wir einen wesentlichen Teil unseres Verhaltens von den Eltern, Lehrern und anderen Erziehern. Sie alle sind wiederum von den eigenen Eltern und Erziehern geformt und haben die Ideale und Erziehungspraktiken ihrer jeweiligen Gesellschaft und Zeit übernommen. Das geschieht allermeist so »naiv«, daß eine vollbewußte kritische Distanzierung von der eigenen Gesellschaft und deren kulturellen Normen nur in seltenen Fällen und auch dann nur teilweise gelingt.

Die drei Fälle haben deshalb mehr als nur individuelle Leidensgeschichten vermittelt. Sie berichten von Arten des Umgangs mit Aggressionen im Verhältnis zwischen Eltern und Kindern. Aber auch davon, in welchem Ausmaß die Eltern wiederum von ihrem eigenen Milieu, der Art, wie sie selber behandelt und erzogen wurden, beeinflußt waren.

Bei allen drei Patienten bestand ein dringendes Bedürfnis danach, sich mit Gleichgesinnten zu identifizieren. Klara hatte das schwere Schicksal einer verfolgten Minderheit zu ertragen. Während des Krieges versuchte sie, wie dies oft in gleicher Lage geschieht, sich der Hilflosigkeit und Angst mit dem Abwehrmechanismus der Identifikation mit dem Aggressor zu entziehen. Der unbewußte Wunsch, endlich einmal zu den Stärkeren, zu der größeren Gruppe zu gehören, war eines der Motive für die Entwicklung ihrer idealisierenden Hoffnungen, die sie in die Staatspartei setzte. Durch Identifikation mit Gleichgesinnten erlebte sie, sich behaupten und auch andere als sich selbst hassen zu können.

Die Identifikation mit den Gleichgesinnten bestimmt den jeweiligen Standort des jungen Menschen in seiner Gesellschaft. Für eine seit Generationen verfolgte oder mindestens diskriminierte Minderheit ist das Spannungsverhältnis zur Mehrheit intensiver, sind die lebensgeschichtlichen Entscheidungen von diesem Verhältnis oft definitiv gelenkt. Wir können es deshalb wohl kaum ermessen, was es nach Jahrtausenden der Diaspora für jeden Juden bedeuten mag, gelernt zu haben, sich einer ihn umgebenden, oft genug tödlich feindseligen Mehrheit gegenüber durchsetzen zu können.

Für Herta und Hanna hatte die Gruppenzugehörigkeit eine andere Bedeutung. Wie viele ihrer jugendlichen Kommilitonen hofften sie, mit Hilfe einer oft massenhaft erfolgenden gegenseitigen Identifikation ihr Gefühl der inneren Desorientierung und Hilflosigkeit zu überwinden. Diese Identifikation mit den Gleichaltrigen birgt Vorteile und Gefahren in sich. Im Laufe einer solchen, oft fast suchthaft vollzogenen Gruppenbildung mag die Fähigkeit, allein sein zu können, verlorengehen und damit die kritische Beziehung zur eigenen Affektwelt. Die Folge kann ein willenloses Einschwenken in eine sektiererische Denkrichtung sein. Diese führt zu weiterer Einkapselung in Gruppen und zur Verstärkung der gegenseitigen Identifikation in geschlossenem Kreis. In Herta haben wir beobachten können, wie Aggression dann regelmäßig draußen, in den Autoritäten, gesehen wird. Indem man diese bekämpft, befriedigt man freilich die im Verborgenen wirksam gebliebenen eigenen aggressiven Spannungen. Die Schuldgefühle, die sonst die Folge wären, werden durch die Überzeugung beschwichtigt, für Ideale zu kämpfen, und auch dadurch, daß in diesem Kampf die eigene Angst überwunden werden muß.

In ›Massenpsychologie und Ich-Analyse‹[36] hat Freud eindringlich dargestellt, wie sich aktive Gruppen dadurch zu bilden vermögen, daß sie sich einen gemeinsamen Führer wählen. Der Führer stellt dann das Ich-Ideal aller Gruppenmitglieder dar, und mit Hilfe der gemeinsamen Verehrung des gleichen Ich-Ideals entsteht eine gegenseitige Identifikation.

Die Gruppen, denen sich Herta und Hanna zugehörig fühlten, scheinen sich aber aus ganz anderen Bedürfnissen und Motiven zusammengefunden zu haben. Mit ungewöhnlicher Heftigkeit müssen sie sich von der sie umgebenden Gesellschaft und der Generation der Eltern absetzen, um das Gefühl einer eigenen Identität zu entwikkeln. Sie empfinden sich als andersartig, und in vieler Hinsicht sind sie es auch. Im Kreis der Gruppe erleben sie die Gleichheit der Gesinnung. Nur wer sich im Gegensatz zu den bisherigen Idealen und Autoritätsfiguren empfindet und entsprechend verhält, kann in den von Herta und Hanna gesuchten Gruppen Aufnahme und eine neue Identität finden. Professoren, die versuchen, sich in ihre Studenten einzufühlen, erleben es oft, daß diese darauf mit persönlich kränkenden Angriffen reagieren. Die höhnische Ablehnung dieser Vaterfiguren, die versuchen, sich mit den Studenten zu identifizieren, wird verständlich, wenn man bedenkt, daß gerade die angebotene Identifikation es diesen Studenten wieder unmöglich machen würde, sich als abgegrenzte Gruppe, als Individuen mit neuen Zielsetzungen und eigener Identität zu fühlen. Diese Suche nach neuen Identifikationen und Idealen ist so verständlich wie notwendig; denn die un-

36 S. Freud, in: Ges. W., Bd. XIII.

kritische Fortsetzung der überkommenen Traditionen, die so viel Unheil angerichtet haben und den Erfordernissen unserer Massengesellschaft in keiner Weise mehr gerecht werden, wird niemand guten Gewissens fordern.

Margaret Mead[37] würde in diesem Verhalten zweifellos nichts anderes sehen als eine der vielen Ausdrucksformen, in denen sich auch bei uns die »konfigurative Kultur« durchsetzt. Damit ist gemeint: In der Gegenwart orientieren sich die Jugendlichen nicht mehr an den Eltern, die ihnen den Umgang mit einer sich in permanentem Wandel befindenden Welt nicht vermitteln können, sondern mit ihresgleichen, weil diese etwas begreifen und erleben, was die Eltern noch nicht oder nicht mehr verstehen können. Dennoch bleibt u. E. die Wirkung der frühen Kindheit mit der zentralen Bedeutung der Eltern-Kind-Beziehung, der Entwicklung der psychischen Struktur im Zusammenhang mit diesen ersten Objektbeziehungen, für die Art des späteren Umgangs mit der sich wandelnden Umwelt vor allem für die Art der mitmenschlichen Beziehungen ein nicht zu unterschätzender Faktor.

Ursprünglich haben tiefe Kränkungen, Vernachlässigungen und fehlende Identifikationsmöglichkeiten in der Kindheit und Jugend mit zur inneren Verlorenheit vieler Jugendlicher und zu den krassen Äußerungsformen des Generationskonfliktes beigetragen. Daß gegenseitige Identifikation auch in früher Kindheit hilfreich sein kann, wird dabei nicht bezweifelt. Anna Freud und Sophie Dann haben in einer gemeinsamen Arbeit aufgezeigt[38], wie Kriegs- und Konzentrationslager-Kinder als Folge des frühzeitigen traumatischen Verlustes ihrer Eltern Gruppen bildeten, in denen die einzelnen Mitglieder mit Hilfe dieser gegenseitigen Identifikationen eine recht stabile psychische Struktur aufbauen konnten. Elternlose Kinder, welche die Schrecken des Krieges und der Konzentrationslager überlebten, ohne in Gruppen von Gleichaltrigen einen Schutz und Identifikationsersatz zu finden, waren von erheblich größerer psychischer Anfälligkeit.

Viele der heute sich in Gruppen zusammenfindenden Jugendlichen sind entweder im Krieg oder bald nach dem Krieg geboren, zu einer Zeit, in der der Vater psychisch oder physisch abwesend war. Der »ferne« Vater war das Ideal und ist es vielleicht heute noch. Viele Mütter haben in dieser Zeit unter Depressionen gelitten und dabei den affektiven Kontakt zu ihren Kindern weitgehend verloren. Kin-

37 M. Mead: Der Konflikt der Generationen, Jugend ohne Vorbild. Freiburg 1971.
38 A. Freud und S. Dann: An Experiment in Groupupbringing. In: Psa. Study Child 6, 1951.

der registrieren diese innere Abwendung der Mutter wie einen faktischen Objektverlust, noch dazu den der zentralen Beziehungsperson. Die Folge sind starke Kontakt- oder Identifikationsstörungen. Die übersteigerte Idealbildung vieler dieser Jugendlichen, wie wir sie heute erleben, spricht für das Bedürfnis, den Zustand der frühen Kindheit wieder herzustellen, in denen Eltern noch absolute Ideale waren und das Kind in den Identifikationen mit ihnen seine Selbstidealisierung aufrechterhalten konnte.

Die Regression zu einem solchen Zustand pflegt dann zu erfolgen, wenn der Zusammenbruch der Ideale des Kindes zu früh oder zu plötzlich erfolgte; der gleiche Effekt entsteht, wenn die Eltern in ihren Objektbeziehungen, d. h. in ihren Beziehungen zu den Kindern, gestört oder physisch nicht vorhanden waren.

In den USA, wo sich gleichfalls in gegenseitiger Identifikation verbundene Jugendgruppen zusammengefunden haben, liegen die Verhältnisse anders. Aber auch hier mag zu diesem Phänomen der Gruppenbildung beigetragen haben, daß die Eltern als Idealfiguren zu einem früheren Zeitpunkt der Entwicklung ihrer Kinder versagten als Eltern in der Generationsfolge unter mehr statischen Kulturverhältnissen. Diese Kinder erlebten zwar keinen so allgemeinen Wertverlust wie die in Deutschland lebenden, die ihre Eltern nach dem Zusammenbruch des Hitlerreichs gewöhnlich nicht mehr als Vorbilder anerkannten. Die amerikanischen Väter kehrten nach dem Krieg zwar als Sieger zurück, aber sie hatten wohl wenig Lust, die Heldenrolle zu übernehmen, sondern wollten vielmehr endlich ihr Leben genießen. Zudem waren auch sie von der Demoralisierung und Brutalisierung geprägt, die jeder Krieg unausweichlich mit sich bringt. Überdies waren dank dem in den USA herrschenden Ideal der ewigen Jugend die Menschen nicht nur unfähig geworden, die Toten des Krieges angemessen zu betrauern, das »keep-smiling«-Ideal verminderte auch ihre Fähigkeit, Abschied zu nehmen von dem Lebensabschnitt der Jugend. Dieses Sichanklammern ans Jungsein machte auch einen charakteristischen Typus der amerikanischen Mutter zu einem fragwürdigen Vorbild, an dem sich die Kinder wenig orientieren konnten.

Kinder bedeuteten zudem für die Mütter und deren Männer eher eine Störung; sobald sie heranwuchsen, wurden sie von den nach Identifikationsmöglichkeiten begierigen Eltern selber als Halt benutzt.

Nach M. Mead ist das eine typische Haltung vieler amerikanischer Einwanderer, denen Sprache und Sitten der neuen Welt unbekannt waren. In dieser Situation konnten sie ihren Kindern in den notwendigen Anpassungsleistungen keine Hilfe bieten. Diese wandten sich an Mitschüler und Lehrer um Unterstützung und Orientierung. Solche – vielen Einwandererkindern gemeinsame – Erfahrung führte zu gegenseitiger Identifikation und dazu, daß nicht die Eltern für die Kinder, sondern die Kinder für die Eltern – als Repräsentanten einer neuen Kultur – Autorität und Vorbild wurden. Das beeinträchtigte die wechselseitige Objektbeziehung und das Rollenverhältnis zwischen Eltern und Kindern; außerdem erschwerte es die Entwicklung eines stabilen Selbstwertgefühls, das in der Beziehung zu den Eltern sicherer als in einer anderen affektiven Gruppenbildung heranwächst. Es ist bekannt, daß Kinder durch die Zuwendung der Eltern, von denen sie sich in ihrer Entwicklung verstanden fühlen, eher die Fähigkeit erwerben, sich selber trotz ihrer Fehler und Schwächen einigermaßen anzuerkennen und zu schätzen, wodurch weniger innerseelisch motivierter Haß und Selbsthaß entwickelt wird.

Die Möglichkeit, sich für ein persönliches Ideal einzusetzen und für eine Sache zu kämpfen, ist zur Herstellung erweiterter und gereifter Objektbeziehungen notwendig. Noch vor etwa zehn Jahren war das Interesse der Studenten für Politik gering; sie schienen im wesentlichen nur ihr berufliches und materielles Fortkommen im Auge zu haben[39]. Heute hat sich der Horizont erweitert, und die Interessen sind bei vielen überpersönlicher und idealer Natur. Allerdings ist dabei häufig eine merkwürdige Stereotypie zu beobachten: Ideale werden in einer eintönigen Wiederholungstendenz zunehmend zu Klischees degradiert. Eine solche Entwicklung deutet auf ein Triebgeschehen hin. Daß es sich oft genug um ein solches handelt, insbesondere eines aggressiver Natur, zeigt schon das provozierende Verhalten der Studenten, zeigt aber auch ihr Bedürfnis, sich als Minderheit verfolgt zu fühlen. Sie fordern eine solche Verfolgung heraus, um die durch die Aggression erweckten Schuldgefühle zu dämpfen. Im übrigen verhilft das Gefühl, zu einer verfolgten Gruppe zu gehören, auch dazu, eine abgegrenzte und definierte eigene Identität zu finden. Aus diesem Grunde lehnt die protestierende Studentengruppe meist auch Ideale ab, die zu einer Verschmelzung mit größeren Gruppen der Gesellschaft führen könnten, weil sie sich dann wieder verloren und allein fühlen müßte.

An den Beispielen sollte gezeigt werden, wie die elterlichen Verhaltensweisen auf die Art der Aggressionsäußerungen der Kinder und damit auf deren Charakterentwicklung einwirken. Die späteren Er-

39 Vgl. Jürgen Habermas, v. Friedeburg, Oehler, Weltz: Student und Politik. Neuwied 1961.

lebnisse in der Schule und mit anderen Autoritätsfiguren, so bedeutungsvoll sie sind, verhärten oder mildern bereits bestehende Einstellungen und von ihnen beeinflußte Reaktionsbereitschaften. Daß sich die Eltern und später auch die weiteren Vorbild- und Autoritätsfiguren ihrer Wirkung auf die Kinder in vollem Umfang kaum bewußt sein können, steht außer Zweifel. Dort aber, wo die Erwachsenen gelernt haben, sich der Motive ihres Handelns und Verhaltens bewußter zu werden, ändert sich auch die Art ihres Umgangs mit Kindern und Jugendlichen und ändert sich der Charakter der Kinder, sie werden eher imstande sein, sich selbstkritisch gegenüberzustehen. Mit Goethe zu sprechen: »Man könnt erzogene Kinder gebären, wenn die Eltern erzogen wären.«[40] Allein Erziehung im Sinne der »Affektbildung«, die Erforschung und Vermittlung also des Ursprungs der Affekte beim einzelnen wie in Gruppen, schützt uns davor, Falsche zu hassen und die Orientierung über uns selbst zu verlieren.

Unser Blick auf die Entwicklungsschritte des Menschen zeigt uns, wieviel phasenspezifische Störungen der affektiven Beziehungen unvermeidlich sind. Wo immer die erwartete Befriedigung ausbleibt, stellt sich leicht Zorn, Bitterkeit, Enttäuschung oder gar Haß ein. Das Bild der inneren Realität stellt die seelische Verarbeitung unserer unmittelbaren affektiven Kontakte dar. Die Frage: Müssen wir hassen? läßt sich kaum verneinen. Es darf daraus aber nicht geschlossen werden, Haß sei ein Dauerbegleiter unseres sozialen Lebens. Vielmehr muß Haß oft als Signal einer schweren Störung der Verständigung angesehen werden. Die äußere Realität mit ihren nicht selten massiven Zuständen des Gewohnheitsunrechts zeigt uns aber, wie oft Haß auch als gesunde Gefühlsaufwendung zu gelten hat. Haß auf Gegner verschiedenster Art ist eine psychische Leistung, die nicht bloß negativ und moralisch zu beurteilen ist.

Bei dem sich entwickelnden Jugendlichen werden bisherige Gleichgewichte der Befriedigung automatisch gestört. Er muß aus der Familie herausfinden, in altersgemäßen Gruppen aufgenommen werden und in ihnen zunehmend lernen, auf andere Rücksicht zu nehmen und Opfer zu bringen. Haß auf andere oder auch auf das eigene Selbst wird vor allem dann zur Plage, wenn er in eine Sackgasse führt, in der nichts geschieht als ein Wechsel von Haßausbruch und Wiederaufladung des Affekts, eine zwanghafte Wiederholung also. Haß rangiert dann unter jenen weitverbreiteten Gruppen von Zwängen, die suchtartig, ohne Verbindung mit einem Ziel Selbst-

40 Zahme Xenien IV.

zweck geworden sind, weil die ihnen zugrunde liegende Motivierung dem Hassenden nicht mehr zugänglich ist. Dieser Haß ist der pathologische, der Haß der fanatischen unzugänglichen Selbstgewißheit oder der Haß in der Selbstzerfleischung.

Das Theater der Seele
Über das Wiederholen und die Auflösung unbewußter Konflikte

Dostojewski war wiederholt heillos seiner Spielleidenschaft verfallen. Sie führte zu Orgien der Selbstschädigung, denn er hörte niemals auf zu spielen, ehe er nicht alles verloren hatte. Aus den Tagebüchern seiner Frau Anna ist bekannt, daß er ihr täglich sein Ehrenwort gab, nicht mehr zu spielen, und daß er es oft genug brach. Wenn er sich dadurch in eine aussichtslose Schuldenlast manövriert hatte, beschimpfte und verachtete er sich selber, forderte seine Frau auf, einen halt- und gewissenlosen Menschen wie ihn zu verlassen, beruhigte mit diesen endlosen Selbstanklagen sein Gewissen – und spielte am nächsten Tag weiter. Erst wenn seine Lage tatsächlich verzweifelt war, hatte er sich selbst genügend bestraft. Erst jetzt konnte er seine Arbeitshemmung überwinden und beginnen, wieder erfolgreich zu schreiben.

»Wer abwechselnd sündigt«, so schreibt Freud in einem Aufsatz ›Dostojewski und die Vatertötung‹[1], »und dann in seiner Reue hohe, sittliche Forderungen aufstellt, der setzt sich dem Vorwurf aus, daß er sich's zu bequem macht.« Das Endergebnis von Dostojewskis sittlichem Ringen sei deswegen auch wenig rühmenswert. Im Rußland der Leibeigenschaft identifizierte er sich anfänglich mit sozialrevolutionären Bestrebungen und wurde deswegen zum Tode verurteilt. In letzter Minute wurde das Todesurteil in eine jahrelange Verbannung nach Sibirien verwandelt. Dort änderte Dostojewski seine Einstellung völlig. Er wurde zu einem Verehrer der Autorität des Zaren und zu einem russischen Nationalisten. »Eine Station«, so Freud, »zu der geringere Geister mit weniger Mühe gelangt sind.« Anstatt ein Lehrer und Befreier der Menschen zu werden, habe er sich zu ihren Kerkermeistern gesellt.

Freud hat das auffallende und widersprüchliche Verhalten Dostojewskis auf seine seelischen Hintergründe untersucht und ist dabei zu dem Ergebnis gekommen, daß die neurotischen Anteile seiner Person als Reaktionen auf Haßgefühle, ja Tötungswünsche seinem Vater gegenüber zu erklären sind. Dostojewski war 18 Jahre alt, als diese Wünsche tatsächlich Realität geworden zu sein schienen, denn damals fiel sein Vater einem Mord zum Opfer. Auf der psychischen Ebene zählt aber nicht nur, was wirklich geschieht. Schon was vom

1 Sigmund Freud: Dostojewski und die Vatertötung (1928). In: Ges. W., Bd. XIV.

Individuum gewünscht, gefühlt und phantasiert wurde, genügt, um Schuldgefühle auszulösen, die ein Leben lang wirksam bleiben können, indem sie zu Symptombildungen führen oder das Verhalten in sich wiederholenden Situationen gleichbleibend beeinflussen. Diese Kraft haben die Schuldgefühle, weil sie der Verdrängung unterliegen, vom Individuum unentdeckt bleiben. Denn was dem Bewußtsein entfallen ist, erfährt keine weitere psychische Entwicklung mehr. Der Übergang in unbewußtes Erleben bewirkt sozusagen eine Verewigung der Schuldgefühle. Die Zeit scheint still zu stehen im Augenblick der Verdrängung dieses überwältigend starken Wunsches, den Vater zu beseitigen. Durch den Prozeß des Verdrängens sind die angsterregenden Gefühle deswegen zeitlos geworden. Es kann jetzt nicht mehr festgestellt werden, wie groß die Schuld wirklich war, ob die Haßgefühle nicht durchaus ihre Berechtigung hatten. Im Falle Dostojewskis z. B. bestand allen Berichten nach genügend reale Veranlassung für seinen Vaterhaß, genau wie später der Kampf gegen den Zaren gewiß real begründete Ursachen und Ziele hatte. Denn sowohl der Vater wie auch der Zar waren oft gewalttätig und ungerecht. Und nicht nur haben die Söhne ihren Vätern gegenüber Todeswünsche, auch die Väter oder Herrscher, die ihre heranwachsenden Söhne oder mündig werdenden Untertanen fürchten, mögen diesen gegenüber oft ähnliche Gefühle hegen. Der amerikanische Psychoanalytiker Kurt Eissler[2] hat in seinem Aufsatz ›Zur Notlage unserer Zeit‹ deswegen vorgeschlagen, die bisher nicht zu unterbrechende Folge von Kriegen, denen vor allem ein großer Teil der jüngeren Generation zum Opfer fällt, auch auf das ihnen möglicherweise zugrunde liegende unbewußte Motiv eines Mordes der älteren an der jüngeren Generation zu untersuchen.

Wir benutzen den Mechanismus der Verdrängung in allen schwierigen Konflikten, mit denen unser schwaches Ich oder dem jeweiligen Alter, der jeweiligen Sozialisationsstufe entsprechend unentwickeltes Ich anders nicht fertig zu werden vermag. Wenn nun tatsächlich, wie im Falle Dostojewskis, der Vater ermordet wird, so erfährt das magische Denken, das der kindlich-analen Entwicklungsstufe entspricht, eine starke Wiederbelebung. Für die unbewußte Sphäre auch des Erwachsenen sind Wünsche dann Wirklichkeit geworden. Diese innere Einstellung, daß Todeswünsche magische Erfüllung gefunden haben, traf auch auf Dostojewski zu. Sie wurde verstärkt, als ein zweiter Versuch, sich gegen eine Vaterfigur aufzulehnen, wiederum zu einer Katastrophe führte; denn der

2 Kurt Eissler: Zur Notlage unserer Zeit. In: Psyche 22, 1968.

Kampf gegen Väterchen Zar hätte fast mit dem eigenen Tod geendet. Eine so harte Strafe mag er unbewußt als endgültigen Beweis dafür erlebt haben, daß er am Tode des Vaters schuld war. Er verdrängte von nun an allen Haß gegen den Zaren und empfand bewußt nur noch Verehrung für ihn. Untergründig schwelten gewiß die alten Konflikte weiter. Es ist sogar wahrscheinlich, daß seine Haßgefühle durch das vom Zaren verhängte Todesurteil eine erhebliche Verschärfung erfuhren. Die abgewehrten, aber ihn darum nicht weniger bedrängenden Aggressionen verstärkten das ihn sein Leben lang begleitende Gefühl, ein Verbrecher zu sein. Ein derart anfälliger Mensch fühlt sich nun zu allem fähig, und mit seinen drückenden Schuldgefühlen wächst sein Bedürfnis nach Strafe. Das ist auch an Dostojewskis Spielleidenschaft eindrucksvoll zu beobachten. Da ihm seine inneren Konflikte, sein Vaterhaß nicht genügend bewußt waren, konnte er eben nicht Phantasien gegen Realität abwägen, sondern blieb eine lange Zeit dazu verurteilt, mit seiner Spielleidenschaft und seiner masochistischen Unterwerfungsbereitschaft sein unbewußtes Strafbedürfnis immer von neuem zu befriedigen.

Schon in früher Jugend verfiel Dostojewski mitunter in einen totenähnlichen Schlaf. Vorsorglich fertigte er vor dem Einschlafen Zettel an, mit der Bitte, man möge ihn nicht vorschnell begraben. Freuds Ansicht war es, daß diese Schlafzustände den Beginn seiner späteren epileptischen Erkrankung darstellten und durch eine hysterische Identifikation mit dem totgewünschten Vater ausgelöst wurden. Der tatsächliche Tod des Vaters habe nun auch auf die epileptischen Anfälle, unter denen Dostojewski litt, einen wesentlichen, die Krankheit verschlimmernden Einfluß gehabt. Thomas Mann erwähnt in seinem Essay ›Dostojewski mit Maßen‹, daß vor allem nach dem Schock, den das Todesurteil bei ihm auslöste, die epileptischen Anfälle so bösartig wurden[3]. Die Kenntnis darüber, auf welche Art viele Patienten mit überwältigenden Angstzuständen fertig zu werden trachten, läßt vermuten, daß die Anfälle über die selbstbestrafende Identifikation mit dem toten Vater hinaus dem Zweck dienten, mit dem Trauma des Todesurteils fertig zu werden, indem Dostojewski seinen Tod zeitlich begrenzte und sozusagen in eigener Regie herbeizuführen versuchte. Ähnlich war er ja auch in der Entwicklung seiner Spielleidenschaft selber die Ursache seines Unglücks. Der unverarbeitete Vaterhaß wirkte sich durch die Ermordung des Vaters und durch das Erlebnis des eigenen Todesurteils psychisch besonders zerstörend aus. Die durch diese Ereignisse in

3 Thomas Mann: Dostojewski mit Maßen. In: Schriften und Reden zur Literatur, Kunst und Philosophie, Bd. III. Frankfurt/M. 1960.

Gang gebrachten intensiven Schuldgefühle und Strafängste werden gewiß dazu beigetragen haben, daß die menschliche und politische Entwicklung Dostojewskis einen so wenig erfreulichen Verlauf nahmen und er sich mit den »Kerkermeistern« seiner Gesellschaft identifizierte. »Nach der Höhe seiner Intelligenz«, so Freud, »und der Stärke seiner Menschenliebe wäre ihm ein anderer, ein apostolischer Lebensweg eröffnet gewesen.«

Wenn wir uns genauer in unserer Umwelt umsehen, finden wir nicht selten Menschen, denen es mit einer ähnlich auffallenden Regelmäßigkeit gelingt, sich in schwierige Situationen zu manövrieren oder unglückliche, sich stereotyp wiederholende Verhaltensweisen zu entwickeln. Da sie dieses Geschehen bewußt nicht durchschauen und im eigenen Verhalten dafür keinen Anlaß sehen können, fühlen sie sich vom Schicksal verfolgt. In der Psychoanalyse werden daher Lebensläufe, die eine gleichbleibende und für das betroffene Individuum selbstschädigende Tendenz zeigen, als »Schicksalsneurose« bezeichnet. In einer solchen Neurose werden unbewußte aus der Kindheit stammende Impulse meist sexueller oder aggressiver Art und die mit diesen verbundenen Schuldgefühle agiert; damit ist gemeint, sie werden in einer unendlichen Folge von Aktionen in verschlüsselter Form szenisch wiederholt.

An einem kurzen Beispiel läßt sich eine typische weibliche Schicksalsneurose beschreiben. Nelly, eine intelligente, gutaussehende Frau, kommt aufgrund ihrer beruflichen Tätigkeit mit Männern jeden Alters in Kontakt. Aus den vielen ihr angebotenen Freundschaftsmöglichkeiten sucht sie immer wieder Verbindungen zu verheirateten Männern aus. Über die eigene unbewußte Lenkung der Wahl ist sie sich nicht im klaren und klagt deswegen darüber, daß sie vom Pech verfolgt sei. Denn diese Beziehungen pflegen zuerst von großer Intensität und Leidenschaft zu sein, nehmen aber regelmäßig ein für sie unglückliches Ende. Dabei wird für den Beobachter offenbar, daß nicht nur die Wahl zwanghaft erfolgt, sondern auch, wie sehr sie selber zum unglücklichen Verlauf der Beziehung beiträgt. Die endgültige Trennung, so zeigt sich, kommt keineswegs allein aufgrund der ehelichen Verantwortungsgefühle des Partners zustande, vielmehr wird offensichtlich, daß das dramatisierende, quälende und selbstquälende Verhalten der Frau diesen schließlich dazu bringt, sich von ihr zu lösen. Bewußt ist sie zwar von Herzen darüber unglücklich, erneut verlassen zu sein, macht aber gleichzeitig einen überraschend beruhigten Eindruck.

In der analytischen Behandlung von Nelly zeigten sich bald kindliche Schuldgefühle und ihnen entsprechende Strafbedürfnisse als

Ursache des Verhaltens. Sie wiederholte in den unbewußten Phantasien die Dreieckssituation, in der sie um den Vater gekämpft und für die Mutter Eifersucht und Wut empfunden hatte. Die Mutter sollte als Rivalin endlich besiegt werden. Man muß sich vergegenwärtigen, daß dieser Kampf gegen die in der frühen Kindheit wichtigste und geliebteste Person geführt wird. Heftige Schuldgefühle entstehen deshalb unvermeidlich. Mit ihnen verbindet sich die Angst, die mehr oder weniger bewußten aggressiven Wünsche könnten tatsächlich erfüllt werden. Diese Form von magischem Denken, die für das Kind altersgemäß normal ist, bleibt, wie wir alle wissen, auch im Erwachsenen oft erhalten. In dem Knäuel von Eifersucht, Wut, Liebe, Schuldgefühlen und der Angst, verlassen zu werden, entsteht das Bedürfnis nach Bestrafung, die die innere Schuld begleichen soll. Bei Nelly wurden also unbewußt die infantilen Wünsche, den Vater für sich zu erobern, die Mutter als Rivalin auszuschalten, und die daraus folgenden Strafbedürfnisse szenisch im aktuellen Verhalten wiederholt. Wer die scheinbar schicksalhaften, unglücklichen Wiederholungen nicht aus der Nähe verfolgt, kann sich von der Kraft unbewußter Prozesse kaum eine zureichende Vorstellung machen.

Eine andere Gruppe von Menschen, die auf ähnliche Art ihr Schicksal inszeniert, wurde von Freud erstmalig 1914 beschrieben[4]. Er nannte sie: ›Die am Erfolge scheitern‹. Shakespeares Lady Macbeth und Ibsens Rebekka West, die Heldin im Stück ›Rosmersholm‹, dienen ihm als Illustrationen dafür, daß nicht nur die tiefen Enttäuschungen der Liebe zu Neurosen führen können, sondern überraschenderweise nicht weniger häufig auch die langersehnte Liebeserfüllung. In Freuds Darstellung ist auch Rebekka ein Opfer der im Unbewußten aktiv gebliebenen kindlichen Konflikte mit den Eltern. Obwohl sie sich von moralischen Bedenken herkömmlicher Art frei fühlt, kann sie sich schließlich von unbewußten Schuldgefühlen doch nicht befreien. Diese entstanden als Folge ödipaler Wünsche, den Vater und später einen im unbewußten Erleben diesen Vater repräsentierenden anderen Mann zu besitzen. Sie kann ihr psychologisch äußerst raffiniertes Vorgehen, das zum Erfolg führt und die kranke Frau des von ihr geliebten Mannes in den Selbstmord treibt, schließlich doch nicht zur Befriedigung ihrer Wünsche nutzen. Die Schuldgefühle zwingen ihr einen Verzicht auf.

Freud entdeckte den psychogenetischen Ursprung des Gewissens, indem er erkannte, daß dieser mit dem ödipalen Konflikt zusammenfällt. Der Ödipuskonflikt verdankt seinen Namen bekanntlich

4 S. Freud: Einige Charaktertypen aus der psychoanalytischen Arbeit. In: Ges. W., Bd. X.

dem Mythos, der den gleichnamigen Tragödien von Sophokles zugrunde liegt. Der Wunsch, seine Mutter zu heiraten und den ihm dabei im Wege stehenden Vater weg oder gar tot zu wünschen, wird zeitweilig – zumindest in unserer Kultur – bewußt oder unbewußt so gut wie von jedem Knaben gehegt. Wenn sich dieser Konflikt, wie die Reifung fordert, auflöst, so geschieht das dadurch, daß das Kind auf seine Rivalitätshaltung verzichten lernt, indem es sich mit dem gleichgeschlechtlichen Elternteil identifiziert, und zwar mit seinen Ge- und Verboten und seinen Fähigkeiten. Nun sind es nicht mehr die Eltern, die das Kind an der Erfüllung libidinöser Wünsche hindern, sondern es ist eine innere Versagung geworden, die zum Aufgeben dieser Wünsche zwingt.

Weder die Außenwelt allein noch die Identifizierung mit den Verboten der Eltern bringt aber letztlich den Triebverzicht zustande. Das Kind erlebt vielmehr in den Erfahrungen dieser klassischen ödipalen Dreiecksbeziehung die Angst, daß mit der Erfüllung ersehnter Wünsche einem Elternteil gegenüber der andere, einerseits weg- oder totgewünschte, aber gleichzeitig auch geliebte, tatsächlich sterben oder doch sich von ihm abwenden, es nicht mehr lieben könnte.

Dieser drohende Liebesverlust mag im Ansatz oft wirklich vorhanden sein, da die abweisende Haltung des Kindes bei vielen Eltern zu ebenfalls abweisenden Reaktionen führt[5]. Das verstärkt dann die magischen Vorstellungen des Kindes, seine Wünsche könnten Wirklichkeit erzeugen. Dazu kommt noch die Angst vor der Rache des weggewünschten Elternteils. Vor allem der Knabe fürchtet die Vergeltung des Vaters und leidet unter Kastrationsangst. Sie ist selten direkt, als auf das Genitale sich beziehende Angst erkennbar, vielmehr kann sie die verschiedensten Inhalte annehmen und Verschiebungen erfahren und z. B. als Angst vor Tieren oder vor körperlicher Verletzung auftreten[6]. Jede kleinste Verwundung wird dann von übermäßiger Angst begleitet, jeder Unpäßlichkeit wird mit übertriebener Sorge begegnet. Aus diesen vielfältigen Ängsten, Erfahrungen und inneren Erlebnissen wird letztlich das Gewissen aufgebaut. Schon die frühe Trennungsangst des Kleinkindes veranlaßt es, erste Schritte der Verinnerlichung von elterlichen Geboten zu unternehmen, um sich vor Trennung und Liebesverlust zu schützen. Mit dem Gewissen wird eine Instanz errichtet, die sowohl Schuldgefühle zu erwecken wie sie in erträglichen Grenzen zu halten vermag, indem aggressive Verhaltensweisen eingeschränkt werden. Und wo Schuldgefühle gebändigt sind, sind es auch die Strafbedürfnisse. So-

5 Vgl. auch ›Emanzipation und Sexualität‹, in diesem Band S. 13ff.
6 Vgl. auch ›Die Angst vor der Angst‹, in diesem Band S. 122ff.

lange es in unserem Inneren diese regulierende Gewissensinstanz gibt, die vorausschauend sich meldet und signalisiert, welche Aktionen schädlich für unser Selbstgefühl sein werden, welche unerträgliche Schuldgefühle erwecken müssen, sorgt dieser innere Beobachter in der Tendenz für unsere Harmonie und schützt uns vor impulsivem und aggressivem Handeln, das uns in Konflikt bringen und uns und anderen schaden könnte.

Verfolgen wir so Entstehung und erste elementare Leistung des Gewissens, so wird uns deutlich, daß es zunächst die Funktion erfüllt, uns vor Triebdurchbrüchen zu schützen, die Strafe und Liebesverlust im Gefolge hätten. Gleichzeitig geht von ihm ein Zwang aus, uns sozial konform zu machen. Erst die spätere Entwicklung einer größeren Unabhängigkeit von den Eltern, die Fähigkeit zu kritischen Ichleistungen, schafft zum konformistischen Anpassungsvorgang die Alternative, die individuelle Entscheidungsfreiheit. Das alles ist bekannt wie auch die Tatsache, daß die Liebe zwischen Eltern und Kind eine Hilfe zur Anpassung im Sinne der Einfühlung in den anderen bedeutet. Die Einfühlung wiederum kann die Wahrnehmung verschärfen. Sie lehrt, zwischen eigenen und den Gefühlen des anderen zu unterscheiden. Das schützt vor der Neigung, in uns selbst vorhandene Aggressionen auf andere zu projizieren oder sie ins Über-Ich aufzunehmen und dadurch ein überstarkes verfolgendes Gewissen auszubilden[7]. Denn häufig genug haben wir es nicht mit einer hilfreichen, sondern mit jener übertriebenen und bösartigen Gewissensbildung zu tun, die Phantasien und Wünsche behandelt, als seien sie reale Schuld. Der innere Strafzwang geht dann weit über das normale Maß hinaus. Auf geringfügige oder gar nur phantasierte Vergehen folgt harte, reale Strafe – z. B. durch die Entwicklung eines Zwanges, etwa desjenigen, sich fünfundzwanzigmal am Tag die Hände waschen zu müssen, oder einer melancholischen Selbstquälerei.

Wir haben auch oft bei Patienten mit wiederholten Selbstmordversuchen beobachtet, daß sie unbewußt die Phantasie als Realität erlebten und die Gegenwart mit der Vergangenheit verwechselten. Auch sie können sich von ihrer infantilen Vaterbindung nicht lösen. Ähnlich wie Nelly geht manche junge Frau, einer unbewußt bleibenden Ähnlichkeit folgend, Liebesverhältnisse mit Männern ein, die an das Bild des Vaters erinnern. Damit wird die latent ungelöst gebliebene ödipale Schuldverstrickung wieder erweckt. Wie in einer antiken Tragödie, die scheinbar unbeirrbar starren Gesetzen folgt,

7 Vgl. auch ›Müssen wir hassen?‹, in diesem Band S. 54ff.

inszenieren diese Frauen dann, daß sie verlassen werden. Als Folge dieses Schocks versuchen sie den Selbstmord, der auch gelingen kann. Denn nachdem die Strafbedürfnisse befriedigt wurden, haben Haßgefühle, die dem treulosen Vater gelten, überhand genommen. In solchem Handeln wird deswegen die Aggression von einem Objekt draußen auf die eigene Person abgelenkt und zur Selbstzerstörung verwendet[8].

Diese Beispiele zeigen die Nachwirkungen aus der Kindheit überlebender, unbewußter Wünsche und Aggressionen. In ihnen hat das Strafbedürfnis die führende Rolle übernommen. Es kann sich auch in der Neigung äußern, Unfälle durch Fehlleistungen oder impulsive Handlungen herbeizuführen. Auch dafür sind die Motive weit weniger in der Realität zu suchen als in unbewußt wirkenden verbotenen Phantasien und dem ihnen folgenden Strafbedürfnis.

Dieser Zwang zum Handeln oder zu stereotypen Verhaltensweisen ist um so stärker, je intensiver die kränkenden kindlichen Erfahrungen abgewehrt werden müssen. Die Verletzbarkeit der Menschen ist aber sehr unterschiedlich. Traumen, d. h. tiefergehende Verletzungen körperlicher und seelischer Art, können, wie wir wissen, leicht zu einer dauerhaften Schädigung der Struktur und Entwicklung eines Menschen führen, vor allem dann, wenn diese traumatischen Ereignisse ihn unvorbereitet treffen. Aber nicht nur Schwere und Art der äußeren Ereignisse sind für ihre traumatische Wirkung ausschlaggebend; in der Kindheit sind es oft Phantasien und damit zusammenhängende Erwartungen und Ängste, die ein an sich vielleicht belangloses äußeres Geschehen zum Trauma werden lassen.

Was in einem Fall ohne weiter sich auswirkende Verhaltensstörung ertragen wird, verursacht deswegen im anderen Fall einen Schaden, unter dem der Betroffene unter Umständen ein Leben lang leidet. Ob er dabei eine Symptomneurose entwickelt, z. B. eine Angstkrankheit[9] oder einen Waschzwang, ob er eine Schicksalsneurose entwickelt oder selbstzerstörerische Unfälle herbeiführt, das können wir rückblickend in seinen Wirkungszusammenhängen verstehen, kaum aber voraussehen, weil psychische Prozesse so hochgradig komplex sind.

Beides, Symptombildung wie neurotisches Agieren, sind also die Folgen meist aus der Kindheit stammender unbewußter Konflikte. Angsterregende Triebforderungen werden im Symptom abgewehrt

8 Vgl. auch ›Die Angst vor der Angst‹, in diesem Band S. 122ff.

9 Vgl. ›Fall Klara‹ im Aufsatz ›Müssen wir hassen?‹ und mehrere Fälle in: ›Die Angst vor der Angst‹, in diesem Band S. 54ff. und S. 122ff.

und dabei gleichzeitig partiell erfüllt. Das wurde z. B. am Beichtzwang der Patientin Hilde deutlich[10]. Der Agierende benutzt die aktuelle Situation, soweit sie sich in irgendeiner Form an den verdrängten Inhalt assoziativ anknüpfen läßt, um sich durch Handlungen von den Spannungen verdrängter Triebforderungen oder Schuldgefühlen zu entlasten. Die zum Agieren neigenden Menschen verstehen es immer wieder, Mitmenschen zur Übernahme von Rollen auf ihrer inneren Bühne zu zwingen.

Im Symptom betreffen die Veränderungen dagegen nicht die Außenwelt wie beim Agieren, sondern autoplastisch die eigene Person, den eigenen Organismus. Das wird besonders an Symptomen wie denen einer hysterischen Lähmung, eines Schreibkrampfes, eines Blinzeltics, einer Magersucht, hysterischen oder depressiven Angstzuständen und vielen Erscheinungen ähnlicher Art deutlich. Ein anderer wichtiger Unterschied zum Agieren besteht darin, daß Symptome als quälend, störend, schmerzhaft, als nicht zur Person gehörig, als ich-fremd empfunden werden. Der in krankhafter Weise Agierende empfindet dagegen sein Verhalten als ich-entsprechend, das ihn bewußt nicht stört. Das Agieren macht – oberflächlich betrachtet – nicht selten den Eindruck eines situationsgerechten Handelns. Erst eine über längere Zeitspannen sich erstreckende genaue Beobachtung läßt die Tendenz zur stereotypen Wiederholung erkennen.

Je leichter Agieren, d. h. bestimmte Handlungsweisen, als ichfremd erlebbar gemacht werden kann, um so gutartiger ist es in der Regel. Man sollte auch nicht vergessen, daß in der psychoanalytischen Therapie das Agieren eine wertvolle Mitteilung des Patienten an den Therapeuten enthalten kann. Verdrängte Gefühle und Erlebnisse, zu denen der Patient keinen Zugang mehr hatte, können auf diese Weise kommuniziert werden. Nur die hartnäckig ich-synton bleibenden Formen sind so gefährlich, weil kein Ich-Anteil vorhanden ist, der sich von diesem Verhalten zu distanzieren vermag. Dadurch ist dann ein Verlangen nach Verhaltensänderung nicht mehr zu erwecken.

Wenn aber agierendes Verhalten, indem es sich z. B. mit häufigen Fehlleistungen verknüpft, als solches erkennbar gemacht werden kann und der Therapeut die darin enthaltenen Mitteilungen versteht, fördert es den Zugang zu bisher verdrängten, unverstanden gebliebenen Gefühlen und Erlebnissen[11]. So vergaß ein Patient wiederholt die Behandlungsstunden. Dafür hatte er jedesmal die einsichtigsten

10 Vgl. ›Die Angst vor der Angst‹, in diesem Band S. 122ff.
11 Vgl. Amadeo Limentani: A Re-evaluation of acting out in relation to working

Gründe. Nach einer gewissen Zeit fiel ihm jedoch selber auf, daß es mit diesem Vergessen etwas auf sich haben müßte. Wir lernten, daß das seine Art war, dem Arzt seine Kindheitsgeschichte zu erzählen und gleichzeitig ein passives Erleben, das traumatische Bedeutung hatte, in aktives Handeln zu verwandeln. Er entdeckte eine vergessene Erinnerung an seine frühe Kindheit. Damals war er über längere Zeit von seinen Eltern verlassen worden. Langsam tauchte in ihm wieder die Empfindung vergeblichen schmerzlichen Wartens auf, sein Gefühl, vergessen worden zu sein. Das wiederholte er, in der Umkehr von passiv in aktiv, unbewußt mit seinem behandelnden Arzt. Nunmehr war nicht er der Hilflose, sondern er triumphierte, den Arzt zum Warten verurteilen zu können. Sein agierendes Verhalten stand im Dienst der unbewußten Abwehr einer noch immer andauernden Wirkung des tatsächlich erlebten frühkindlichen Traumas. Solange aber das Problem, das da agiert wird, dem Handelnden nicht bewußt werden kann, ist er wehrlos gegen seine Verwechslung von Gegenwart und Vergangenheit.

Ähnlich kam ein anderer Patient immer wieder zu spät zur therapeutischen Behandlungsstunde. Unbewußt wollte auch er dadurch demonstrieren, wie sehr er darunter gelitten hatte, daß seine berufstätige Mutter ihn immer warten ließ. Nun vergalt er Gleiches mit Gleichem, ohne vorerst die geringste bewußte Einsicht in die Funktion dieser Verspätung zu haben.

Agierendes Verhalten kann aber auch den unbewußten Zweck verfolgen, den Analytiker zum Komplizen zu machen in dem Versuch, die kränkende Vergangenheit zu fälschen. Greenson berichtet von einem Patienten, der nur dann zu einer Erektion kommen konnte, wenn seine Frau sein Glied streichelte und ihm dabei wiederholt sagte, wie groß es sei[12]. Er hielt sein Verlangen für normal und sah darin nur die direkte Wiederholung seiner kindlichen Erlebnisse mit der Mutter. Im Laufe der Analyse stellte sich jedoch heraus, daß das Gegenteil der Fall gewesen war: Die Mutter hatte ihn wegen der Kleinheit seines Gliedes ausgelacht. Sein Agieren war zwar die Wiederholung einer Erinnerung, aber im verdrehten und wunscherfüllenden Sinn.

Ähnlich verzerrend berichtete auch eine Patientin über das Verhalten ihrer Eltern. Es sei ihr unmöglich, so sagte sie, ihr Elternhaus zu verlassen, um zu heiraten, da ihre Eltern ohne sie nicht leben

through. In: Int. J. of Psa. 47, 1966, S. 279, und vgl. auch M. Mitscherlich-Nielsen: Contribution to Symposium on Acting Out. In: Int. J. of Psa. 49, 2–3, 1968.

12 Ralph Greenson: Comment on Dr. Limentani's paper. In: Int. J. of Psa 47, 1966, S. 282.

könnten. Beide hätten seit jeher nicht einander, sondern nur sie geliebt. Faktisch, so enthüllte es die Analyse, hatte sie nicht ertragen können, daß die Beziehung der Eltern zueinander von besonderer Intensität und Ausschließlichkeit war und sie sich deswegen von Kindheit an als fünftes Rad am Wagen fühlte.

Agierende d. h. zwanghaft handelnde Menschen wissen demnach nichts davon, daß sie alte Konflikte wiederholen, denn ihr Verhalten erscheint ihnen selber völlig angemessen. Die junge Frau, von der wir berichteten und die sich jedesmal, wenn sie verlassen wurde, unbewußt von ihrem Vater enttäuscht sah, wußte nicht, daß sie in jedem Mann ihren Vater sah. Sie wußte auch nicht, daß sie sich wegen ihrer Todeswünsche der Mutter gegenüber mit ihren Selbstmordversuchen selbst bestrafte und sich gleichzeitig an den Eltern rächte. Ihr sei, so sagte sie, das Todesurteil seit langem gesprochen, aber eben aus unbekannten Gründen. Wir stoßen hier wieder auf ein Gewissen, das archaische Bestrafung für Taten fordert, die nur in der Phantasie begangen wurden und der Kindheit angehören.

Wer zum Agieren, d. h. zum Handeln, zu bestimmten sich wiederholenden Verhaltensweisen, von innen her gezwungen wird, für den ist es oft leichter, an schwierigen, selbstgeschaffenen Situationen in der Außenwelt zu leiden als allein mit sich selbst dem Druck seiner ihm unzugänglichen Schuldgefühle ausgesetzt zu sein. Er wird von seinem Gewissen verfolgt, das Bestrafung verlangt. Freud beschrieb in seiner Schrift ›Das Unbehagen in der Kultur‹[13] bereits den Anteil, den die Aggressionen des Kindes an der Strenge seines Über-Ich haben. Menschen, die auf bestimmte Situationen immer in der gleichen ungünstigen Weise reagieren, gehören zu jenen Charakterneurotikern, bei denen die gegen das eigene Ich gerichteten Aggressionen das treibende Moment darstellen[14].

Für den geschulten Beobachter ist die Mischung von Triebbefriedigung und Selbstbestrafung im Agieren meist unübersehbar. Sie führt häufig bis zur Perversion masochistischer Art, in der das selbstschädigende Verhalten mit Lust besetzt ist. Das sahen wir auch bei Dostojewski. Daß die Spielleidenschaft eine lustvolle, triebhafte Komponente hat, ist offensichtlich. Aber auch die epileptischen Anfälle wurden in bestimmten Stadien wiederholt von ihm als lustvoll beschrieben. Um zu einer erotischen Befriedigung zu kommen, fügt

13 S. Freud, in: Ges. W., Bd. XIV.

14 Der Begriff der Charakterneurose wird in der Psychoanalyse gelegentlich mit unterschiedlicher inhaltlicher Bedeutung verwendet. Hier dient er dazu, den Agierenden vom Symptome bildenden Neurotiker zu unterscheiden, d. h. erneut klarzustellen, daß Symptome als ich-fremd, agierende Verhaltensweisen als ich-gerecht erlebt werden.

sich der Masochist entweder selber Schmerzen zu oder fordert andere dazu auf. Ein Bedürfnis nach Geschlagenwerden[15] im übertragenen Sinn nennt man moralischer Masochismus. Wir finden ihn bei den Schicksalsneurosen, in denen der Betroffene es so einrichtet, daß er sich vom Schicksal geschlagen fühlen kann. Untersuchen wir die verschiedenen Szenen solcher Schicksalsschläge im einzelnen, entdecken wir in ihnen nicht nur eine Verwirklichung des Strafbedürfnisses, sondern immer auch die Befriedigung einer geheimen erotischen Lust.

Nicht selten werden zu gleicher Zeit auch Rachephantasien befriedigt, wie es in den folgenden Beispielen zum Ausdruck kommt. Ein Kind, das sich von der Mutter gekränkt fühlte und deshalb geweint hatte, liegt auf dem Treppenabsatz und sagt zu dem Besucher, der es erst im letzten Augenblick wahrnimmt, erschrocken innehält und fragt, warum es dort liege: »Wenn meine Mutter die Treppe herunterkommt, sieht sie mich nicht und tritt mich tot. Dann aber weint *sie*.« Selbstverständlich sind die Rachebedürfnisse im selbstschädigenden Verhalten vieler Erwachsener verdeckter als bei diesem Kind, aber sie sind dennoch so überaus häufig, daß es sinnvoll ist, sie durch einige Beispiele anschaulich zu machen.

Zunächst sei an die erste von Freud ausführlich beschriebene Hysterie, den ›Fall Dora‹, erinnert[16]. Dort spielte die Übertragung des Vaterbildes auf andere Männer, die Dora, auch im Falle des Therapeuten, vornahm, eine Schlüsselrolle für das ganze Geschehen. »Indem ich sie an Herrn K. erinnerte«, so schreibt Freud, »rächte sie sich an mir, wie sie sich an Herrn K. rächen wollte, und verließ mich, wie sie sich von ihm enttäuscht und verlassen glaubte. Sie agierte so ein wesentliches Stück ihrer Erinnerungen und Phantasien, anstatt es in der Kur zu reproduzieren.« Hier unternahm Dora mit der Rache an ihrem Analytiker den Versuch, die Erinnerung zu verkehren: »Nicht ich wurde getäuscht und verlassen«, so konnte sich Dora jetzt sagen, »sondern ich habe verlassen.« Diese Rache traf, denn Dora spürte sicherlich, wieviel Freud gerade zu jener Anfangszeit der Psychoanalyse an der Aufdeckung und Heilung ihrer Krankheit gelegen war.

In der psychotherapeutischen Behandlung verstärkt sich die Neigung zum Agieren immer dann, wenn bestimmte infantile Konflikte bewußt zu werden drohen. Sophie, eine junge, etwa 30jährige Frau, die bereits verschiedentlich unglückliche Liebesbeziehungen einge-

15 Vgl. ›Über Entstehung und Wirkung bewußter und unbewußter Phantasien‹, in diesem Band S. 190ff.

16 S. Freud: Bruchstück einer Hysterieanalyse. In: Ges. W., Bd. V.

gangen war, hatte die Neigung, sie jedesmal unter dramatischen und selbstzerstörerischen Umständen zu beenden. Auf dem Höhepunkt solcher von ihr selbst herbeigeführten katastrophalen Situationen pflegte sie ihre Eltern zu informieren. Vor allem die Mutter litt unter diesen Ereignissen, denen sie hilflos gegenüberstand. Der Vater, so meinte sich Sophie zu erinnern, habe sie der Mutter vorgezogen und hätte seine Ehe nur aus Mitleid aufrechterhalten. Im Laufe der Therapie stellte sich heraus, daß sie sich gerade durch die starke gegenseitige Zuneigung der Eltern gekränkt und ausgestoßen fühlte. Die Bindung der Patientin an die Mutter war von ungewöhnlich heftiger Ambivalenz der Gefühle bestimmt, die sich auch in den unbewußten Rachewünschen ihr gegenüber kundgab. Die Beziehung zu einem Mann war für Sophie nur dann interessant, wenn er eine Frau hatte, an der sie sich mit Hilfe dieser Beziehung rächen konnte. Die zahlreichen Dreiecksbeziehungen, welche Sophie einging, dienten im Grunde immer diesem gleichen Zweck. Die unbewußte Neigung, Mutter oder Mutterfiguren zu erschrecken, zu erniedrigen, wechselte mit selbstzerstörerischem uns selbstquälerischem Verhalten, das wiederum als raffinierte Rache an der Mutter zu deuten war.

Auch in der Übertragung auf die Therapeutin fühlte sich Sophie besonders dann zu Aktionen gedrängt, mit denen sie sich selbst gefährdete, wenn die Aggressionen, die ursprünglich der Mutter galten, bewußt zu werden drohten. Der geheime Triumph, wenn sie von ihren Niederlagen und Schwierigkeiten berichtete, zeigte deutlich, wie sehr sie es genoß, mit Hilfe einer Verschlechterung ihrer Situation der Therapeutin vor Augen zu führen, wie wenig diese ihr geholfen hatte. Solange die aggressiven Bedürfnisse, sich an einem für sie zentral wichtigen, aber außerordentlich ambivalent geliebten Menschen zu rächen, eine zwar qualvolle, aber doch beträchtliche unbewußte Lustquelle blieben, vermochte Sophie den Wiederholungszwang nicht zu durchbrechen. Mit der Fixierung an ihre Rachebedürfnisse war sie im Grunde in kleinkindlicher Weise fast ausschließlich an die Mutter gebunden und blieb dadurch weitgehend einer frühkindlichen Zwei-Personen-Beziehung verhaftet, wie sie etwa bis zum dritten, höchstens vierten Lebensjahr das Normale ist. Erst nach dem Durcharbeiten dieses frühen Konfliktes, der die Fähigkeit, eine Drei-Personen-Beziehung einzugehen, besonders schwer belastet, gelang die Entmachtung der Rachephantasien und damit die Lösung der infantilen Bindung an die Mutter. Dadurch war Sophie imstande, ein auf ihre stereotype Weise weniger gestörtes Verhältnis zu einem Mann einzugehen, denn diesmal galten ihre Gefühle tatsächlich ihm und nicht mehr unbewußt der Mutter.

In einem anderen Fall trat die Heilung bezeichnenderweise ein, nachdem Lisa in ihrem Verhalten eine Reihe kaschierter Selbstmordversuche erkannt hatte. Auch sie ging wiederholt unglückliche Beziehungen zu Männern ein, ließ sich, wie Sophie, in verzweifelte Situationen bringen, in denen es allzu deutlich wurde, daß sie mehr daran fixiert war, sich an der Mutter zu rächen als daran, den Vater oder eine Vaterfigur besitzen zu wollen. In der Analyse stellte sie diese Mischung von Strafbedürfnis und Rachsucht durch selbstzerstörerische Akte dar, in denen sie etwa einen schweren Ski- und einen Autounfall herbeiführte und nicht unbedenkliche psychosomatische Krankheiten entwickelte. Alles entsprach der unbewußten Argumentation: »Es geschieht der Therapeutin recht, wenn ich, Lisa, zugrunde gehe.« Besser konnte sie nicht demonstrieren, wie unfähig diese Therapeutin war und wie sehr sie, Lisa, sich von ihr gequält fühlte. Sie hatte ihrer Mutter gegenüber ein überintensives, idealisierendes, aggressionsverdrängendes Verhältnis gehabt. Die Heftigkeit ihrer Ambivalenz trat erst in der Analyse zutage und bezog sich im wesentlichen darauf, daß Lisas Mutter ihr ständig vor Augen geführt hatte, wie sehr ihre Liebe im Grunde dem verstorbenen Ehemann galt.

»Nur indem auch ich sterbe«, so schien sich die Patientin zu sagen, »wirst du entdecken, wie sehr du mich liebst – aber dann ist es zu spät.« Das Spiel mit dem Tode wäre in der Tat im Agieren Lisas fast gelungen und war für sie der Ausdruck einer vollkommenen Rache an der untreuen Mutter. Sie hatte nicht umsonst eine Phobie, eine Angstkrankheit; es war die Angst vor ihren gegen sie selbst gerichteten Todeswünschen, denen aber der Mutter geltende Rachebedürfnisse zugrunde lagen.

Der Versuch, den ödipalen Konflikt mit Hilfe des Selbstmordes zu bewältigen, ist nicht selten. Thomas Mann hat diese Lösungsform in zahlreichen seiner Werke zum zentralen Thema gemacht. Das wurde von Peter Dettmering in seinem Buch ›Dichtung und Psychoanalyse‹[17] überzeugend dargestellt. In seinen Untersuchungen über ›Trauer und Melancholie‹[18] meinte Freud, daß es schon lange bekannt sei, »daß es keinen Neurotiker gibt, der Selbstmordabsichten verspürt, der solche nicht von einem Mordimpuls gegen andere auf sich zurückwendet«. Er fügte aber hinzu, »daß das Ich sich nur dann töten kann, wenn es durch die Rückkehr der Objektbesetzung sich selbst wie ein Objekt behandeln kann«. Die Selbstmorde im Werke Thomas Manns bestätigen die Auffassung Freuds. Sie spielen

17 P. Dettmering: Dichtung und Psychoanalyse. München 1969.
18 S. Freud: Trauer und Melancholie. In: Ges. W., Bd. X.

sich im Rahmen eines Rivalitätskonfliktes um das gleiche Liebesobjekt ab. »Immer läßt sich«, schreibt Dettmering, »– bei wechselnder Identifikation des Autors – dieser Rivalitätskonflikt auf jene Konfiguration von Vater, Mutter und Sohn zurückführen, die Freud als Ödipus-Konflikt beschrieben hat.«

In seinen 1910 erschienenen ›Beiträgen zur Psychologie des Liebeslebens‹[19] schildert Freud Menschen, die sich nur unter der Bedingung verlieben können, daß es einen »geschädigten Dritten« gibt. Die Frau, in die sich die von ihm beschriebenen Männer verliebten, mußte verheiratet sein oder einen Geliebten haben. Wenn sie auf die Liebeswerbung einging, war sie nach der moralischen Einschätzung der damaligen Zeit und auch ihrer Liebhaber eine verworfene Frau, die es dann zu retten galt. Freud bezeichnete dieses Bedürfnis als die »Dirnenrettungsphantasie«, die natürlich voraussetzte, daß der »Retter« vorher an der Erniedrigung der Frau beteiligt war. Daß es sich hier um Wünsche, Phantasien und Enttäuschungen aus den ursprünglichen, kindlichen Beziehungen zu den Eltern handelt, ist ziemlich offensichtlich. Nicht nur das Vatersurrogat als »geschädigter Dritter« bekommt seinen Anteil an Aggressionen zu spüren. Auch an der treulosen Mutter-Geliebten rächt sich der Betreffende, indem er sie zur »Dirne« macht. Die für die Gesellschaft der Jahrhundertwende typische doppelte Moral mit ihrer nur nach außen hin strengen Sexualablehnung mag solche Phantasien gefördert haben. Mit der offeneren und freieren Einstellung der Sexualität gegenüber sind sie seltener geworden. Dagegen bleibt das Bedürfnis nach einer Dreierbeziehung, in der einer »geschädigt« wird, nach wie vor häufig zu beobachten. Für viele Menschen scheint zudem die Eifersucht ein notwendiges Stimulans zu sein. Bewußt leiden sie unter ihr, bringen es aber unbewußt immer von neuem fertig, Situationen herbeizuführen, in denen es ihnen gelingt, eifersüchtig sein zu können. Sie demonstrieren damit eine Fixierung an die Beziehung zu dritt, wie sie in der kindlichen Situation des Ödipuskomplexes gegeben ist.

An Kriegskindern, die zeitweilig ohne Vater aufwuchsen, konnte man dagegen später oft beobachten, daß die Fähigkeit zur Eifersucht erstaunlich gering ausgebildet war und Eifersucht auch dann nicht empfunden wurde, wenn genügend Grund dafür vorlag. Diese Kinder brauchten vielmehr das Vorhandensein eines Dritten als Hilfe, um die intime Beziehung zu einer Frau nicht als überwältigend und verschlingend zu empfinden. Das lange Alleinsein mit einer oft de-

19 S. Freud: Beiträge zur Psychologie des Liebeslebens. In: Ges. W., Bd. VIII.

pressiven, überforderten und sexuell unbefriedigten Mutter hatte in ihnen das Gefühl entstehen lassen, die Bedürfnisse und Wünsche einer Frau nicht befriedigen zu können. Solches Verhalten demonstriert erneut, daß die ödipale Situation nicht nur zu Konflikten führt, sondern auch den Beginn größerer Unabhängigkeit, einer Erweiterung und Differenzierung der zwischenmenschlichen Beziehungen einleitet. So eifersüchtig diese Dreiersituation das Kind machen kann, so ist es andererseits für das Kind erleichternd, wenn es nicht allein für die Bedürfnisbefriedigung eines einsamen Elternteils zuständig ist.

Ein außerordentlich ins Gewicht fallendes Beispiel des Agierens ist der von Freud so genannte »Verbrecher aus Schuldgefühl«. »So paradox es klingen mag«, schrieb Freud, »ich muß behaupten, daß das Schuldgefühl früher da war als das Vergehen, daß es nicht aus diesem hervorging, sondern umgekehrt, das Vergehen aus dem Schuldbewußtsein.«[20] Und er fuhr angesichts dieser unerwarteten Entdeckung fort: »Das regelmäßige Ergebnis der analytischen Arbeit lautete, daß dieses dunkle Schuldgefühl aus dem Ödipuskomplex stamme, eine Reaktion sei auf die beiden großen verbrecherischen Absichten, den Vater zu töten und mit der Mutter sexuell zu verkehren. Im Vergleich mit diesen beiden waren allerdings die zur Fixierung des Schuldgefühls begangenen Verbrechen Erleichterungen für den Gequälten.« Nach dieser Auffassung sind die Straftaten, die Freuds Tatbestand erfüllen, also eine spezielle Form des Agierens. Ein relativ harmloses, aber doch charakteristisches Beispiel soll dazu dienen, für den »Verbrecher aus Schuldgefühl« Verständnis zu erwecken. Wenn dieser vielleicht auch nicht das Gros der Täter ausmacht, so ist er doch keine Seltenheit.

Doris wurde unter dem Druck einer inneren Qual dazu veranlaßt, sich eines Abends in die Praxisräume ihrer Ärztin einzuschleichen. Sie war eine besonders empfindsame und labile junge Frau. Ihr impulsives Verhalten und ihre rasch ohne Vorzeichen wechselnden Launen erschwerten ihr die Beziehung zu sich selbst und zu anderen. Was wie eine naive und allzu spontane Art aussah, war in Wahrheit das Ergebnis eines krampfhaften Bemühens. Denn in ihrer unbewußten Abwehrhaltung verwendete sie viel Energie darauf, ihre offen zutage tretenden aggressiven und libidinösen Regungen nicht bewußt werden zu lassen. Illustrierend für die pseudo-unschuldige, impulsive Haltung ist folgendes Erlebnis: Sie besuchte als junges Mädchen öfter einen Freund ihres Vaters, den sie schätzte und mit

20 S. Freud: Einige Charaktertypen aus der sychoanalytischen Arbeit. In: Ges. W., Bd. X.

dem sie sich gut verstand. Als er eines Tages krank im Bett lag, legte sie sich, wie sie meinte, in völliger Unschuld zu ihm, um sich mit ihm zu unterhalten. Es kam zu einem ersten sexuellen Verkehr, ein Ereignis, welches sie angeblich äußerst überraschte. In der späteren Ehe, wo sexuelle Bereitschaft von ihr erwartet wurde, erlaubte sie sich keinerlei Genuß, wollte nur geistigen Austausch und blieb frigide.

Für diese von aggressiven Phantasien überflutete junge Frau geschah nun das Bedrückende, daß ihr Mann schwer erkrankte. Das bedeutete für sie eine furchtbare Verwirklichung ihrer Aggressionen, denn sie hatte ihrem Mann, wenn sie zornig auf ihn war, oft den Tod gewünscht. Doris begab sich in Behandlung. Nach einiger Zeit der therapeutischen Durcharbeitung ihrer Angst und ihrer Schuldgefühle geschah folgendes: Als die Therapeutin ihr mitteilte, daß sie für längere Zeit ins Ausland gehe und deswegen die Therapie in absehbarer Zeit beenden müsse, drang Doris eines späten Abends durch ein offenstehendes Fenster in ihre Praxis ein. Sie wollte die Notizen ihrer Ärztin lesen, von denen sie die Wahrheit über sich zu erfahren hoffte. Endlich wollte sie wissen: was tue ich wirklich, wo liegt meine Schuld? In ihren unbewußten Vorstellungen waren auch bei ihr die Wünsche Taten gleich. Als die Therapeutin ihr eröffnet hatte, daß sie fortgehen werde, brachen Haßgefühle unverhohlen durch, und sie sah in einer spontanen Wachphantasie einen Grabstein mit dem Namen der Therapeutin vor sich. Ihre Schuldgefühle steigerten sich augenblicklich und verlangten nach Entlastung. Der rationale Weg dazu war ihr brennender Wunsch, ihre wahre Schuld kennenzulernen, die sie, wie sie irrational glaubte, nur aus den Notizen der Ärztin würde erfahren können. So mußte sie sie bestehlen und gab ihren Schuldgefühlen das scheinbar reale Motiv. Am nächsten Tag kam es zu einem dramatischen Schuldbekenntnis. Doris erhoffte deutlich eine furchtbare Bestrafung. Diese Tat ermöglichte es, die ihrem Verhalten in Wirklichkeit zugrunde liegenden unbewußten Strafbedürfnisse zum Bewußtsein zu bringen und sie für die Therapie zu nutzen. Dadurch wurde es ihr möglich, eine harmonischere Beziehung zu ihrem Mann zu entwickeln und reale Anlässe für Schuldgefühle besser zu vermeiden. Das Schuldgefühl, das sie zum Einbruch zwang, war das gleiche, das im Geständnis Erleichterung suchte.

Viele kriminelle Taten haben jedoch nicht so private Motive wie die von Doris. Die objektiven Gegebenheiten der jeweiligen Gesellschaft wirken an der Auslösung kriminellen Verhaltens mit. Theodor Reik war der erste, der schon 1925 in seinem Buch ›Geständniszwang und Strafbedürfnis‹[21] darauf hingewiesen hat, daß es nicht nur individuelle Schuldgefühle und Strafbedürfnisse gebe; die Gesellschaft als ganze zeige eine Befangenheit, eigene Schuldgefühle zu erkennen und deshalb die starke Neigung, sie zu projizieren, Sündenböcke für eigenes aggressives, ungerechtes Handeln und Phantasieren zu finden. Auch der tragische Held hat die Funktion, meinte Reik, das Strafbedürfnis der Gesellschaft zu befriedigen und zu entlasten. Wenn die Gesellschaft am Zustandekommen der in ihrem Schoß sich ereignenden Verbrechen immer mitschuldig ist, muß, wie Reik erkannte, in jeder Anklage, die sie erhebt, eine Selbstanklage stecken. Das Geständnis entlastet deswegen nicht nur den Verbrecher, sondern auch die Gesellschaft von ihren unbewußten Schuldgefühlen.

Als »Sündenböcke der Gesellschaft« beschrieb auch Ruth Eissler Kinder und Jugendliche, die kriminell geworden waren[22]. Die Psychoanalyse hat, wie keine andere Wissenschaft, entdeckt und herausgearbeitet, in welchem Ausmaß Reaktion und Verhalten der Kinder mit demjenigen der Eltern verwoben sind. Das hat Horst Eberhard Richter in seinem Buch ›Patient Familie‹[23] an eindrucksvollen Beispielen erneut dargestellt. Selbstverständlich ist die Familie wiederum von den Verhältnissen und Wertvorstellungen der sie umgebenden Gesellschaft abhängig.

Obgleich es der Psychoanalyse gelungen ist, in einer bis dahin unbekannten Differenziertheit zu erforschen, wie die wechselseitigen Einflüsse von Individuen untereinander das Geschick vieler bestimmen, hat man ihr immer wieder vorgeworfen, sie beschäftige sich nur mit der individuellen Lebensgeschichte ihrer Patienten. Aber wer und was auch immer die Entwicklung des einzelnen und der Gruppen bestimmend beeinflussen mag, die Verdrängung dessen, was unangenehm ist und Schuld bedeutet, aus dem Bewußtsein der Gesellschaft oder des Individuums erspart beiden nicht die Verantwortung für ihre Taten. Unsinnig erscheint allein das Hin- und Herschieben der Verantwortung: Einmal tritt der Fall ein, daß das Individuum, das in Wirklichkeit von seiner Umgebung krank oder kriminell gemacht worden ist, die ganze Verantwortung und Strafe zugeschoben bekommt. Ein anderes Mal folgt man einer Vorstellung, in welcher das Individuum gänzlich entmündigt erscheint; jetzt ist es allein die Gesellschaft, welche die Schuld trifft.

21 Th. Reik: Geständniszwang und Strafbedürfnis. Wien 1925.

22 Ruth Eissler: Scapegoats of Society. In: R. Eissler: Searchlights on Delinquency. London 1949.

23 H. E. Richter: Patient – Familie. Reinbek 1970.

Um der Wahrheit willen darf man nicht von extrem konstruierten Fällen ausgehen. Vielmehr muß man erkennen, daß fast immer soziale Einflüsse des familiären Milieus und solche der größeren Sozialverbände gemeinsam das aufwachsende Individuum beeinflussen. Zugeben müssen wir allerdings, daß wir in der Geschichte der Psychoanalyse das individuelle Unbewußte erforschen und deswegen mit der individuellen Diagnose selbstverständlich besser umzugehen gelernt haben als mit der Diagnose unbewußt gesteuerter Zustände größerer und großer Gruppen. Die Möglichkeiten der psychoanalytischen Forschung sind nun einmal wesentlich an die Erkenntnis dessen gebunden, was in der Beziehung Therapeut–Patient oder in der Therapie kleinerer Gruppen erkennbar wird. Es wird deswegen auch in der Zukunft die Hauptaufgabe der Psychoanalyse bleiben, das individuelle Unbewußte zu erforschen, dessen Kenntnis allerdings zum tieferen psychologischen Verständnis eines Gruppenhabitus wesentliches beitragen kann[24].

Mit der Begründung, das Denkmodell der Psychoanalyse sei in unzeitgemäßer Weise individualistisch und egozentrisch, polemisiert Horst E. Richter in seinem neuesten Buch ›Die Gruppe‹ gegen die psychoanalytischen Bemühungen, vor allem innerseelische Erlebnisweisen in ihrer Verflochtenheit zu verstehen. Er spricht davon, das »defensive Moment (liege) in der geheimen Verteidigung des tradierten individualistischen Größenwahns«, und meint: »So soll also die Psychoanalyse dem Individuum helfen, seinen bedrohten Glauben an die eigene Omnipotenz zu retten.«[25] Geht es um Omnipotenz? Hat die Psychoanalyse dem Menschen nicht Einsichten über sich selbst von bisher unbekannter Tiefe vermittelt? Richter sieht darin eine Unterstützung individueller Omnipotenzbedürfnisse. Dabei wird m. E. fälschlich das Interesse an den Vorgängen im eigenen Selbst mit Egozentrismus gleichgesetzt. Denn gerade die Entwicklung selbstkritischer und selbsterkennender Fähigkeiten muß als unersetzliche Vorbedingung zur Einfühlung in den anderen und damit als Hauptwaffe gegen egozentrische Einengung angesehen werden.

Der Vorwurf des individualistischen Egozentrismus trifft aber für die Psychoanalyse auch insofern nicht zu, als sich ihr Interesse seit jeher auf die Erforschung mitmenschlicher Interaktion richtete. Daß Freud und seine Nachfolger sich dabei mit großen Schwierigkeiten

24 Vgl. Hermann Argelander: Gruppenprozesse, Wege zur Anwendung der Psychoanalyse in Behandlung, Lehre und Forschung. Reinbek 1972.

25 H. E. Richter: Die Gruppe. Reinbek 1972, S. 19.

konfrontiert sahen, ist bekannt. Denn sie entdeckten, daß äußere Ereignisse psychisch verschiedenartig verarbeitet werden und daß Phantasien nicht nur auf die Entwicklung neurotischer Erkrankungen, sondern ganz allgemein auf Denk-, Fühl- und Verhaltensweisen großen Einfluß haben. So wie die Erfahrung mit hysterischen Patientinnen sie lehrte, die sexuelle Verführung durch den Vater nicht als Tatsache und auslösende Krankheitsursache anzusehen, mußten sie auch sonst erkennen, daß äußeres Ereignis und seine psychische Verarbeitung oft nicht übereinstimmen. Daß dabei zeitweilig die Bedeutung der Außenwelt und ihrer Geschehnisse – auch jenseits der frühen Kindheit – in der Psychoanalyse nicht genügend Beachtung fanden, wurde schon erwähnt[26].

Wenden wir uns noch einmal den Problemen des jugendlichen Verbrechers und den vielfältigen familiären und gesellschaftlichen Einflüssen zu, die für seine Fehlentwicklung bestimmend sind[27]. Daß Verbrecher Sündenböcke ihrer Familie und Gesellschaft sein können, soll das Beispiel eines Mörders illustrieren, der aus einer zerbrochenen Familie stammte. Mütterlicherseits wurde die Atmosphäre von einer primitiven und brutalen, ausschließlich an den Urteilen der Umgebung orientierten Moral bestimmt. Die Ehe der Eltern war schlecht, Mutter und Großmutter klagten aus einer eigenen neurotischen Verformung den Vater dauernd an und fanden in ihm den gesuchten Sündenbock. Der Vater tat allerdings in dieser emotionellen Verstrickung der Familiengruppe das Seine, um die Projektionen der Frauen mit Wirklichkeit zu füllen. Die neurotische Ambivalenz der Mutter dem Vater gegenüber äußerte sich im unablässigen Wechsel ihrer Einstellung. Einmal sah der Sohn, daß der Vater den gröbsten Beschimpfungen und Entwertungen ausgesetzt war, ein anderes Mal stand er im Mittelpunkt des Interesses der Mutter. Dieses abrupte Schwanken zwischen Liebe und Haß oder besser: Aggression und Sexualität gipfelte schließlich in einem Streit, in dem die Mutter dem Vater eine schwere Kopfverletzung beibrachte.

Der Vater, der sich von der rigiden antisexuellen und um so aggressiveren Verbotsmoral seiner Umgebung wenig beeinflussen ließ, seinen Triebwünschen eher lässig nachgab, die Unterscheidung von Mein und Dein nicht allzu genau nahm, wurde von Frau, Schwiegermutter und der weiteren Umgebung dementsprechend geächtet. Der Sohn wurde von Mutter, Großmutter und der dörflichen Nachbarschaft bewußt in die totale Identifizierung mit der Einstellung der

26 Vgl. ›Emanzipation und Sexualität‹, in diesem Band S. 13ff.

27 Vgl. zu diesem Punkt auch Tilman Moser: Jugendkriminalität und Gesellschaftsstruktur. Frankfurt/M. 1970.

Mutter gezwungen. Das hieß allerdings auch, daß er die Zerrissenheit, die ungezügelte aggressive Verurteilung wie die aggressiv überschattete Liebeszuwendung, welche die Mutter dem Vater auch entgegenbringen konnte, von ihr übernahm. Das emotionelle Klima, in dem dieses Kind aufwuchs, war durch chaotische Projektionen der Aggressionen aller Mitglieder bestimmt. Man lebte in einem Hexenkessel der Aktionen und Reaktionen. Diese Neigung zu Projektionen übernahm der Sohn, sie versperrte ihm einen verstehenden Zugang zu seinen eigenen innerseelischen Konflikten.

Die ungehemmte Aggressivität der Eltern – die Mutter, die den Vater mit dem Beil verletzte – gab keine Chance, mit den eigenen aggressiven Bedrängnissen ins reine zu kommen. Besonders der gewalttätigen Mutter gegenüber konnte er sie nicht äußern. Unbewußt mit Vater wie mit Mutter identifiziert – ein so gereiztes Gefühlsleben schafft besonders tief wirkende Zwänge der Identifikation –, verschob er die innerfamiliär nicht auszulebenden Regungen nach außen; er beging kleinere Diebstähle, war gelegentlich selbst Kameraden gegenüber eruptiv gewalttätig. Durch dieses Verhalten erfuhr er weitere Zurückweisungen, und es gelang ihm nicht, anderswo, außerhalb seiner eigenen unglückseligen Familie, Fuß zu fassen.

Die Pubertät bringt immer eine Intensivierung der konfliktreichen Beziehungen zu den Eltern und eine Steigerung der triebhaften Bedürfnisse mit sich. Das mußte für diesen Sohn auch eine Steigerung der Gefährdung bedeuten. Der Vater hatte inzwischen die Familie verlassen und sich einer anderen Frau zugewandt. Im Sohn erweckte das heftige Eifersucht und vermehrte seine innere Bedrängnis. In einer Mischung von Liebe und Haß, von Identifikation mit der Mutter und seinem Bedürfnis, sie und sich selber dafür zu rächen, daß der Vater sie beide treulos verlassen hatte, beging er einen Totschlag am Vater; und zwar mit einem ähnlichen Werkzeug, wie es die Mutter benutzt hatte, als sie dem Vater die schwere Kopfverletzung beibrachte.

Obgleich es nicht schwer gewesen wäre, die aufgezwungenen Identifikationen des nun zum Vatermörder gewordenen Jungen zu entdecken, fand er dennoch weder bei seinen Richtern noch bei seinen Gutachtern ein derartiges Verständnis. Er wurde, wie so häufig, mit oberflächlichen charakterologischen Beurteilungen abgetan, die ihn als asozial, egoistisch, hemmungslos usw. bezeichneten, ohne daß man sich die Mühe gemacht hätte, auf seine Konflikte und seine seelische Not näher einzugehen[28]. Die Gesellschaft machte es sich

28 Vgl. Tilman Moser: Repressive Kriminalpsychiatrie. Vom Ende einer Wissenschaft. Frankfurt/M. 1971.

leicht, ihr unbewußtes Schuldgefühl für das Zustandekommen einer so schweren Gewalttat zu projizieren. Das drückte sich darin aus, daß der Täter, obgleich noch keine 21 Jahre alt, nach dem Erwachsenenstrafrecht zu lebenslänglichem Zuchthaus verurteilt wurde. Ohne tieferes Eindringen in die seelische Notlage dieses jungen Mannes war Mißverständnissen Tür und Tor geöffnet. Als man ihn fragte, ob er sich vorstellen könne, die schreckliche Tat noch einmal zu begehen, antwortete er: Ja, wenn er in der gleichen inneren Verfassung sei, könne er sich das schon vorstellen. Man legte ihm diese korrekte Antwort als besonders belastend aus und verstand nicht, daß er damit auf den unerträglichen inneren Zwang hinweisen wollte, dem er sich ausgeliefert fühlte. Es hieß, er zeige kein Schuldbewußtsein, also könne nur die schärfste Strafe angemessen sein.

Schon Theodor Reik hat uns die verständlichen Zusammenhänge in einem solchen Verhalten gezeigt. Natürlich ist der Vatermord bis in die frühen Mythologien besonders tabuiert – aber das verweist eben auf die heftigen Gefühle, die ihn nicht selten nahelegen würden. Genau diese in der Phantasie zahlloser Menschen aufgestauten Schuldgefühle sind es, die dann diese Menschen einem Vatermörder gegenüber besonders harte Strafen fordern lassen. Man verschiebt auf ihn sein eigenes unbewußtes Strafbedürfnis. Die Gesellschaft, die junge Menschen vor einem solchen Schicksal nicht zu schützen sucht, bleibt ohne Einsicht in ihre Teilnahms- und Gefühllosigkeit. Der Unangemessenheit unseres Urteils können wir nur vorbeugen, wenn wir uns bemühen, Einblick in die Entwicklungsgeschichte derartiger ebenso abstoßender wie erschütternder Taten zu gewinnen. Viele Kriminelle stehen unter einem inneren Zwang und begehen ihre Taten, um dem Druck unbewußter Schuldgefühle, unerträglicher Triebbedrängnisse zu entrinnen. Daß der Verbrecher nach der Tat dann keine auffälligen Schuldgefühle zeigt, ist verständlich, denn sein Schulgefühl ist ja gerade die Ursache für sein Verbrechen gewesen; mit der Aussicht auf Bestrafung kann eine gewisse Beruhigung in ihm eintreten. Die Gesellschaft allerdings braucht das Geständnis seiner Schuld, um sich vom eigenen unbewußten Schuldgefühl zu entlasten, um es weiter verdrängen zu können.

Von der zwischen Gesellschaft und Individuum herrschenden gegenseitigen Beeinflussung ist uns vieles noch unbekannt, und aus dem Bekanntgewordenen ist das meiste noch nicht ins Bewußtsein der Öffentlichkeit gedrungen. Die Psychoanalyse hat dazu beigetragen, die Bedeutung frühkindlicher Beziehungspersonen und frühkindlicher Erlebnisse für das gesamte weitere Leben aufzudecken.

Dostojewski zeigte, wie ein genial begabter Schriftsteller, der nur in seinen unbewußten Phantasien ein Mörder war, ein Phänomen wie das Agieren ohne Einsicht ausübte und zugleich für seine schöpferische Gestaltung verwenden konnte. Die Abwehr kindlicher Kleinheits- und Hilflosigkeitsgefühle mit Hilfe ihrer Verkehrung in Größenphantasien – ein Vorgang, den wir aus so vielen Behandlungen als typischen Selbsthilfeversuch kennengelernt haben – wurde auch von ihm erfolgreich aufrechterhalten. Indem er seine Selbstzerstörung in eigener Regie durchführte, blieb er Herr über Glück oder Unglück seines Lebens. Er machte sich sein Schicksal selber, wie er in seiner literarischen Produktivität Herr über das Schicksal seiner Helden blieb, über ihr Glück und ihre Leiden entschied. Vieles spricht dafür, daß Dostojewski so in seiner traumatischen Vergangenheit befangen war, daß er im Grunde unfähig blieb, auf reale, gegenwärtige mitmenschliche Beziehungen wirklich einzugehen.

Dostojewskis fast unerschöpfliche Fähigkeit, Schicksale zu erfinden, zeigt uns noch eine weitere psychische Verknüpfung des Agierens, in der es mit den sublimierenden Fähigkeiten in Beziehung tritt. Agieren und Sublimieren sind beides hochorganisierte, komplexe psychische Leistungen. So beschreibt Willian G. Niederland, daß von ihm behandelte schöpferische Patienten mit Hilfe ihrer Produktivität ein Leben lang versuchten, frühkindliche Traumen zu kompensieren[29]. Ihre Fähigkeit zu sublimieren stand eindeutig auch im Dienst unbewältigter infantiler Konflikte. An zahlreichen historischen Persönlichkeiten weist Niederland nach, wie sie durch ihre Taten eine »Heilung« anstrebten, d. h. eine Wiederherstellung ihrer durch infantile Traumen beschädigten Person. Um Mißverständnissen zuvorzukommen, sei angefügt, daß es nicht darum geht, Begabung auf Neurose zu reduzieren, sondern zu zeigen, wie beide, Neurose und Begabung, in einem Menschen verflochten am Werk sein können. Diesen Gedanken hat auch Lawrence S. Kubie in seinem Buch ›Psychoanalyse und Genie‹[30] mit Hinweis auf sehr eindrucksvolle Beispiele entwickelt.

Zum Schluß sei noch ein Gedanke dem Verhältnis von Agieren und Sprachentwicklung gewidmet. Agierend wird etwas ohne Sprache auf anderer Symbolebene ausgedrückt. Der Erwachsene agiert eine Phantasie, die er – hätte er sie im Bewußtsein – verbalisieren könnte; von dieser Fähigkeit jedoch ist er gerade abgeschnitten. Die

29 W. G. Niederland: Klinische Aspekte der Kreativität. In: Psyche 28, 12, 1969.
30 Lawrence S. Kubie: Der schöpferische Prozeß. In: L. S. Kubie: Psychoanalyse und Genie. Reinbek 1966 (rowohlts deutsche enzyklopädie, Bd. 244).

Inhalte, die seine Phantasien besetzt halten, stammen aber nicht selten aus der Frühzeit der Lebensgeschichte, in der er als Kind des Ausdruckes mit Worten noch gar nicht mächtig war. Je kleiner das Kind ist, um so mehr muß es unter dem Druck seiner Gefühle und Bedürfnisse agieren, anstatt sich mit Hilfe von Worten verständlich zu machen. Phyllis Greenacre hat gezeigt, daß Bewegungen und Handlungen an die Stelle der Mitteilung durch Sprache treten, wenn das Kind in der Phase der Sprachentwicklung, um das zweite Lebensjahr, traumatisch erschüttert wird[31]. Meist wird das in der Beziehung zur Mutter geschehen, die etwa das Kind fortgesetzt durch Mißverstehen dessen, was es mühsam zu äußern versucht, oder durch Ungeduld irritiert. Neurotisches Agieren ist, wie wir sahen, auch während der psychotherapeutischen Behandlung unvermeidbar, sobald sehr frühe, vorsprachliche Erinnerungsinhalte zur Bearbeitung kommen sollen, die noch keine verbale Ausdrucksform gefunden haben.

Unsere Betrachtung des Agierens hat uns einen weiten Weg geführt, von der Schicksalsneurose über die szenische Darstellung der Befriedigung von Rachephantasien zum Drama des Verbrechens aus Schuldgefühl, schließlich an den Anfang des Lebens mit Verwundungen, die von dem einzelnen Menschen mit der ihm zur Verfügung stehenden Widerstandskraft oft nicht zu bewältigen sind, wenn nicht ein günstiges Geschick oder eine psychoanalytische Therapie Hilfe bringen. Mit der Darstellung eines herausgehobenen Verhaltens, eben des Agierens, sollte anschaulich gemacht werden, wie vielschichtig untereinander verknüpft seelische Vorgänge sind. Die Ungeduld der Mutter, die wir soeben als ein Trauma für ihr Kind erkennen konnten, beherrscht uns alle nur zu oft, wenn wir seelischen Äußerungen begegnen, die uns unverständlich sind, unseren Grundsätzen zuwiderlaufen oder an eigene unbewußte Konflikte rühren. Das Schicksal des Vatermörders hat uns eine extreme Form menschlicher Verwicklung in unbekannte eigene Gefühle und in die oft nicht leicht durchschaubaren Bedürfnisse mit uns lebender Menschen gezeigt. An der Schicksalsneurose wurde deutlich, daß wir im Zustand der Selbstverborgenheit den anderen, ohne es zu wollen und zu wissen, als Mittel zum Zweck benutzen. Die Gesellschaft als Ganzes ist im Urteilsspruch ihrer Institutionen zumeist nicht weiser als der einzelne.

Oft, wenn es um eine entscheidende Erweiterung unserer Selbsterkenntnis gehen sollte, bei der wir unangenehme Einsichten hin-

31 Ph. Greenacre: General Problem of acting out. In: Trauma, Growth and Personality. New York 1959.

nehmen müßten, flüchten wir ins Agieren. Jedesmal, wenn wir dieser Fluchtneigung bei uns innewerden und sie uns bewußt machen, kommen wir der Wahrheit über uns selbst einen Schritt näher.

Die Angst vor der Angst
Eine psychoanalytische Untersuchung über den Umgang mit dem Erleben unbewußter Gefahr

Was Angst ist, wissen wir alle. Oft ist es aber nicht die Angst vor einer in der äußeren Realität bestehenden Gefahr, die uns überfällt, sondern wir entwickeln eine Angst, die der Situation nicht entsprechend ist, oder wir werden von einem allgemeinen Angstgefühl überfallen, für das unser Bewußtsein keinen Grund anzugeben vermag. Nicht selten ist es deswegen weniger eine reale Gefahr, die uns angst macht – was Kierkegaard zum Unterschied von der als gegenstandslos erlebten Angst Furcht nannte[1] –, sondern es ist die Angst selber, vor der wir Angst bekommen. Mit solchen selber zur Gefahr werdenden Angstzuständen und ihrer Genese beschäftigt sich die Psychoanalyse seit langem. So wird auch im folgenden weniger das unmittelbar durch äußere Gefahr entstehende Angsterlebnis beschrieben als jene Angst, die der Mensch aufgrund innerpsychischer Konflikte und Gefahren herstellt. Für den Psychoanalytiker gibt es im Grunde keine gegenstandslose Angst, d. h. keine, die sich nicht auf eine Gefahr zurückführen ließe. Denn auch solchen Angsterlebnissen des Erwachsenen, denen die eigentliche reale Grundlage zu fehlen scheint, liegen meist verdrängte Gefahrensituationen zugrunde, die sich auf im Unbewußten lebendig gebliebene Kindheitserlebnisse beziehen. Aber auch jede reale, das Ich überwältigende Gefahrensituation, jedes traumatische Erlebnis des späteren Lebens also, kann, wie es das Beispiel Klara[2] oder die Folgen der Weltwirtschaftskrise Anfang 1930 zeigten, alte Ängste und traumatische Erlebnisse neu aktivieren oder überhaupt erst zum Zuge kommen lassen.

Auch Freud folgt der Kierkegaardschen Unterscheidung von Furcht und Angst nicht. Obwohl er zwischen Angst vor bewußter, von außen kommender Gefahr und Angst vor unbewußter, weil verdrängter, von innen kommender Triebgefahr unterscheidet, sieht er keinen grundlegenden Unterschied zwischen Triebangst und

1 Wanda von Baeyer-Katte und Walter von Baeyer (Angst. Frankfurt/Main 1971) haben darauf hingewiesen, daß der Gebrauch des Wortes Angst im Sinne Kierkegaards, Heideggers etc. als gegenstandslose, unmotivierte Emotion und der der Furcht im Sinne einer bestimmbaren, auf eine bedrohliche oder gefährliche Situation oder einen gefährlichen Gegenstand gerichteten Angst nicht durch die Umgangssprache gedeckt ist und sich auf eine künstliche Terminologie stützt.

2 Vgl. ›Müssen wir hassen?‹, in diesem Band, S. 54ff.

Realangst. Denn, so Freud, »der Triebanspruch ist ja nicht an sich eine Gefahr, sondern nur darum, weil er eine richtige äußere Gefahr, die der Kastration, mit sich bringt. So ist im Grunde bei der Phobie doch nur eine äußere Gefahr durch eine andere ersetzt... Kein anderer Unterschied von der Realangst, die das Ich normalerweise in Gefahrensituationen äußert, als daß der Inhalt unbewußt bleibt und nur in einer Entstellung bewußt wird«[3].

Vom Ursprung der Angst

Otto Rank sah in der Geburtsangst die primäre Angsterfahrung[4]. Die heuristische Annahme, die auch Freud teilte, ist, daß die Geburt die erste Gefahrensituation darstellt, welcher der Säugling ganz und gar hilflos ausgesetzt sei. Eine solche Situation völliger Hilflosigkeit ist ein Trauma, das seine Spuren hinterläßt. Traumatische Zustände des späteren Lebens sind in etwa mit dieser primären Geburtsangst, einer reflexartig entstehenden sogenannten Urangst, zu vergleichen, denn in Zuständen der Panik ist der Erwachsene wie einst das Neugeborene einer traumatisch einsetzenden, nicht vorweg kontrollierbaren Angstauslösung unterworfen.

Letztlich erweist sich alle Angst – auch die vor dem Tode – als die Angst, eine traumatische Situation zu erleben, in welcher der Mensch hilflos von Kräften und Erregungen äußerer oder innerer Herkunft überflutet und überwältigt wird. Die Geburtsangst steht als Symbol für das Erlebnis jeder überwältigenden Lebenslage, welche das Individuum ohne die Möglichkeit der Abwehr oder Flucht hinnehmen muß. In diesem Sinne sind die Vorstellungen Ranks nachvollziehbar. Mit seiner weiteren Behauptung, der Angstaffekt sei nur eine Wiederholung der Geburtsangst und jede erneute Angst nur ein Versuch, das Trauma der Geburt immer vollständiger abzureagieren, stieß Rank jedoch mit Recht auf Widerspruch von vielen Seiten. In seiner Schrift ›Hemmung, Symptom und Angst‹ setzte sich Freud mit diesen Vorstellungen Ranks auseinander und lehnte sie als nicht übereinstimmend mit den psychoanalytischen Erfahrungen bei angstneurotischen Patienten und als gezwungenen Erklärungsversuch ab: Wenn man diese These Ranks wörtlich nehme, so komme man zu dem unhaltbaren Schluß, daß der Neurotiker sich

3 Sigmund Freud: Hemmung, Symptom und Angst (1926). In: Ges. W., Bd. XIV, S. 111.

4 Otto Rank: Das Trauma der Geburt und seine Bedeutung für die Psychoanalyse. In: Int. Psa. Bibliothek XIV, 1924.

um so mehr der Gesundung nähern würde, je häufiger und intensiver er den Angstaffekt wiederholt, was der Wirklichkeit nicht entspricht. Außerdem wechseln die Gefahrensituationen bei veränderten Existenzbedingungen und im Laufe der fortschreitenden psychischen Entwicklung.

Es ist klar, daß die lange biologische Hilflosigkeit und Abhängigkeit des Kindes es mit sich bringt, daß es sehr leicht und immer wieder in Situationen hilfloser Angst und Spannung geraten kann. Der Psychoanalytiker Otto Fenichel, der bedeutende Beiträge zur Theorie der Psychoanalyse geleistet hat, sieht deswegen die Grundlage aller Angst nicht im Trauma der Geburt, sondern vor allem in der physiologischen Unfähigkeit des Kindes, seine Triebe selbst befriedigen zu können[5]. Für den Erwachsenen, der gelernt hat, seine Triebbedürfnisse zu beherrschen oder sie aktiv zu befriedigen, ist die Lage in der Tat sehr verändert; er kennt diese Angst, inneren Triebbedürfnissen hilflos ausgesetzt zu sein, nicht mehr in gleicher Eindringlichkeit, aber die Erinnerung an Situationen solcher Art, die jeder Mensch in der Kindheit erfahren hat, bewahrt er auf und lernt mit seinen Trieben so umzugehen, daß Situationen der Hilflosigkeit möglichst vermieden werden. Daß ihm das oft nicht gelingt und die Erinnerung an kindliche Traumen beim Erwachsenen in vielfältigen Angstformen, z. B. als »Vernichtungs- oder Verhungerungsangst« durchbrechen kann, soll im Verlauf dieser Ausführungen an Beispielen dargestellt werden.

Zunächst mag ein weiterer Überblick über die psychoanalytischen Erklärungsversuche hilfreich sein, die zu dem komplizierten Phänomen der Angst abgegeben wurden. Mehr noch als an der Beschreibung der Krankheitsbilder seiner Patienten war Freud bekanntlich an deren Genese und kausalem Verständnis interessiert. So hat er sich bis an sein Lebensende, ohne jemals eine abschließende Position zu beziehen, mit dem Thema der Angst beschäftigt, das er als Zentralproblem seiner Neurosenlehre ansah. Als er erstmals die klinische Beobachtung machte, daß der Angstneurotiker unter sexuellen Spannungen leidet, schloß er daraus, daß es die aufgestaute sexuelle Erregung sei, die sich als Angst ihren Weg bahnt. Er betrachtete dies als einen rein physischen Vorgang, ohne psychische Beteiligung. »Die Symptome sind hier nicht symbolischer Ausdruck und überdeterminiert, sondern resultieren direkt aus einer fehlenden oder inadäquaten sexuellen Befriedigung.«[6] Diese durch ungenügende se-

5 O. Fenichel: The Psychoanalytic Theory of Neurosis. New York 1945.

6 J. Laplanche, J. B. Pontalis: Das Vokabular der Psychoanalyse. Frankfurt/M. 1972 (Paris 1967).

xuelle Abfuhr entstehende Angstneurose wurde von Freud als »Aktualneurose« bezeichnet. Sie hat für Einzelfälle auch heute noch ihre Bedeutung, so wie jede übermäßige Erregung, die mit der Gefahr einer Überwältigung des Ich einhergeht, ganz gleich, ob sie nun der Innen- oder Außenwelt eines Menschen entspringt, automatisch Angst auslösen wird.

Was Freud Aktualneurose nannte, hieß bei Wilhelm Reich die »Stauungsneurose«. Wilhelm Reich, dessen Verdienste auf dem Gebiet der Charakteranalyse und der Einbeziehung gesellschaftlicher Faktoren für die Entstehung neurotischer Krankheiten gewiß nicht geschmälert werden sollen, hat an dieser ersten Freudschen Vorstellung vom Ursprung der Angst festgehalten. Aber die Angst ausschließlich als Ausdruck verwandelter sexueller Libido[7] ohne psychische Beteiligung zu betrachten, reduziert dieses vielfältig motivierte und überdeterminierte psychosomatische Geschehen zu einem rein energetischen Prozeß. Sie widerspricht auch der anderen Prämisse Freuds, daß jede Angst, auch die neurotische, im Grunde einer äußeren Gefahr entspringt, wie z. B. der schon erwähnten Kastrationsgefahr. Entsprechend seinen Vorstellungen der Angstentstehung negierte Reich im Laufe seines Lebens die psychischen Ursachen der neurotischen Erkrankungen zunehmend oder tat sie als sekundär ab. Die Folge davon war, daß er sich mehr und mehr auf die körperliche Behandlung seiner Kranken konzentrierte und sie deswegen weniger mit psychotherapeutischen Maßnahmen behandelte als mit Hilfe von Massagen und der von ihm entdeckten sogenannten Orgone-Energie. Die chemisch-physikalische Entstehung und Zusammensetzung dieser angeblich sexuelle Kraft vermittelnden Energie wurde vielfach untersucht, ohne daß nachweisbare Bestandteile eines besonderen energetischen Stoffes gefunden werden konnten. Die Orgone-Box sollte den Patienten Wilhelm Reichs die orgastische Potenz zurückgeben und dadurch die Entstehung von Angst abbauen oder einer neurotischen Angstentwicklung zuvorkommen. Dieser monomane Versuch, das Problem der Angst und ihre Entstehung durch Materialisierung zu lösen, ist zweifellos fehlgeschlagen[8].

Nachdem Freud bei seinen Patienten zunehmend die Erfahrung

7 Vgl. S. Freud: »Libido ist ein Ausdruck aus der Affektivitätslehre. Wir heißen so die als quantitative Größe betrachtete – wenn auch derzeit nicht meßbare – Energie solcher Triebe, welche mit all dem zu tun haben, was man als Liebe zusammenfassen kann.« (Massenpsychologie und Ich-Analyse, 1921. In: Ges. W., Bd. XIII, S. 98.)

8 Vgl. Helmut Dahmer: Wilhelm Reich, seine Stellung zu Freud und Marx. In: Psyche 3, 26, 1972.

machte, daß deren Angst sich auf verschiedenartige unbewußte Gefahrensituationen zurückführen ließ, unterschied er zwischen der soeben beschriebenen Aktualneurose und der Psychoneurose, in der das Ich seine Abwehrmechanismen gegen Triebgefahren einsetzt und Symptome gebildet werden.

Es stellte sich jetzt das schwierige Problem, die Rolle genau zu bestimmen, welche die Angst in den verschiedenen neurotischen Symptomen spielte. Denn die vom Ich gefürchteten Triebregungen werden ersatzweise in unterschiedlichen Symptomformen abgeführt. Man unterscheidet drei mit Angst verknüpfte Krankheitsbilder, in denen dies geschieht: die Angsthysterien, zu denen auch die Phobien gehören, die Zwangsneurosen und die Melancholien.

Die anfallsweise Überflutung mit überwältigender, panischer Angst ist das typische Symptom der Angsthysterie. In einer Phobie, z. B. einer Platzangst (Agoraphobie), kann der Kranke diese Angst auslösen, wenn er den Versuch macht, auf eine Straße oder einen offenen Platz zu gehen. Durch den Mechanismus der Vermeidung – er kann ja zu Hause bleiben – gelingt es ihm, für den Augenblick die Angst zu beruhigen. Allerdings kann ihm auch zu Hause im Laufe der Zeit die bloße Vorstellung, einen freien Platz überqueren zu müssen, unerträgliche Angst machen. Schließlich ist er nicht mehr imstande, mit seinen angsterfüllten Vorstellungen allein zu bleiben. Er braucht jetzt nicht nur auf der Straße einen Begleiter, sondern auch zu Hause.

Der Klaustrophobe erlebt im Gegensatz zum Agoraphoben in geschlossenen Räumen, Kinos, Tunnels Todesangst, während der Zwangsneurotiker z. B. eine Katastrophenangst durch seine Zwangshandlungen, durch unablässige Kontrolle von Lichtschaltern, dauernden Waschungen usw. abzuwehren versucht. Wird er in diesen Zwangsritualen behindert, so sieht er sich zermürbender Angst ausgesetzt. Der Melancholiker reagiert auf Trennung von einem Liebesobjekt oder Liebesverlust mit oraler Introjektion des Verlorenen, d. h. mit einem der körperlichen Einverleibung vergleichbaren, aber auf psychischer Ebene sich abspielenden Vorgang. Er wehrt sich gegen den Verlust und die dadurch ausgelöste Angst, indem er das Liebesobjekt verinnerlicht. Jetzt richtet er aber die ganze Ambivalenz, die ursprünglich dem treulosen äußeren Objekt gilt, gegen das eigene Ich. Damit ist er der dauernden Gefahr einer Zerstörung seines Selbstwertes ausgesetzt. Denn er verliert auf diese Weise die Liebe zu sich selber.

Während der Phobiker sich im wesentlichen davor fürchtet, daß ihm selbst etwas geschehen könne, hat der Zwangsneurotiker eher die Angst, jemand anderem könne etwas Ernsthaftes zustoßen. Bei beiden Arten der neurotischen Erkrankung kann daneben noch ein unbestimmtes, frei schwebendes Gefühl der Angst vorhanden sein, das der Kranke nicht genauer zu bestimmen vermag.

Dem Angsthysteriker machen verbotene sexuelle und aggressive Regungen gleichermaßen Angst. Deswegen verdrängt, verschiebt oder konvertiert er sie, d. h. er entwickelt Phobien oder körperliche Symptome. Beim Zwangsneurotiker sind es vorwiegend aggressive Impulse, die abgewehrt werden müssen. Sie werden isoliert, d. h. gefühlsmäßig als nicht zur eigenen Person gehörig behandelt oder aus ihrem Zusammenhang gerissen. Beide, verbotene sexuelle Wünsche und aggressive Impulse, können den Kranken von seinen Liebesobjekten bzw. deren Liebe trennen. Dies löst das Gefühl unerträglicher Verlassenheit aus. Um solchen drohenden traumatischen Zuständen zuvorzukommen, werden Abwehrmechanismen gegen die Wahrnehmung der verbotenen Wünsche und Impulse gebildet.

Angstausbrüche entstehen somit, wenn verbotene sexuelle, und vor allem, wenn aggressive Regungen durchzubrechen, d. h. unser Handeln zu bestimmen drohen. Dies würde uns in schwerwiegende Konflikte mit Menschen, auf die wir angewiesen sind, bringen. Die verbotenen Triebregungen können aber auch einen Konflikt mit dem Über-Ich auslösen, was vor allem beim Melancholiker der Fall ist, der von der Auseinandersetzung mit einem archaischen, sein Ich vernichtenden Gewissen beherrscht wird.

All diese Angstformen erweisen bei ihrer genauen Erforschung, daß sie im wesentlichen nicht das Ergebnis sexueller Stauungen sind. Es sind vielmehr faktische oder gefürchtete Trennungsereignisse, die sie hervorrufen. In diesen Kontext kann man auch die Geburtsangst als erstes Trennungserlebnis erneut einordnen. Bei der Geburt findet zum erstenmal eine Zerstörung eines bisher alle Bedürfnisse unmittelbar befriedigenden Verhältnisses statt. Diese erste »Trennung« kann natürlich zu einer Zeit, in der die zur Unterscheidung von Selbst und Objekt notwendigen Ichfähigkeiten noch unausgebildet sind, nur als undefinierte physische Unlust wahrgenommen werden. Aber zu einem vergleichbaren Zustand äußerster Hilflosigkeit scheinen manche von Angst überwältigte Menschen zurückgetrieben zu werden. Jedoch muß Angst nicht auf den ersten Blick wie Trennungsangst aussehen und ist es doch. So erweist sich die Dunkelheitsangst des Kindes als Angst vor dem Verlassenwerden. Angst hat immer auch den Aspekt, die körperliche Unversehrtheit könnte verlorengehen, wie es in der Kastrationsangst zum Ausdruck kommt. Jetzt handelt es sich freilich nicht um die Trennung von einem geliebten Menschen, sondern um die befürchtete Trennung von einem libidinös hoch besetzten eigenen Körperteil.

Wenn sich auch alle diese Gefahren wandeln, auf die sich die kindliche und später neurotische Angst bezieht, so haben sie doch diesen einen Zug, die Angst vor der Trennung von einem Liebesobjekt, gemeinsam. Trennung bedeutet das Ausbleiben von Befriedigung vitaler, psychischer und physischer Bedürfnisse und die Verstärkung des Erlebnisses der Hilflosigkeit.

Die Untersuchungen von René Spitz haben ergeben, daß es schon zu Beginn des menschlichen Lebens nicht nur auf die Befriedigung physischer Bedürfnisse, wie die des Hungers, ankommt, sondern daß bereits in den ersten Lebensmonaten die Trennung von einem Liebesobjekt, der Mutter oder einer Muttersatzfigur, zu einer depressiven Symptomatik führt[9]. Der Säugling und das Kleinkind werden zunehmend interesse- und appetitlos, ihre Entwicklung sistiert, und ein vergleichsweise hoher Prozentsatz von Heimkindern, denen eine konstante Beziehungsperson fehlte, erkrankte und starb in den ersten Lebensjahren, obwohl es ihnen an einer guten physischen Pflege nicht fehlte.

Auf die spezifischen Trennungsgefahren, die in den verschiedenen Lebensaltern typische traumatische Situationen auslösen können, soll später noch eingegangen werden.

Im Leben eines jeden Menschen ist die Angstentwicklung die Reaktion des Ich auf die Gefahr und das Signal für die Einleitung der Flucht oder der Abwehr. Bei der neurotischen Angst, so meinte Freud, unternimmt das Ich einen Fluchtversuch vor dem Ansturm verbotener Triebwünsche und behandelt diese innere Gefahr so, als ob sie eine äußere sei[10]. In ›Hemmung, Symptom und Angst‹ vertritt er nun endgültig seine sogenannte zweite Angsttheorie: Das Ich selber sei als die Angststätte anzusehen. Angst werde im Ich durch ein Unlustsignal ausgelöst und stelle ein Wiederaufleben ursprünglicher kindlicher Daseinsbedrohung dar. Freud unterscheidet jetzt zwischen automatischer Angst und Signalangst. »Der Angst wurden so im späteren Leben zweierlei Ursprungsweisen zugewiesen, die eine ungewollt, automatisch, jedesmal ökonomisch gerechtfertigt, wenn sich eine Gefahrsituation analog jener der Geburt hergestellt hatte, die andere, vom Ich produzierte, wenn eine solche Situation nur drohte, um zu ihrer Vermeidung aufzufordern. In diesem Fall un-

9 R. A. Spitz: Vom Säugling zum Kleinkind. Naturgeschichte der Mutter-Kind-Beziehungen im ersten Lebensjahr. Stuttgart 1967.

10 Vgl. S. Freud: Vorlesungen zur Einführung in die Psychoanalyse (1917). In: Ges. W., Bd. XI, S. 420.

terzog sich das Ich der Angst gleichsam wie einer Impfung, um durch einen abgeschwächten Krankheitsausbruch einem ungeschwächten Anfall zu entgehen. Es stellte sich gleichsam die Gefahrsituation lebhaft vor, bei unverkennbarer Tendenz, dies peinliche Erleben auf eine Andeutung, ein Signal, zu beschränken.«[11] Äußere und innere angsterweckende Reize werden jetzt in enger Durchdringung gesehen. Wenn zwischen der Außengefahr und den Verteidigungskräften des Individuums einerseits, den gefährlichen Triebreizen und den Fähigkeiten des Ich, ihnen gerecht zu werden, andererseits ein einigermaßen ausgeglichenes Verhältnis besteht, können wir von einem »normalen« Zustand sprechen, in dem die Signalangst einen Menschen vor überwältigenden Angsterlebnissen schützt. Bei der krankhaften Angst entwickelt sich aus der Wahrnehmung einer vielleicht mäßigen oder objektiv gar nicht vorhandenen Gefahr ein voller Angstzustand, dessen Ursache unbewußt ist und deswegen unbekannt bleibt. Der wesentliche Unterschied zwischen gesunder und krankhafter Angst besteht darin, daß bei letzterer sich aus einer Signalisierung einer möglichen Gefahr ein voller Angstzustand entwickelt. Eine angemessene Einstellung zur Gefahr geht verloren, wie es besonders beim großen neurotischen Angstanfall zu beobachten ist.

Regelmäßig haben gefürchtete Situationen oder Personen, die eine nicht realitätsgerechte Angst auf sich ziehen, eine spezifische unbewußte Bedeutung. In einer oft verstellten Weise symbolisieren sie entweder die Versuchung eines abgewehrten Impulses oder stellen eine Strafe für einen verbotenen Impuls dar; meist allerdings handelt es sich um eine Kombination von beidem. So beschreibt Otto Fenichel, was auch dem praktizierenden Psychoanalytiker bekannt ist, daß der Agoraphobe sich im Unbewußten vor einer verbotenen Gelegenheit zu sexuellen Abenteuern fürchtet, bei denen er ertappt und bestraft werden könnte[12]. Höhenangst, das Gefühl, von großen Höhen herunterspringen zu müssen, stellt nach Freud die Angst vor einer masochistischen, gegen die eigene Person gerichteten Aggressionsneigung dar[13]. Auch in der Angst, verrückt zu werden, können sich Strafbedürfnis und Versuchungsangst mischen. Die Strafe dient dazu, das gestrenge Über-Ich zu versöhnen, so wie sie früher in der Kindheit der angsterfüllten Straferwartung ein Ende bereitete und dadurch Erleichterung schuf, nach dem Motto: Lieber ein Ende mit Schrecken als ein Schrecken ohne Ende. So wie das Ich in der Signal-

11 S. Freud, a.a.O., In: Ges. W., Bd. XIV, S. 195.
12 O. Fenichel, a.a.O.
13 S. Freud, a.a.O. In: Ges. W., Bd. XIV, S. 305.

angst eine Gefahr antizipiert, um ihr besser gewachsen zu sein, versucht es auch manchmal, die durch Schuldgefühle ausgelöste Straferwartung im Vorbewußten dadurch zu kontrollieren, daß es die Strafe in eigener Regie herbeiführt.

Automatische Angst erleben wir also, wenn wir einer traumatischen Situation hilflos ausgesetzt sind; Signalangst dagegen ist die Reaktion unseres Ich auf eine gefahrbringende Situation, die droht, aber noch abzuwenden ist. Ängste, die der gegenwärtigen Lebenslage eines Erwachsenen nicht angemessen sind, signalisieren die Gefahr einer Wiederholung verdrängter, unbewußter traumatischer Kindheitssituationen, manchmal auch nur angsterregender Triebbedürfnisse oder Phantasien. Ängste dieser Art treten häufig in der Form angsthysterischer oder zwangsneurotischer Symptome auf. In ihnen finden frühere, aber im Unbewußten aktuell gebliebene Konflikte ihren symbolischen Ausdruck. »Die beiden Kräfte, die sich entzweit haben, treffen im Symptom wieder zusammen, versöhnen sich gleichsam durch das Kompromiß der Symptombildung.«[14]

Das Beispiel einer phobischen Patientin soll die Wirkung kindlicher Traumen und die den Konflikt auslösenden Trennungsängste veranschaulichen.

Eleonore, eine 27jährige Studentin der Germanistik, suchte den Psychotherapeuten auf, weil sie unter Angst vor engen Räumen und unter Examensangst litt. Sie hatte es bisher nicht fertiggebracht, ihr Studium zu beenden. Als traumatische Erinnerung aus ihrer frühen Kindheit berichtete sie, die Mutter habe sich, als sie, die Patientin, zwei Jahre alt war, einer Operation unterziehen müssen und sei für viele Wochen von zu Hause fort gewesen. In dieser Zeit hatte niemand etwas mit Eleonore anfangen können, sie war trotzig und abweisend und hatte sich wiederholt geweigert, etwas zu essen. Von da an entwickelte sie bei jeder Trennung von der Mutter erhebliche Ängste und konnte nur selten alleingelassen werden. Sie zeigte einen ausgesprochenen Bewegungsdrang und war zu jedem, außer zur Mutter, oft aufsässig. Ein Versuch, sich in der ödipalen Periode, also etwa im 5. oder 6. Lebensjahr ihrer Entwicklung, dem Vater zuzuwenden, scheiterte daran, daß sie durch seine Bevorzugung fürchtete, die Liebe der Mutter zu verlieren, die ihr wichtiger war als die des Vaters. Auch nur die kleinste kritische Äußerung der Mutter, die Eleonore als Eifersucht oder Liebesentzug empfand, waren für sie unerträglich. Tatsächlich wurden ihre kindlichen Genitalspiele von der Mutter verurteilt und mit Liebesentzug bestraft.

14 S. Freud, in: Ges. W., Bd. XI, S. 373.

Da sie also weder aggressive noch sexuelle Gefühle zu äußern wagte, um nicht einen Rückzug der Mutter zu provozieren, lernte sie zwar, Triebabkömmlinge dieser Art zu unterdrücken, fühlte sich aber durch die angstvolle Hemmung ihrer Triebbedürfnisse so eingeengt, daß sie eine Angst vor engen Räumen entwickelte, auf die sie die Herkunft ihrer eigenen Spannungsgefühle verschob. Die Haltung der Mutter, die mit Liebesentzug alles bei ihrer Tochter zu erreichen vermochte, führte dazu, daß die unterdrückten Aggressionen Eleonores sich zeitweilig so steigerten, daß sie kaum das Haus verlassen konnte. Ihre Trennungsängste waren mit den unbewußten Todes- oder Beseitigungswünschen, die der Mutter galten, untrennbar vermischt. Denn Trennungsängste dieser Art sind immer ein Ausdruck der unbewußten Ambivalenz, ein Ausdruck der Angst, es könne die Erfüllung dieser unbewußten Wünsche Wirklichkeit werden, z. B. die geliebte, aber gleichzeitig als so einengend erlebte Mutter könne tatsächlich verschwinden. Eleonore konnte demgemäß auf Triebbedürfnisse sexueller oder aggressiver Art, soweit sie in irgendeiner konflikthaften Beziehung zur Mutter standen, nur mit Angstzuständen reagieren.

Als sie in die Pubertät kam und eine Trennung von der allzu engen frühkindlichen Bindung an die Mutter gefordert wurde, gelang ihr dies nur unvollkommen. Obgleich sie während ihres Studiums sich so weit von der Mutter emanzipierte, daß sie eine intime Beziehung zu einem Kollegen aufzunehmen wagte, fühlte sie sich deswegen so schuldbeladen, daß sie ein ausgesprochenes Strafbedürfnis entwikkelte und sich in die gefährlichsten Situationen verstrickte. Nicht nur hatte sie in dem Kollegen einen Menschen gewählt, der unzuverlässig war und sie erniedrigenden Situationen aussetzte. Sie ließ sich auch von ihm zu einem Agieren verleiten, daß unverantwortlich war und sie gelegentlich in Lebensgefahr brachte[15].

Es war offensichtlich, daß sie sich eine sexuelle Bindung an einen Mann nur erlaubte, wenn sie dafür gleichzeitig genügend bestraft wurde. Die zürnende Mutter, die durch Verinnerlichung im Über-Ich ihre psychische Vertretung gefunden hatte, sollte auf diese Weise versöhnt werden. Solche sie selbst gefährdenden Situationen traten während der psychotherapeutischen Behandlung immer dann auf, wenn die Abhängigkeit von der Analytikerin besonders groß war und ein Durchbruch der damit mobilisierten Aggressionen drohte. Erst mit dem Wiedererleben kindlicher Affekte, die aus einer Zeit stammten, in der die Mutter für Eleonore tatsächlich unentbehrlich

15 Vgl. den ›Fall Lisa‹, in diesem Band S. 110.

gewesen war, und der Durcharbeitung der Angstzustände, welche zu dieser Kindheitsperiode gehörten, konnten ihr die ihren Ängsten zugrunde liegenden Gefahren langsam bewußt werden. Dadurch wurde ihr selbstschädigendes Verhalten durchbrochen, das Eleonore zur Beschwichtigung ihrer Schuldängste gebraucht hatte.

Die therapeutische Wendung zum Besseren trat also ein, als die Patientin bewußten Zugang zu vergessenen kindlichen Gefühlen gewinnen konnte. Es ging dabei um die erschreckende Wiederbelebung jener kindlichen Ängste, in denen die Mutter real verlorenzugehen drohte.

Bei Kranken wie Eleonore liegt das primäre Krankheitsmotiv sicher nicht in Stauungszuständen sexueller Art, sondern in kindlichen Verlustängsten, die durch aktuelle Konflikte reaktiviert werden. Sie können als Folge verbotener Triebwünsche eintreten, und diese werden dann in höchstem Grad als lebensbedrohlich erlebt. Die aus einer späteren Entwicklungsphase stammenden Schuldängste wegen der Befreiungsschritte von der mütterlichen Führung bleiben dieser traumatischen Trennungsangst tributpflichtig. Bei Eleonore haben also frühkindliche Trennungserlebnisse erschwerend auf eine altersentsprechende Lösung von der Mutter und den Übergang von der Zwei-Personen- auf die Drei-Personen-Beziehung in der ödipalen Periode gewirkt. Die normalen Aggressionen dieser ödipalen Entwicklungsstufe mußten verdrängt, verschoben oder gegen die eigene Person gewendet werden. Die Mutter Eleonores war bei aller naiven Ausnutzung der Abhängigkeit ihrer Tochter dennoch offensichtlich eine liebevolle und in weiten Bereichen einfühlungsfähige Frau. Bei Eleonore war deswegen trotz aller Ambivalenz die Liebe zur Mutter größer als der Haß auf sie.

Auch Hilde ist ein Beispiel dafür, daß frühe unbewältigte Angstsituationen im Unbewußten ihre Virulenz behalten und bei entsprechenden, den alten Konflikt neubelebenden Anlässen im späteren Leben zu Symptombildungen führen, in diesem Fall zu einer Zwangsneurose. Wie immer, wenn Ängste zu dieser Form der Symptomatik führen, ist die Ambivalenz den frühen Liebesobjekten, also vor allem der Mutter gegenüber besonders tiefgehend. Hier pflegen sich Haß und Liebe die Waage zu halten; dabei besteht immer die Gefahr, daß der Haß stärker wird als die Liebe, was große Angst macht und deswegen besonders nachhaltig mit Hilfe von Zwangshandlungen abgewehrt werden muß.

Ihre prägenden Konflikte mit den Eltern erlebte Hilde weniger in der ödipalen Periode wie Eleonore als in der analen Phase. Diese Phase geht mit der Neigung zu übermäßig kritischer Einstellung sich und anderen gegenüber und der Entwicklung eines besonders »reinlichen«, triebfeindlichen Über-Ich Hand in Hand.

Hildes früheste Kindheitserinnerung bezog sich auf ein Trennungserlebnis im zweiten Lebensjahr. Wenn solche frühen Erinnerungen dem tatsächlich Geschehenen auch nicht immer entsprechen, haben sie als sogenannte »Deckerinnerungen« ihre Bedeutung für die weitere Entwicklung eines Menschen. Die Deckerinnerung ist eine Kompromißbildung wie die Fehlleistung oder auch das Symptom, das einerseits die Folge von Verdrängungen, andererseits als dessen Wiederkehr anzusehen ist, also Triebabwehr und Triebbefriedigung gleichzeitig darstellt[16]. Bei den Deckerinnerungen ist der vorherrschende psychische Mechanismus der der Verschiebung und Verdichtung. Meist enthalten sie deswegen eine Mischung von Realität und Phantasie, die aber auf die Reaktionsweisen des späteren Lebens nicht ohne Wirkung bleiben. Hilde war noch keine zwei Jahre alt, als ihre schwangere Mutter, ohne sie entsprechend darauf vorzubereiten, für etwa zwei Wochen das Haus verließ und mit einer kleinen Schwester auf dem Arm zurückkam. Die Abwesenheit der Mutter hatte in Hilde hilflose Angstzustände erzeugt. Sie versuchte jetzt, so ihre Erinnerung, die auf dem Schoß der Mutter sitzende kleine Schwester herunterzuzerren, und war gänzlich verstört, als sie dabei von der Mutter ungeduldig abgewiesen wurde. Es ist bezeichnend für Hildes weitere Entwicklung, daß ihre erste Kindheitserinnerung sowohl ihre eigene Aggression, Eifersucht und Verlassenheit als auch die abweisende und für die Situation des Kindes wenig Verständnis zeigende Haltung der Mutter zum Inhalt hat.

Hilde war von den ersten Lebensjahren an eine schlechte Esserin und ist es auch heute noch. Schon mit etwa drei bis vier Jahren wurde sie in die allabendlichen Gewissenserforschungen der Familie einbezogen und entwickelte bei den geringsten Verfehlungen ihrem Alter in keiner Weise entsprechende übermäßige Schuldängste. Das waren Anzeichen dafür, daß sich hier verfrüht eine Gewissensinstanz ausgebildet hatte, die alle Merkmale der analen Fixierung zeigte: die an »Reinlichkeit« überkritisch orientierten Wertvorstellungen, die magischen Strafängste – Wünsche sind Taten gleich –, damit verbundene Allmachtsphantasien; kurz, die von Sandor Ferenczi so genannte »Sphinktermoral«, d. h. die Moral des Erwachsenen bleibt im übertragenen Sinn an den elterlichen Forderungen der kindlichen Reinlichkeitsdressur fixiert: gut sein ist sauber sein, schlecht sein ist schmutzig sein.

16 Vgl. ›Heilung als Erkenntnisprozeß‹, in diesem Band S. 157.

Mit sieben Jahren erkrankte Hilde an einer schweren Infektionskrankheit und wurde ins Krankenhaus eingeliefert, obgleich die Mutter ihr vorher auf ihr inständiges Bitten und Flehen hin versprochen hatte, sie bei sich zu Hause zu behalten. Das erlebte sie unbewußt als Wiederholung des frühkindlichen Verrates der Mutter an ihr. Im Krankenhaus fühlte sie sich elend, fror, war schweigsam und unzugänglich. In diese Zeit fiel außerdem ihre erste Beichte. Dieses Ritual empfand sie als außerordentlich bedrückend und lieblos, und sie entwickelte bald eine Art Beichtzwang, indem sie unentwegt wiederholen mußte, daß sie mit ihrer jüngeren Schwester analerotische Spielereien betrieben hatte. Dieser Beichtzwang diente mehreren Zwecken. Sie konnte das lustvolle Spiel mit ihrer Schwester in ihrer Phantasie endlos wiederholen, sie konnte sich durch die Peinlichkeit des Berichtens selber bestrafen, sie konnte ihre Rivalin, die Schwester, die ja an den Spielen beteiligt war, verraten, und sie konnte die Mutter durch ihre dauernd wiederholten Selbstbezichtigungen quälen.

Schon früh nahm sie ihren Eltern, ihrer Schwester und später ihren Mitschülern, aber insbesondere sich selbst gegenüber eine starre und kompromißlose Haltung ein. Sie konnte bei sich und anderen die kleinsten Fehler und Widersprüche entdecken und dies auch ohne Hemmungen kundtun. Kleinere Zwänge, wie magische Abwehrhandlungen, Übergewissenhaftigkeit in der Ausführung ihrer religiösen Pflichten, übertriebene Reinlichkeitsbedürfnisse usw., waren schon in den Jahren vor Beginn der Pubertät vorhanden. Das Einsetzen der Menstruation löste bei Hilde das Gefühl aus, körperlich zerstört zu sein, von Gott wegen ihrer Sünden bestraft zu werden. Sie konnte ihre religiösen Pflichten nicht mehr erfüllen, da sie sich immer sündig, nie sauber genug fühlte.

Ihr Beichtzwang nahm auch für die Umwelt schwer erträgliche Formen an, insbesondere quälte sie die Mutter mit ihren abstrusen, oft destruktiven und sexuellen Zwangsvorstellungen. Wenn die Mutter es ablehnte, diese Vorstellungen anzuhören, verfiel sie in Depression und Appetitlosigkeit. Während der psychotherapeutischen Behandlung dehnten sich ihre destruktiven Zwangsvorstellungen auf die Therapeutin aus. Sie meinte, sie erstechen und erschlagen zu müssen, so wie sie zeitweilig auch unter der Vorstellung litt, kleine Kinder angreifen, sie unter ein Auto stoßen oder sonstwie beschädigen zu müssen.

Nachdem sie sich an der Therapeutin als an einer stellvertretenden Mutterfigur durch ihr quälerisches Verhalten hatte rächen können, andererseits aber auch ihre Angst, sie könne die Therapeutin tatsächlich kränken und zerstören, nachgelassen hatte, und nachdem sie gelernt hatte, zwischen Wirklichkeit und Vergangenheit zuverlässiger zu unterscheiden, wurden die Zwangsvorstellungen langsam weniger quälend. Mit der wachsenden Fähigkeit, innere und äußere Realität voneinander abheben zu können, nahm der Glaube an die Allmacht der Gedanken ab, ein Glaube, der ihr selbst ihre aggressiven Zwangsvorstellungen so gefährlich hatte erscheinen lassen. Auch die Angst vor ihren Todeswünschen, die sich auf ein unentbehrliches Objekt richteten, wurde ihr bewußt und konnte langsam gemildert werden. Durch die Verinnerlichung ihrer nun von destruktiven Phantasien schrittweise befreiten Objektbeziehungen stabilisierten sich ihre Ichkräfte und normalisierte sich ihr überstrenges und von infantilen Triebängsten geprägtes Gewissen.

Hildes krankhaftes Verhalten zeigte auch, wie schwer es oft ist, zwischen normaler und pathologischer Angst zu unterscheiden. Die Übergänge sind fließend. Ist z. B. die jetzt häufig erwähnte und gewiß weit verbreitete Prüfungsangst normal? In einer Gefahrensituation keine entsprechende Angst zu verspüren, ist genauso anomal, wie von Angst ohne ersichtlichen Grund überfallen zu werden. Umgekehrt kann in einer Prüfung, wie in anderen ähnlichen Lebenssituationen, die eine gewisse Gefahr darstellen, gerade dieses Gefahrsignal stimulierend wirken und den Prüfling aufnahme- und reaktionsfähig machen. Entscheidend sind offenbar die Relationen zwischen Gefahr und gefahrmeisternden Ichkräften. Wenn die Angst unabweichlich zu solcher Intensität anschwillt, daß sie die Ichkräfte, wie z. B. die Denkfähigkeit, lähmt, dann bahnt sich ein panischer Zustand an. Das ist besonders dann der Fall, wenn es sich nicht um eine kalkulierbare Realangst, sondern um eine irreale Trieb- oder Gewissensangst handelt, die aus einer verdrängten infantilen Wurzel stammt. Dabei ist erneut zu bedenken, daß im Unbewußten nicht nur die Zeitkategorie fehlt, dort wird auch die Absicht, etwas zu tun, der Tat gleichgesetzt. Ein Kind, im Konflikt, die Mutter dem Vater wegnehmen zu wollen, erlebt diese Phantasie mit dem Gefühl, die Mutter bereits dem Vater weggenommen zu haben. Die verwandte magische Vorstellung, daß Gedanken töten können, begleitet bekanntlich viele Menschen ihr ganzes Leben lang.

Demnach ist ein weiteres Charakteristikum der pathologischen Angst die Vermengung von phantasierter Potenz und Realität. Die Angst erklärt sich aus der Intensität etwa der aggressiven Phantasien. Das Ich verfügt nicht ausreichend über die kritische Einsicht, die tatsächliche Ohnmacht von der Größenphantasie abheben zu können. Wenn die Fixierung an infantile Gefahrensituationen nicht gelöst werden kann, führen diese immer wieder zu panischen, phobischen oder zwanghaften Reaktionen statt zu einem der Gefahr angemessenen Verhalten.

In seiner ersten Angsttheorie sprach Freud noch davon, daß sich die gehemmte oder verdrängte sexuelle Triebenergie, die Libido, in Angst verwandeln könne. In einer erweiterten Fassung dieser Theorie betonte er, daß es bereits der verdrängte Wunsch sein könne, der sich in Angst umsetze. Später, nachdem er zwischen libidinösen und aggressiven Trieben und deren Energetik zu unterscheiden begann, stellte er fest, daß verdrängte Libido nur dann Angst verursache, wenn durch deren Verdrängung aggressive Tendenzen erweckt worden seien, die nicht entladen werden könnten und deswegen wiederum abgewehrt werden müßten. Jeder verbotene Wunsch kann demnach Angst hervorrufen[17].

Das ist besonders dann der Fall, wenn zwischen Wunsch und Tat, zwischen Gegenwart und Vergangenheit nicht unterschieden werden kann. Oft wenn es sich um eine unbewußte innere Gefahr handelt, wird schon jeder im Bewußtsein gar nicht verständliche Anklang an das traumatische Moment als direktes Trauma erlebt und entsprechend panisch beantwortet. Man könnte hier von einer an die allergische Überempfindlichkeit erinnernde psychischen Reaktion sprechen.

Entwicklungsspezifische Inhalte der Angst

Die Verschiedenartigkeit ihrer Erscheinungsweisen, die Rätselhaftigkeit ihres plötzlichen Auftauchens hat immer wieder zu neuen theoretischen Ansätzen, zur Erklärung der irrationalen Angst herausgefordert. In der Psychoanalyse hat man sich vor allem um die genauere Erforschung entwicklungsspezifischer Angstinhalte bemüht. Freud schrieb den verschiedenen Phasen der kindlichen Entwicklung ihnen entsprechende Gefahrensituationen zu. »Die Gefahr«, so sagte er, »der psychischen Hilflosigkeit paßt zum Stadium der frühen Unreife des Ich, die Gefahr des Objekt-(Liebes-)Verlusts zur Unselbständigkeit der ersten Kinderjahre, die Kastrationsgefahr zur phallischen Phase, endlich die Angst vor dem Über-Ich, die eine besondere Einstellung einnimmt, zur Latenzzeit. Mit dem Lauf der Entwicklung sollen die alten Angstbedingungen fallengelassen wer-

17 Vgl. Ludwig Eidelberg: An outline of a comparative pathology of the neuroses. New York 1954, und L. Eidelberg: Encyclopedia of psychoanalysis. New York und London 1968.

den, da die ihnen entsprechenden Gefahrensituationen durch die Erstarkung des Ich entwertet werden.«[18]

Aufgrund der weiteren Erforschung der frühkindlichen Entwicklungsstufen kann Anna Freud die den verschiedenen Entwicklungsphasen korrespondierenden Ängste noch genauer aufzeigen[19]. Die ersten Anzeichen von Angst können als sogenannte »Acht-Monats-Angst« des Säuglings wahrgenommen werden. In dieser Zeit beginnt er, zwischen dem eigenen Selbst und dem Objekt, also z. B. zwischen sich und der Mutter, unterscheiden zu lernen. Er »fremdelt«, weil das fremde Gesicht ihn darauf aufmerksam macht, daß das bekannte mütterliche abwesend ist.

Aber schon vor dieser Zeit wird eine längere Abwesenheit der Mutter oder einer Mutterersatzfigur mit depressivem Rückzug oder mit Nahrungsverweigerung des Kindes beantwortet. René Spitz hat bei seinen schon erwähnten Untersuchungen von Heimkindern, die in den ersten Lebensjahren über längere Zeit ohne Mutter oder konstante Mutterersatzfigur leben mußten, festgestellt, welche katastrophalen Wirkungen dadurch hervorgerufene frühkindliche Depressionen auf die Weiterentwicklung des Kindes haben[20]. Diese erste, im frühen Kindesalter feststellbare Reaktion auf Trennung und Objektverlust, die sich in einem Rückzug von allen lebenszugewandten Betätigungen kundtun kann, wird beim größeren Kind und Erwachsenen, wenn Erinnerungsspuren – oder wie immer man das bezeichnen kann – an solche Situationen durch gegenwärtiges Erleben aktiviert werden oder zu Regressionen in solche Phasen der Hilflosigkeit führen, als Angst vor Vernichtung erlebt. Solange das Kind nicht zwischen Selbst und Objekt unterscheiden kann, wird Objektverlust als Selbstverlust erlebt.

Die Grundlage der liebenden Bindung an die Mutter wird während des ersten Lebensjahres gelegt. Die Mutter stellt das Basisobjekt dar, an dem das Kind lieben lernt. Was vom Erwachsenen unter Liebe verstanden wird, seine spezifische Art zu lieben, hat er in der Beziehung zu seiner Mutter gelernt. Mit ihr zusammen erlebt er verschiedene Entwicklungsphasen seiner Liebesfähigkeit. Eine tiefergehende Gefühlsbindung kann nur in einer individuellen, lebensnotwendigen Zweierbeziehung der frühen Kindheit ihre Grundlage finden. Das bedeutet nicht, daß später eine ausschließliche Gefühlsbeziehung zu nur einem Menschen als Zeichen der Reife anzusehen wäre – ganz im Gegenteil. Vielmehr soll die Erfahrung der intensiven

18 S. Freud: In: Ges. W., Bd. XV, S. 95.
19 A. Freud: Wege und Irrwege in der Kinderentwicklung. Stuttgart 1968.
20 R. A. Spitz, a.a.O.

Beziehung zur Mutter nur als Grundlage zur Liebesfähigkeit überhaupt dienen. Wenn die Zweierbeziehung die einzige Art der Liebe bleibt, kann das leicht zu einem Egoismus à deux oder zu einer symbiotisch verschmelzenden Beziehung führen. Als Erwachsener sollte man lernen, z. B. seine Kinder und seine Freunde anders als seinen Mann oder als seine Mutter zu lieben; im Laufe des Lebens erlernt man nicht nur *eine* Liebesart, wie es nicht nur *einen* Menschen gibt, den man liebt. Die Tiefe der Beziehungsfähigkeit wird dadurch gewiß nicht gestört, auch wenn diese ihren Ursprung in der frühen ausschließlichen Liebe zur Mutter nicht verleugnen kann.

Im Durchleben der Acht-Monats-Angst – sie ist unvermeidlich, sollte aber nicht dramatisch verstärkt werden – stabilisiert sich die Beziehung zur Mutter, da diese jetzt als Eigenperson wahrgenommen werden kann. Um eine feste Objektbeziehung zu bilden – was man »Objektkonstanz« nennt –, muß das Kind eine geistig-seelische Repräsentation dieses Objekts, der Mutter also, besitzen. Eine solche geistig-seelische Vorstellung der Mutter, die mit der Entwicklung der Erinnerungsfähigkeit Hand in Hand geht und mit der Trennung von Objekt und Selbst – also etwa mit acht Monaten – beginnt, hat sich am Ende des zweiten Lebensjahres stabilisiert.

Der Entwicklungspsychologe Jean Piaget unterscheidet zwei Phasen der Erinnerungsfähigkeit: 1. Das rekognitive oder Wiedererkennungsgedächtnis und 2. das evokative Gedächtnis, d. h. die Fähigkeit, sich auch abwesende Objekte vorstellen zu können, ohne dazu von einem Zeichen oder Reiz angeregt worden zu sein. Diese letzte Fähigkeit, so haben Untersuchungen ergeben, entwickelt anscheinend das Tier nicht[21]. Es kann deswegen auch nicht durch Phantasien oder Vorstellungen, die nicht unmittelbar durch äußere Zeichen oder auch z. B. Hungerreize ausgelöst werden, in sich selber Angst erzeugen. Die mit dieser Erinnerungs- und Vorstellungsfähigkeit einhergehende Verinnerlichung von Beziehungspersonen ist andererseits die Voraussetzung dafür, daß die Angst vor dem Objektverlust geringer wird; weil das Kind sich erinnern lernt, kann es jetzt besser ertragen, daß die Mutter zeitweilig fortgeht. Ihre Abwesenheit, wenn sie zeitlich begrenzt bleibt, ist für das Erleben des Kindes keine Katastrophe mehr, denn in seiner Vorstellungswelt ist die Mutter weiterhin vorhanden. Je jünger das Kind, um so kleiner ist die Zeitspanne, in der es sich das Bild der Mutter lebendig erhalten kann. Mit zunehmender Reife des Kindes nimmt die Vorstellungskraft zu, und es bleibt auf diese Weise über längere Zeiträume mit

21 Selma Fraiberg: Libidinal Object Constancy and Mental Representation. In: Psa. Study Child 24, 1969, S. 9–47.

der abwesenden Mutter in Verbindung und leidet deswegen nicht mehr so leicht unter der Angst vor Verlorenheit und Schutzlosigkeit.

Statt dessen beginnt sich aber gleichzeitig die Angst vor dem Liebesverlust zu entwickeln; das ist etwa vom 18. Lebensmonat an zunehmend zu beobachten. »Viele Menschen«, so Freud, »können die Angst vor dem Liebesverlust nicht überwinden, sie werden nie unabhängig genug von der Liebe anderer und setzen in diesem Punkt ihr infantiles Verhalten fort.«[22]

Während des zweiten Lebensjahres mit dem Laufen- und Sprechenlernen überwindet das Kind langsam das Gefühl, zur Befriedigung seiner Bedürfnisse ganz und gar von der Mutter abhängig zu sein. Es entdeckt die Fähigkeit zur Eigenaktivität; es kann sich selbst holen, selbst ausdrücken, was es braucht, zunehmend in Worte fassen, was es bedrückt, zur Mutter gehen, wenn es ihrer bedarf. Nicht nur das Kind, auch viele Erwachsene erleben später noch ein Gefühl von Triumph, wenn sie erstmalig lernen, Situationen aktiv zu bewältigen, an die sie sich früher wegen ihrer Angst nicht heranwagten. Diese Funktionslust ist vielen Angstneurotikern[23] verwehrt. Sie haben das Lusterlebnis bei der Meisterung einmal mit Angst besetzter Situationen verloren. Sie regredieren auf Angstgefühle, die der Hilflosigkeit eines kleinen Kindes entsprechen. Es sind Menschen, die beispielsweise keine größere Reise zu unternehmen wagen. Andere werden, obgleich real dafür kein Grund vorhanden ist, immer wieder von der elementaren Angst, verhungern zu müssen, überfallen. Auch die Angst, ihnen nahestehende und unersetzliche Menschen könnten sterben, vermögen viele nicht abzuschütteln. Einsicht in die Unsinnigkeit solcher Angst ist kein Mittel gegen sie. Im Mittelpunkt ihres Leidens steht jetzt weniger die Angst vor bestimmten Gefahren als die Angst vor der Angst.

Die Menschen, von denen diese Art Kranken so abhängig sind, werden nicht als separate Individuen geliebt, sondern dienen dem Zusammenhalt des eigenen Selbst. Diese Kranken sind partiell auf die frühkindliche Stufe regrediert, in der Selbst und Objekt nur ungenügend getrennt werden können. Das war z. B. bei Luise der Fall[24]. Sie war Anfang 30, ihre Angstzustände erinnerten an die frühen Vernichtungsängste des Kleinkindes. Sie fürchtete, verhungern

22 S. Freud: Neue Folge der Vorlesungen zur Einführung in die Psychoanalyse (1932). In: Ges. W., Bd. XV.

23 Hier ist der Begriff Angstneurotiker im erweiterten Sinne gebraucht. Bei Freud umfaßte der Begriff der Angstneurose ursprünglich nur die Aktualneurose, d. h. die aus sexuellen Spannungszuständen entstandene Angst.

24 Vgl. auch ›Fall Klara‹, in diesem Band S. 62ff.

zu müssen und ohne die Zuwendung ihrer Familie hilflos zu sein. Mann und Kinder konnten sie immer nur für kurze Zeit allein lassen, da sie sonst in unerträgliche Angstzustände verfiel. Obwohl sie kaum unter Schuldgefühlen litt, lebte sie in einer dauernden Angst vor Schicksalsschlägen oder wurde von Todesangst gequält. Da sie sich in einer äußerlich guten Situation befand, was sie davon überzeugt, daß ihr das vom Schicksal nicht gegönnt sei und bald etwas Schreckliches geschehen müsse. Ihr oft selbstzerfleischendes Verhalten glich dem des Melancholikers. Wie in der Melancholie war ihr Krankheitsbild in vielem von der Regression auf die sogenannte orale Phase der kindlichen Entwicklung bestimmt.

Ihr intensives Gefühl der Hilflosigkeit, primäre Trieb- und Liebesbedürfnisse nicht selbst befriedigen zu können, ließ sich auf eine Periode des Kindesalters zurückführen, in der sie an Diphtherie mit nachfolgender Herzschwäche erkrankt war. Vor dieser Zeit war sie ein besonders lebhaftes, bewegungsfreudiges Kind und war deswegen um so erschrockener, als sie eines Nachts aufwachte und glaubte, keine Luft mehr bekommen zu können. Sie erinnerte sich, damals von Angst überflutet worden zu sein. Ihr psychischer Zustand verschlimmerte sich, als sie im Laufe der Krankheit von der Mutter getrennt wurde und für längere Zeit ins Krankenhaus kam. Die ihrem Entwicklungsalter entsprechenden ambivalenten, widersprüchlichen Gefühle für die Mutter wurden aufgrund dieser traumatischen Erlebnisse mit besonderer Heftigkeit abgewehrt und verdrängt; infolgedessen erhielten sie sich unabgeschwächt. Luise regredierte weiterhin in jeder spannungsreicheren Situation ihres späteren Lebens auf diese frühkindliche Stufe, in welcher der Objektverlust noch die Bedeutung des Selbstverlustes hat. Wann immer die erwachsenen Anteile ihrer Persönlichkeit altersentsprechende Aggressionen oder Autonomiewünsche zeigten, wurden diese Bedürfnisse mit starken Ängsten beantwortet. Sie verstärkten reaktiv ihre Anklammerungsneigungen. Ihre Über-Ich-Ängste wurden nach draußen projiziert und nicht als Schuldgefühle, sondern als Schicksalsängste wahrgenommen.

Bei Freud heißt es: »Die Kastrationsangst entwickelt sich zur Gewissensangst, zur sozialen Angst. Als letzte Wandlung dieser Angst vor dem Über-Ich ist mir die Todes-(Lebens-)Angst, die Angst vor der Projektion des Über-Ich in Schicksalsmächten erschienen.«[25] Diese Prozesse konnte man bei Luise in starkem Maße beobachten.

Folgen wir weiter den Phasen der Triebentwicklung mit ihren

25 S. Freud: Hemmung, Symptom und Angst. In: Ges. W., Bd. XIV.

spezifischen Angstinhalten. Auf die oben beschriebene orale Entwicklungsphase folgt die anal-sadistische. In ihr erkennen wir als typisch die Angst vor des Kindes vor Kritik und Strafe. Es projiziert seine eigenen Aggressionen auf die Eltern und hat deswegen besondere Angst vor ihnen. Die nun folgende phallisch-ödipale Periode wird von Kastrationsangst beherrscht, insbesondere beim Knaben; beim Mädchen steht die Angst vor Liebesverlust weiterhin an zentraler Stelle. Daß dies so ist, kann, wie wir sahen, nicht nur auf eine für die jeweilige Phase typische psychische Verarbeitung des anatomischen Geschlechtsunterschiedes zurückgeführt werden, sondern steht ohne Zweifel auch in Beziehung zu gesellschaftlichen Traditionen, Bewertungen und Erziehungsstilen[26].

Die bis hierher geschilderten kindlichen, der Entwicklung entsprechenden Ängste beziehen sich vorwiegend auf reale oder phantasierte Reaktionen der äußeren Objekte, meist der Eltern. Es entstehen Konflikte zwischen eigenen Triebbedürfnissen und den darauf reagierenden Beziehungspersonen. Das impliziert, daß Inhalt und Art dieser Ängste weitgehend vom Verhalten der Eltern und der von der Gesellschaft sanktionierten Erziehungsstile beeinflußt werden.

Erst mit etwa sechs Jahren ist das Kind langsam in der Lage, die Ge- und Verbote der Eltern so zu verinnerlichen, daß es sie ohne direkte Anwesenheit der Eltern und ohne unmittelbare Angst vor elterlicher Bestrafung zu befolgen vermag. Das ist bekanntlich darauf zurückzuführen, daß die elterliche Autorität schrittweise ins Über-Ich aufgenommen, d. h. eine Gewissensinstanz errichtet wurde. Jetzt ist es zunehmend die Angst vor dem Über-Ich, und nicht nur diejenige vor der äußeren Welt, die eine zentrale Rolle zu spielen beginnt. Sobald wir beim Kind Schuldgefühle und nicht nur Strafangst oder Strafbedürfnis beobachten können, wissen wir, daß es seelisch das Über-Ich aufgebaut hat.

Mit der Verinnerlichung von Wertmaßstäben, die das Kind antrifft, wächst im günstigen Fall seine Unabhängigkeit von Kritik. Jedoch ist diese Unabhängigkeit von äußerer Autorität – wie wir beobachten können – nicht häufig. Es herrscht der Wunsch, von Institutionen unserer Gesellschaft anerkannt, und das Bedürfnis, um jeden Preis geliebt werden zu müssen – auch beim Erwachsenen –, vor. Das beweist, wie selten wir uns tatsächlich von kindlicher Abhängigkeit befreien können. Unsere jüngste geschichtliche Vergangenheit hat uns zur Genüge gelehrt, wie schnell die Befriedigung, die

26 Vgl. ›Emanzipation und Sexualität‹, in diesem Band S. 13ff.

aus einem Handeln, das inneren Maximen folgt, verlorengehen kann zugunsten blinder Gefolgschaft, wenn diese ein neu verheißenes Selbstgefühl, narzißtische Selbstbestätigung verspricht.

Die Entwicklung der seelischen Instanz des Über-Ich führt nur dann zu befreiender Selbständigkeit, wenn das kindliche Gewissen bei seiner Reifung zunehmend von der Entwicklung kritischer Fähigkeiten begleitet wird. Ohne solche Parallelität behält das Über-Ich seine infantil eingeengte und abhängige Struktur. Besonders wichtig ist also die Nähe von Kritikfähigkeit und Gewissen. Dazu ist eine tolerante, zur Selbständigkeit ermunternde Erziehung eine Voraussetzung.

Die Ungleichförmigkeit von Gewissens- und Ichreifung beobachten wir an vielen Charakterzügen. So kann etwa ein infantil zurückgebliebenes, an die Erlebnisse der Sauberkeitsgewöhnung fixiertes Über-Ich auf das Individuum einen dauerhaften und unwiderstehlichen Terror ausüben. Das ist z. B. beim Zwangsneurotiker der Fall, aber auch beim Melancholiker, die beide unter den angsterregenden und entwertenden Qualitäten ihrer archaischen Gewissensinstanz leiden. Der Melancholiker – auch Luise war ein Beispiel dafür – hat ein für sein Selbstgefühl zentral wichtiges Liebesobjekt introjiziert, das ihm real oder auch nur emotional verlorenging. Die Ambivalenz, die eigentlich dem verlorenen Liebesobjekt gilt, richtet sich nun in selbstzerfleischender Kritik gegen die eigene Person. Der Hysteriker dagegen hat die Neigung, die bereits teilweise verinnerlichten moralischen Instanzen der Eltern wieder nach außen zu verschieben; dementsprechend leidet er mehr unter Triebangst, Angst vor Strafe, vor Liebesverlust oder vor dem Verlassenwerden. Seine Strafbedürfnisse sollen ihn von Schuldgefühlen entlasten, die er nicht zu ertragen vermag und mit denen er auf reifere Weise nicht umgehen kann.

Der Aufbau des Ich dient also der Orientierungshilfe und frühzeitigen Signalisierung von äußeren und inneren Gefahren. Das Über-Ich hilft als Verinnerlichung elterlicher und gesellschaftlicher Verbote dazu, angsterregende Bestrafungen zu umgehen und Zorn, Verachtung oder gar Ausschluß aus der sozialen Gruppe zu vermeiden. Denn zuerst ist jeder Mensch auf die unmittelbare Versorgung durch Eltern oder Elternersatzfiguren angewiesen, dann auf deren Liebe und die Anerkennung seiner sozialen Gruppe, und schließlich spielt der Aufbau der Selbstachtung eine wesentliche Rolle, um Schuld- und Versagungsängste in Schach halten zu können.

Als alter Mensch gerät man wieder in die mehr oder weniger vollständige Versorgungsabhängigkeit eines kleinen Kindes, muß dabei aber oft auf die die kindliche Versorgung meist begleitende Liebeszuwendung verzichten. Daß infolgedessen im Alter Angstzustände erneut eine überwältigende Rolle spielen können, ist selbstverständlich.

Angst und Aggression

Die neurotische Einengung der Reaktionsfähigkeit bringt uns zu einem noch nicht genügend erforschten Zusammenhang. In den psychoneurotischen Symptomen drückt sich ein oft den Kranken wirklich gefährdendes Maß von Aggressionen aus. Ist sie die Folge enttäuschender Erlebnisse, oder entspricht sie einem angeborenen triebhaften Verhalten? Wahrscheinlich wird Aggression in unterschiedlicher Stärke durch Enttäuschungserlebnisse aktiviert. Oft treten auch Angst und Aggression in ein Bedingungsverhältnis: Angst wird mit Aggression abgewehrt oder umgekehrt[27]. Anna Freud beschreibt das typische Beispiel eines Kindes, das zu spät nach Hause kommt und deswegen Strafangst hat[28]. Es wehrt diese Angst ab, indem es mit besonderer Heftigkeit an der Tür läutet und den nicht schnell genug herbeieilenden Erwachsenen wütend anfährt, daß er es so lange habe warten lassen. Es nimmt den Zorn des Erwachsenen, vor dem es Angst hatte, vorweg: anstatt geschimpft zu werden, schimpft es selbst.

Diese Art der Abwehr ist auch beim Erwachsenen häufig zu beobachten. Am Beispiel Anna Freuds wird deutlich, daß auch Angst Aggressionen wecken kann. Wer unter dem Druck bewußter oder unbewußter Schuld- oder Bestrafungsangst steht, hat nur allzu oft die Neigung, mit einer aggressiven Vorwurfshaltung anderen Schuldgefühle zu machen.

In welch engem und kompliziertem Zusammenhang Angst und Aggression stehen können, soll das folgende Beispiel zeigen. Karl, ein junger Architekt, Ende 20, leidet darunter, daß er sich nicht durchzusetzen vermag. Er ist übermäßig von der Meinung seiner Umgebung abhängig. Jeder muß ihn lieben, oder er ist starken Angst- und Unwertgefühlen ausgesetzt. Sein Verhalten wird vorwiegend durch die Wertorientierungen seiner Umwelt reguliert, eigene innere Maßstäbe sind zwar vorhanden, können sich aber nur selten durchsetzen. Dieser Schwäche unbewußt innewerdend sucht er in seiner Ehe eine Kompensation, und es ist ihm auch gelungen,

27 Vgl. auch ›Müssen wir hassen?‹, in diesem Band S. 54ff.
28 A. Freud: Die Abwehrmechanismen des Ich. London 1936 und München 1964.

in der Beziehung zu seiner Frau den Spieß umzudrehen und sie gänzlich von seinen Wertvorstellungen abhängig zu machen. Es ist ihm offenbar eine Genugtuung, im Binnenraum der Familie, im anderen, die Angst und Abhängigkeit hervorrufen zu können, die er in der Außenwelt selber erlebt und deretwegen er sich schwach und unmännlich fühlt.

In der Kindheit war es vor allem die Mutter gewesen, mit der Karl eine intensive Abhängigkeitsbeziehung verband. Sie war, solange man sich ihren Stimmungen und Wünschen gänzlich unterwarf, eine zärtliche und sich ganz dem Kind zuwendende Frau. Eine solche Haltung totaler Fürsorge entspricht den kindlichen Bedürfnissen in der oralen Phase, also etwa der ersten anderthalb bis zwei Jahre. Schon in der darauffolgenden analen Phase mit ihren von Aggressionen und Ambivalenz durchsetzten Autonomiebedürfnissen geriet Karl in erhebliche Konflikte mit seiner Mutter, weil sie diese natürlichen Äußerungen aggressiver und ambivalenter Natur nicht zu ertragen vermochte. Da der kleine Sohn zu seinem Vater, der psychisch und physisch oft abwesend war, keine Beziehung aufbauen konnte, in der er sich geborgen fühlte, blieb er einseitig von der Liebeszuwendung der Mutter abhängig. Karl lernte deswegen allzu schnell, seine Freiheitsbedürfnisse einzuschränken und seine Aggressionen zu unterdrücken. Das führte dazu, daß er unter starken Angstanfällen litt, sobald aggressiv gespeistes Verhalten durchzubrechen drohte. Er verlagerte die eigenen Aggressionsgefühle nach außen, litt unter Verfolgungsängsten und provozierte zunehmend durch seine unterwürfige, jeden Streit vermeidende Haltung die Aggressionen seiner Schulkameraden. So unangenehm die Hänseleien und sadistischen Quälereien seiner Altersgenossen waren, blieb für Karl die Angst vor äußerer Aggression dennoch weit erträglicher als die vor den eigenen destruktiven Gefühlen: denn diese konnten einen Verlust des zentral wichtigen Objektes, der Mutter, oder deren Liebe mit sich bringen.

Wenn es gelingt, die Objekte der Aggressionen in der Außenwelt zu suchen, weiß man wenigstens, wovor man Angst hat; denn nichts ist so unangenehm wie die Angst vor der Angst, der man nicht entrinnen kann. Wenn die äußere Situation zuviel Angst erregt, kann man sie ja vermeiden, unter Umständen durch eine Phobie, wie die Straßen- oder Schulangst. Die Angst ist jetzt auf bestimmte, genau umschriebene Situationen, Menschen oder Tiere beschränkt, man ist ihr nicht mehr so hilflos ausgeliefert, wie wenn sie die Konsequenz der eigenen inneren, unbewußten Triebimpulse ist. Entsprechend dieser inneren Zwangslage entwickelte Karl in der Vorpubertät eine

Schulphobie und mußte über Jahre zu Hause recht und schlecht unterrichtet werden.

Es gibt andere Wege zur Entlastung von Angst als den Karls. Die durch Angst hervorgerufene Aggression, die ihrerseits wiederum Angst macht, läßt sich manchmal nur umgehen, indem psychosomatische Symptome entwickelt werden. Es ist bekanntlich nicht leicht, genau anzugeben, aufgrund welcher Regressionen und welcher Traumatisierungen welche Art von Symptomatik entwickelt wird, denn die Bildung von Symptomen ist immer überdeterminiert, d. h. sie verweist auf eine Vielzahl unbewußter Elemente und auf unterschiedliche Zusammenhänge in den verschiedenen psychischen Ebenen. Wir nehmen aber an, daß die Hysterie vor allem eine Verarbeitung der Angst auf der phallischen Entwicklungsstufe zum Inhalt hat. Sie ist demgemäß im wesentlichen um die Kastrationsangst und die Angst vor Liebesverlust zentriert. Die Zwangsneurose repetiert den typischen Konflikt der analen Phase mit ihrer magischen Denkweise, ihrer intensiven Ambivalenz, in der der Haß stärker als die Liebe zu werden droht. Der Melancholiker regrediert auf eine noch frühere Stufe, auf die oral-sadistische Phase. Alle diese Symptome sind fast ausschließlich die Krankheiten Erwachsener oder älterer Kinder, die diese Entwicklungsstufen bereits durchschritten haben und von diesen Erfahrungen geprägt wurden. Dabei ist bemerkenswert, daß allein die Hysterie in der ihr zugeschriebenen Phase, der phallisch-ödipalen, gelegentlich beobachtet wird, wohingegen die Melancholie und die Zwangsneurose, die wir als Reaktivierung der Konflikte und Mechanismen der frühesten Kindheitsphasen ansehen, niemals vor dem Latenzalter voll entfaltet auftreten; meist geschieht dies erst im Erwachsenenalter. Das bedeutet, daß die Ich-Entwicklung fortgeschritten sein muß, damit die zur psychoneurotischen Symptombildung notwendigen Abwehrmechanismen dem Ich zur Verfügung stehen.

Bei dem nun folgenden Beispiel Friedas handelt es sich um eine an psychosomatischer Symptomatik, nämlich um eine an geschwüriger Dickdarmentzündung erkrankte Patientin. Auch bei ihr ist die Angst – wie dies oft beim psychosomatisch erkrankten Patienten der Fall ist – nicht als Angst erlebbar, sondern nur als körperliches Unlustgefühl. Die Ähnlichkeit zum kleinen Kind ist nicht zu übersehen. Wie dieses können viele psychosomatische Kranke psychische Bedrängnis nur unmittelbar körperlich ausdrücken. Psychosomatische Reaktionen sind im Gegensatz zu den voll ausgebildeten psychoneurotischen Symptomen bis ins früheste Lebensalter zu verfolgen.

Einige Monate, nachdem Frieda geboren wurde, verließ der Vater die Familie. Frieda war die zweite Tochter; ihre Schwester war um zwei Jahre älter. Die ersten Lebensjahre verbrachte sie gemeinsam mit ihrer Schwester vorwiegend bei den Großeltern. Die Mutter war als Verkäuferin in einem Warenhaus tätig und konnte sich nur am Wochenende um ihre Kinder kümmern. Die Großmutter zog die Schwester vor, und Frieda wartete deswegen an jedem Wochenende sehnsüchtig auf die Ankunft der Mutter. Der Vater lebte im gleichen Ort, und die Schwester nutzte jede Gelegenheit, ihn zu sehen. Da aber die Eltern sich im Streit getrennt hatten, nahm ihr die Mutter das übel. Frieda lernte dadurch, vorsichtiger zu sein als die Schwester und der Mutter gegenüber zu betonen, daß sie so wenig wie die Mutter selbst etwas vom Vater hielte. Mit drei Jahren wurde sie zusammen mit ihrer Schwester in das neu gekaufte Haus der Mutter geholt. Im Hause lebte noch ein »Onkel«, der seine ganzen Ersparnisse Friedas Mutter zur Verfügung stellte und besonders zu Frieda sehr liebevoll war. Dennoch war sie oft allein, da der »Onkel«, ein Arbeiter, vor allem nachts Schichtarbeit leistete und Friedas Mutter sich oft betrank und die Nächte mit irgendwelchen Männern außerhalb des Hauses verbrachte. Trotz dieser Unzuverlässigkeit der Mutter fühlte sich Frieda eng an sie gebunden. Sie schlief im gleichen Zimmer mit ihr, im früheren Bett des Vaters. Die Schwester hatte ein eigenes Zimmer, wurde massiv von der Mutter abgelehnt, da sie sich nach wie vor dem Vater eng verbunden fühlte und dies auch offen äußerte.

In dieser Zeit kotete Frieda wiederholt ein und beschmierte sich, wenn sie allein war, mit Kot. Wenn die Mutter sie so fand, wurde sie heftig geschlagen, aber bevor die wütende Mutter sie erneut verließ, beschäftigte sie sich intensiv mit ihr, denn sie war zwanghaft sauber und ordentlich. Oft wurde es dann so spät, daß es Frieda mit Hilfe ihrer Symptomatik tatsächlich gelang, die Mutter bei sich zu Hause zu behalten.

Als Frieda sechs Jahre alt war, hörte die Mutter mehr oder weniger auf zu trinken und war auch nachts seltener abwesend. Die Beziehung zwischen Frieda und ihrer Mutter wurde zunehmend inniger, das Einkoten ließ völlig nach. Sie entwickelte jetzt aber ein gegenteiliges Symptom, eine starke Neigung zur Verstopfung. Sie hatte oft tagelang keinen Stuhlgang – zudem litt sie unter außerordentlich schmerzhaften Darmkrämpfen. Jede Stuhlentleerung war mit großen Schmerzen verbunden, es kam zunehmend zu blutigen Entleerungen. Im Laufe der Pubertät wurde aus diesen Symptomen eine reguläre Colitis. Man gewann den Eindruck, daß ursprünglich sich nach außen gegen die Mutter wendende Aggressionen sich jetzt gegen den eigenen Körper richteten. Die symbolische Bedeutung des Kotes als Geschenk ist vielfach beschrieben. Es kann sehr wohl sein, daß auch bei Frieda das Einkoten ursprünglich im Zusammenhang mit solcher symbolischen Bedeutung stand und erst die zwanghaft reinliche, Abscheu und massive Ablehnung zeigende Mutter die aggressive Komponente im Kotschmieren ins Leben rief. Dann aber diente das Symptom vor allem dem Ziel, die Mutter an sich zu binden. Die psychosomatische Pathogenese unterstand bei Frieda dementsprechend einer im Verlauf der Behandlung deutlich werdenden Strategie, um mit ihren gefährlichen, angsterregenden Ambivalenzgefühlen fertig zu werden. Einerseits wagte sie der Mutter gegenüber keinerlei Aggressionen zu äußern, andererseits zwang sie die Mutter durch das sich immer mehr ausbreitende Darmsymptom dazu, zu Hause zu bleiben und sich um sie zu kümmern, sie zu beschützen. Außerdem gelang es ihr, durch ihre bedrohliche Krankheit in der Mutter Schuldgefühle zu erwecken. Die eigenen Schuldgefühle wurden beschwichtigt, indem sie mit ihrer Symptomatik nicht nur die Mutter, sondern auch sich selber im hohen Maße quälte. Wochenlang litt sie unter Verstopfung, dann wieder unter plötzlich einsetzendem blutigen Durchfall.

Sie ähnelte in vielem den von Melitta Sperling beschriebenen Colitispatienten[29]. Wie diese war sie Situationen extremer Frustration ausgesetzt. Die dadurch erwachten Haßgefühle konnte sie so lange nur destruktiv gegen die eigene Person wenden, wie der Mensch, von dem diese schweren Enttäuschungen ausgingen, in diesem Fall die Mutter, gleichzeitig unersetzlich für sie war. Als sie im Laufe der Therapie Wutanfälle bekam und heftige Kritik an der Therapeutin äußerte, entdeckte sie, daß dadurch die gegenseitige Beziehung keinen dauernden Schaden erlitt. Vielmehr lernten beide verstehen, welche Not und Verzweiflung diesen Ausbrüchen zugrunde lag. Eine Besserung der psychosomatischen Erkrankung Friedas war die Folge. Als sie heiratete, war sie ihrem Mann gegenüber von vornherein ziemlich aggressiv, denn er vertrat für sie unbewußt den verlorenen Vater. Friedas Identifikation mit der Haltung der Mutter erzwang geradezu das aggressiv vorwurfsvolle Verhalten gegenüber einer Vaterfigur. Nachdem sie einen Sohn geboren hatte, liebte sie ihn über alles. Sie hing an ihm nicht minder als früher an der Mutter. Trotzdem begegnete sie ihm in sehr wechselnden Stimmungen. Einerseits tat sie alles für ihn, war sie die vollkommene Mutter, andererseits brachen plötzlich Aggressionen durch, und sie konnte heftig

29 M. Sperling: Psychosis and Psychosomatic Illness. In: Int. J. of Psa. 36, 4, 1955.

auf ihn losschlagen. Diese sie quälende Unbeherrschtheit war der letzte Anlaß für sie, um psychotherapeutische Hilfe zu suchen. Sie hatte große Angst, mit ihren Aggressionen das Liebste, was sie besaß, zu schädigen. Gleichzeitig konnte man aus ihren Beschreibungen erkennen, daß ihre aggressiven Handlungen, für die sie sich so schuldig fühlte, immer von einer merkwürdig lustvollen Stimmung begleitet waren. Es stellte sich heraus, daß sie es genoß, endlich einmal offen aggressiv zu einem geliebten Wesen sein zu können. Außerdem waren ihr die Schläge ihrer Mutter, wenn sie sich eingekotet hatte, im Laufe der Zeit willkommen gewesen, weil sie eine intensive Beschäftigung der Mutter mit ihr einleiteten. Die sadomasochistische Beziehung zur Mutter war also deutlich erotisiert, was sich in der Beziehung zu ihrem Sohn wiederholte. Zugleich stürzte ihr Verhalten zu ihm sie in Schuldgefühle, und sie befand sich in einer dauernden inneren Angstspannung, ihm schaden zu können; dieses geliebte Wesen stellte den für sie wertvollsten Teil ihres Selbst dar, dem sie bewußt einen besseren Start im Leben ermöglichen wollte, als ihr beschieden war.

Werfen wir noch einmal einen Blick auf die kindliche Traumatisierung als Ursprung späterer Neurosenbildung. Es ist nicht immer leicht festzustellen, welche Ereignisse zu ihrer Entwicklung führen. Auch beim Erwachsenen kann noch das traumatische Erlebnis, einer Situation hilflos ausgeliefert zu sein, dazu beitragen, daß sich neurotische Angstzustände entwickeln. Viele Psychoanalytiker, darunter Michael Balint[30] und Alfred Lorenzer[31], haben sich kritisch damit auseinandergesetzt, wann und warum ein Erlebnis eine nachhaltige traumatisierende Wirkung haben kann.

Balint geht dabei weniger auf die Wirkungen massiver äußerer Traumata, wie Unfälle, Kriegs- oder Verfolgungserlebnisse und ähnliches, ein als auf die täglich zwischen Kind und Erwachsenen sich vollziehenden Mißverständnisse und für das Kind unverständliche Haltungs- und Stimmungsänderungen des Erwachsenen. So wirkt es auf das Kind traumatisierend, wenn der Erwachsene drastisch gegen die kindlichen Erwartungen verstößt, z. B. indem er sich zeitweilig allzu verführerisch oder grausam verhält und dann in einer darauffolgenden Phase der Beziehung so tut, als ob er sich an nichts mehr erinnern könnte. Das Kind weiß jetzt nicht mehr, woran es sich halten soll, es hat die Orientierung in den Beziehungen zu seinen Mitmenschen verloren.

30 M. Balint: Trauma und Objektbeziehung. In: Psyche 26, 1970.

31 A. Lorenzer: Methodologische Probleme der Untersuchung traumatischer Neurosen (1968). In: Psyche 24, 12, 1970.

Wer im Laufe seiner Kindheit für seine Ängste stetige Einfühlung erfuhr, ist später gegen ängstigende Erlebnisse natürlich besser gewappnet als einer, der sie verleugnen, verdrängen oder verschieben mußte, weil ihm ein anderer Umgang mit Angst nicht beigebracht wurde. Dann können auch Triebspannungen von Jugend an als solche empfunden werden, ohne übermäßige Angst auszulösen. Die Angst vor der Angst, deren bewußter Inhalt meist die Angst vor dem Kontrollverlust des Ich ist, wird dann nur selten oder gar nicht erlebt.

Angst und sekundärer Krankheitsgewinn

Obwohl der Mensch durch seine lange biologische Hilflosigkeit mehr als jedes andere Lebewesen auf die Hilfe seinesgleichen angewiesen ist, besitzt er, längst bevor er imstande ist, für sich selbst zu sorgen, eine frühe »Wildheit«, wie Harold Lincke es kürzlich dargestellt hat[32], die ihn schon in den ersten Lebensjahren, meist mit Beginn der analen Phase, nach Freiheit und Autonomie streben läßt. Wenn die Erzieher diese Bedürfnisse nicht genügend anerkennen, sich deswegen vom Kind zurückziehen oder es dafür bestrafen, kann die Angst vor dem Objektverlust Autonomiebedürfnisse in der Wurzel ersticken. Jede Krise des erwachsenen Lebens aktiviert dann die Rückkehr in allzu große Abhängigkeit. Für eine Psychotherapie ist es aber erforderlich, daß der Patient aktiv mitarbeitet, wenn er von seiner Angstkrankheit befreit werden soll. Empfindet der Kranke seine Angst als massive Kränkung seines Selbstwertgefühles und nützt sie nicht im Sinne des sekundären Krankheitsgewinnes aus – z. B. indem er mit Hilfe seines abhängigen Anklammerns Rachebedürfnisse befriedigt –, kann man darauf schließen, daß sein Autonomiestreben erhalten geblieben ist. Wurde aber das Selbständigkeitsstreben frühzeitig gestört und haben Rachegefühle überhand genommen, auf deren Befriedigung der Kranke nicht verzichten kann, so besteht wenig Aussicht auf eine erfolgreiche Therapie.

Dafür ein Beispiel: Petra, eine junge Frau von 30 Jahren, erkrankte an einer Agoraphobie, als sie sich nach der Geburt ihres zweiten Kindes von ihrem Mann im Stich gelassen fühlte. Er war ihr untreu geworden und hatte sie nicht genügend gegen die Angriffe ihres Vaters, mit dem sie eine intensive, aber von zwiespältigen Gefühlen begleitete Beziehung verband, zu verteidigen verstanden. Ihre Phobie

32 H. Lincke: Es-Autonomie und Ich-Entwicklung. In: Psyche 11, 1971.

hinderte sie aber daran, sich von ihrem Mann zu trennen, im Gegenteil, die Krankheit zwang sie, sich noch mehr als vorher an ihn zu binden. Gleichzeitig rächte sie sich durch ihre ihn quälenden Angstanfälle. Ihre Biographie zeigte, daß ihr Autonomiestreben von früher Kindheit an gestört worden war. In jeder Situation, in der es in ihrem späteren Leben darauf angekommen wäre, sich auf eigene Beine zu stellen, hatte sie mit einem Rückfall in frühe Abhängigkeit reagiert und damit den Vater so gequält wie jetzt mit ihren Angstanfällen den Ehemann. Kurz vor dem Abitur war sie zurückgetreten, weil ihr das Examen Angst machte. Der Versuch einer Berufsausbildung war wiederum daran gescheitert, daß auch hier eine Prüfung geleistet werden mußte, vor der sie zurückschreckte. Das Versagen der Tochter hatte den Vater empfindlich getroffen. Sie wußte, wie wichtig es ihm war, auf seine einzige Tochter stolz sein zu können.

Der erste Kampf um Unabhängigkeit, ihre erste verfrühte »Wildheit« im dritten und vierten Lebensjahr waren bei ihr nur von kurzer Dauer; die Mutter trachtete unreflektiert danach, ihre Tochter von sich abhängig zu halten. Gleichzeitig aber löste sie in Petra schwere Angstzustände aus, da sie abends oft mit dem Vater ausging und Petra sich wiederholt nachts allein in der Wohnung vorfand. Die Mutter, die wohl mit Recht Angst um die Treue ihres Mannes hatte, war oft bedrückt und weinte viel. Petra konnte aus ihrer Sicht aber diese depressiven Reaktionen der Mutter nur als Folge ihres Ungehorsams verstehen. Sie entwickelte eine panische Angst davor, allein gelassen zu werden. Es entstand ein Circulus vitiosus: Die allzu große Abhängigkeit von den Eltern konnte nicht entsprechend befriedigt werden. Enttäuschungen waren unumgehbar und erhöhten die Ambivalenz von Petra ihren Eltern gegenüber. Ihre Aggressionen konnte sie aber nicht zeigen, da ihre Angst vor dem Verlassenwerden viel zu groß war.

Es erstaunt nicht, daß ihr späteres Verhalten dem Ehemann gegenüber nach dem gleichen kindlichen Muster angelegt war. Nach der Geburt der zweiten Tochter und der Enttäuschung durch den Mann brach ihr seelisches Gleichgewicht zusammen, und sie wurde von panischen Angstzuständen überfallen. Die nun auftretenden Anklammerungsversuche empfand ihr Mann als lästig. Er spürte die ihnen zugrunde liegenden Anklagen und wendete sich noch mehr von ihr ab. Entsprechend trat genau das ein, wovor sich Petra am allermeisten fürchtete. Sie entwickelte eine Phobie; das konnte aber die Beziehung nicht verbessern. Es wurden Verwandte oder Pflegepersonen gefunden. Aber auch diese hielten es trotz guter Bezahlung wie ihr Ehemann nicht für längere Zeit bei ihr aus. Petra konnte ihr

Verhalten dennoch nicht ändern: Sie mußte sich mit ihrer Hilflosigkeit an ihrer Umgebung rächen und dieser vor Augen führen, wie wertlos die Hilfe war, die man ihr bot. Trotz aller Angst vor der Angst konnte sie zu ihrem eigenen Leid und Schaden auf diese unglückliche Art der Befriedigung ihrer Rachebedürfnisse gegen Mann und Eltern nicht verzichten. Die Angstzustände und die sich daraus entwickelnde Phobie sind die ursprüngliche Krankheit Petras. Die unbeeinflußbaren Rachegelüste sind ein sekundärer Krankheitsgewinn. Sie stellen den Versuch dar, mit Hilfe der Phobie Haßgefühle und Anklammerungswünsche gleichzeitig zu befriedigen. Gegen diese dynamische Verflechtung war die Therapie machtlos.

Spezifische Angstschicksale (Kriegskinder)

Bei Kindern, die über lange Zeit ohne Vater aufwuchsen, weil dieser entweder im Krieg oder in Gefangenschaft war, finden wir spezifische Arten der Angstverarbeitung. Das folgende Beispiel eines jungen Wissenschaftlers soll das veranschaulichen.

Hans wurde Anfang des Zweiten Weltkrieges geboren, als einziger Sohn eines Ingenieurs. In seinen ersten Lebensjahren kehrte der Vater noch gelegentlich für die Zeit eines kurzen Urlaubs in die Familie zurück. Wenn er dann am Abend mit der Mutter ausgehen wollte, bekam Hans ausgesprochene Trennungsängste und wälzte sich verzweifelt auf dem Fußboden herum. Er war drei Jahre alt, war also in der analen Phase und hatte schwer mit seinen ambivalenten Gefühlen für seine Eltern zu kämpfen. Seine Todeswünsche ihnen gegenüber erhöhten seine Trennungsangst; er erinnert sich in der Analyse daran, wie er befürchtete, daß sie Wahrheit werden könnten und die Eltern am Abend tatsächlich nicht mehr zurückkommen würden. Natürlich bestand von Vaters Seite keinerlei Verständnis für die Motive dieser Wut- und Angstanfälle, und er wies seinen Sohn deswegen nur grob unter Strafandrohung zurück. Dieses Verhalten des Vaters hatte offenbar traumatisierende Wirkung, denn seither entwickelte Hans eine Neigung, Gefühle der Angst und des Zornes gar nicht mehr aufkommen zu lassen, sie von vornherein zu unterdrücken. Als der Vater in Gefangenschaft geriet, blieb Hans über mehrere Jahre allein mit der Mutter. Zwischen beiden entwikkelte sich ein ungewöhnlich inniges Verhältnis, wobei Hans allerdings darunter litt, daß die Mutter ihn aus beruflichen Gründen immer wieder über längere Zeit verlassen mußte und einem Hausmädchen überließ, zu dem er kaum Beziehungen hatte. Wenn die Mutter zu Hause war, litt sie oft unter Depressionen, fühlte sich einsam und dem Leben allein kaum gewachsen. Hans suchte seine depressive Mutter zu trösten; er mußte ihr allzu früh eine Stütze sein. Das verstärkte wiederum seine Neigung, ursprüngliche starke Gefühle der Angst oder der Verlassenheit, aber auch ein starkes Liebesverlangen zu unterdrücken. Zunehmend entwickelte er die Tendenz, sich zurückzuziehen und allein zu sein. Es blieb ihm ja auch oft nichts anderes übrig, denn immer wenn er seine Mutter gebraucht hätte, war diese entweder nicht anwesend oder doch selber von den Pflichten des täglichen Lebens so belastet, daß er es nicht wagte, sich an sie zu wenden. Er wurde also vorzeitig ein Erwachsener, der gelernt hatte, seine Bedürfnisse in äußerst vernünftiger Form vorzutragen. In Wahrheit kannte er seine eigenen Gefühle nicht mehr und konnte sie deswegen anderen auch nicht zeigen. Niemandem, vor allem ihm selber nicht, gelang es, einen spontanen Zugang zu seinen wirklichen Ängsten, Nöten und Gefühlen zu finden. Die Beziehung zu seiner Mutter blieb aufgrund dieser nicht altersentsprechenden vorzeitigen Vernünftigkeit relativ konfliktfrei. Sie war aber im Grunde oberflächlich und oft von falschen Tönen durchmischt. Er hatte es also verlernt, mit seinen tatsächlichen Konflikten, seinen tatsächlich vorhandenen Ängsten umzugehen, und konnte deshalb auch später in der Schule zu seinen Kameraden keinen unmittelbaren Kontakt finden.

Jede direkte Berührung, sei sie nun körperlicher oder seelischer Art, machte ihm Angst. Wie in seine Mutter, lernte er auch, sich in seine Mitschüler einzufühlen, ohne dabei seine innere Distanz zu verlieren, und vermochte sie auf diese Weise so zu lenken, daß sie nur selten aggressiv ihm gegenüber wurden. Wenn das doch geschah, zog er sich rasch zurück. Das Bestreben, sich in seine Schulkameraden, späteren Freunde und Freundinnen einzufühlen, hielt jedoch nur so weit an, bis er wußte, in welcher Form er mit ihnen umgehen mußte, um sie auf freundliche Distanz halten zu können. Ähnlich ging er mit sich selbst und seinen Problemen um. Er lernte, sie pseudo-rational zu verstehen, um sie auf diese Weise von seinen Gefühlen zu isolieren. Erst der Anlaß eines Autounfalls ließ seine Abwehrmechanismen gegen innere und äußere Gefahrensituationen zusammenbrechen. Er vollzog eine tiefgehende Regression, er wurde wieder zu dem angsterfüllten, um sich schlagenden und schreienden Kind, das vergeblich Hilfe für seine neurotischen Angstanfälle suchte. In einer langwierigen psychotherapeutischen Durcharbeitung lernte Hans mühsam, Angst zu ertragen, ohne in die hilflose Panik eines schutzlosen Kindes zu fallen.

Aber nicht nur abwesende Väter, auch Enttäuschungen an Institutionen, die Vater oder Mutter repräsentieren, tragen zu fehlerhafter Verarbeitung kindlicher Ängste bei.

In seinem Aufsatz ›Das Unbehagen in der Kultur‹ macht uns Freud darauf aufmerksam, in welchem Ausmaß die Kultur sich auf einen weitgehenden Triebverzicht aller ihrer Teilnehmer aufbaut. Für die geforderte Triebunterdrückung muß aber das Gefühl des Schutzes oder die Gewißheit einer späteren Belohnung vermittelt werden. Je mehr kirchliche Institutionen an Überzeugungskraft verlieren, um so intensiver wachsen die Erwartungen, die an Institutionen, welche das Diesseits verwalten, gestellt werden. Auch sie können die jetzt auf sie gerichteten Hoffnungen nach Schutz und innerer Sicherheit nicht erfüllen. Autoritäre Institutionen erlaubten ihren Mitgliedern, eigene Aggressionen auf »Ungläubige«, »Andersdenkende« zu verschieben, eine besondere Art der Manipulation von Massen, die – wie wir wissen – viel Unglück und Bosheit im Gefolge hatten. Dennoch war es mit Hilfe solcher gelenkter Projektionen viel leichter, mit der eigenen Ambivalenz für die unmittelbare Umwelt fertig zu werden.

In gleichem Ausmaß, wie der Glaube an die Unfehlbarkeit und die Schutzmöglichkeit von Institutionen nachgelassen hat, geht die Unterdrückung und Verdrängung von Triebbedürfnissen sexueller und aggressiver Art zurück. Institutionen stellen heute weniger den Vater dar, der Angst einjagt, wenn man seinen Verboten nicht gehorcht, als die Mutter, der man zürnt, weil sie so vielfach versagt und den kindlichen Erwartungen nicht entsprochen hat. Enttäuschungen an Institutionen, die die von Eltern unbefriedigt gebliebenen Erwartungen erfüllen sollen, verstärken das Gefühl der Hilflosigkeit auch in der Beziehung zu sich selber, anstatt es zu beschwichtigen. Sie tragen dadurch zu der erhöhten Angstbereitschaft und der durch die Angst ausgelösten Aggression bei, die wir heute zunehmend beobachten.

Henry und Yela Löwenfeld haben dargestellt, daß die heutige Gesellschaft, indem sie Triebbefriedigung weitgehend gewährt, diese gleichzeitig nicht ernst nimmt[33]. Dementsprechend ist die sexuelle Befriedigung reizlos geworden, und andere »spannendere« Befriedigungsformen werden gesucht. Die allzu nachgiebige väterliche Erziehung, die als Gleichgültigkeit empfunden wird und es oft auch ist, fördert die Reifung des frühkindlichen strengen Über-Ich nicht. Ein solches infantiles Über-Ich lernt es nicht, Schuldgefühle zu er-

33 H. und Y. Löwenfeld: Die permissive Gesellschaft und das Über-Ich. In: Psyche 24, 9, 1970.

tragen und sie langsam der realen Ursache entsprechend zu verarbeiten; anstatt dessen werden Schuldgefühle verdrängt. Das stiftet ein untergründiges Gefühl des Unbehagens oder läßt unbewußte Schuldängste und Strafbedürfnisse entstehen, die agiert werden müssen, um Entlastung zu finden.

Zusammenfassung

Rückblickend fassen wir zusammen: Vier Arten des Umgangs mit der Angst lassen sich unterscheiden:

1. Es wird genügend Angst entwickelt, um sich effektiv auf eine potentielle Gefahr einzustellen. Angst wirkt dann als Gefahrensignal und als Stimulans: Angst macht erfinderisch.

2. Es wird Angst bis zu einem Grad hoher Unlust entwickelt; dennoch lernt der Betroffene, sie zu tolerieren, ohne sich von ihr überwältigt zu fühlen. Er kann den Rückgriff auf neurotische Symptome vermeiden.

3. Zustände schwer erträglicher Angst treten auf und schränken das Lebens- und Glücksgefühl in hohem Maße ein. Jetzt treten von Angst motivierte Symptome auf. Die Folge kann eine Phobie oder ein Symptom sein, dem man seine Herkunft aus unbewältigter Angst nicht mehr ansieht, etwa ein psychosomatisches Symptom, wie z. B. ein arterieller Bluthochdruck oder eine Colitis.

4. Die Angst wird nicht mehr als Angst wahrgenommen, es wird mit ihr aber die gesamte Emotionalität mehr oder weniger verdrängt. Als Folge davon stellt sich eine seelische Verarmung ein, wie sie etwa in der Zentrierung des Erlebens eines Menschen um hypochondrische Selbstbeobachtung sich ausdrückt.

5. Eine weitere Facette der Verdrängung von Angst ist die Abwehr durch Leistung und beruflichen Erfolg. Solche Menschen wirken ungewöhnlich »normal«, d. h. störungsfrei an Wertnormen und Umgangsformen angepaßt. Versucht man jedoch, in einen engeren Kontakt zu ihnen zu kommen, zeigt sich, daß sie in ihrer Gefühlsentwicklung allgemein eingeschränkt sind und ihre Beziehung zu sich und anderen auffällig stereotyp und leer wirkt. Auch dieses Selbstdressat dient der Verleugnung innerer und äußerer Gefahren, die einmal traumatische Wirkung entfaltet haben.

Angst kann also einerseits ein hemmender Faktor in der Entwicklung des Individuums sein, wenn sie z. B. zu einer Angstneurose führt; sie ist aber auch ein fundamental wichtiger Faktor für die Reifung des Ich. Eine in erträglichen Grenzen unter der Kontrolle des

Ich bleibende sogenannte sekundäre Angstbereitschaft stellt eine angemessene Antwort auf die unvermeidlichen äußeren und inneren Konflikt- und Gefahrensituationen dar und ist in jedem Alter und Entwicklungsstadium unentbehrlich. Ohne Wahrnehmung der eigenen inneren Konflikte, eigener innerer Triebgefahren, die immer mit Angstgefühlen verbunden ist, fehlt die Motivation zur notwendigen Introspektion.

Diese Fähigkeit, Angst bewußt zu fühlen, sie zu tolerieren und ihre Herkunft zutreffend abzuschätzen, ist eine unersetzliche Voraussetzung für die Reifungsfähigkeit eines Menschen[34]. Sie ist auch von entscheidender Bedeutung für den erfolgreichen Ausgang einer Behandlung. Wobei in Rechnung zu stellen ist, daß die »analytische Situation« – das passagere Hilfs-Ich des Analytikers – diese Ichstärkung oft erst ermöglicht.

Die angstvermeidenden Strategien beherrschen weite Gebiete unserer seelischen Tätigkeit. Sie reichen von der dramatischen Angsthysterie bis zu schweren, zur Chronifizierung neigenden psychosomatischen Krankheiten, Depressionen oder Charakterveränderungen. Auch bei Individuen, die eine relativ hohe Angsttoleranz aufgrund ihres kritischen Selbst- und Weltverständnisses erreicht haben, kann es durchaus geschehen, daß ein der äußeren Gefahr nicht entsprechender Angsteinbruch erfolgt.

Angst kann warnender wie lähmender Art sein. Dem Menschen vorbehalten und besonders unangenehm ist die Steigerung der Angst zur Angst vor der Angst. Da der Mensch über antizipatorische Fähigkeiten verfügt, kann er angsterweckende Situationen vorausempfinden. Er kann aber auch durch unbewußte Phantasien und Erinnerungsspuren Angst heraufbeschwören. Denn natürlich ist Angst vor der Angst nur dann pathologisch wirksam, wenn dieser ganze Prozeß bis auf die Angstempfindung selber bzw. ihre Verdeckungsmanöver unbewußt bleibt. Wir haben uns bemüht, vornehmlich durch Beispiele die scheinbare Irrationalität solcher Angst mit Hilfe von psychoanalytisch gewonnenen Einsichten verständlich zu machen. Das Ziel kann gewiß nicht prinzipielle Angstfreiheit sein, sondern vielmehr die Bemühung, Angst produktiv zu machen. Nur wer Angst ertragen lernte, wird auch in belastenden Lebenssituationen, in denen depressive Gefühle oder Trauer als entsprechende Reaktionen anzusehen sind, diese durchstehen und durcharbeiten können, ohne sie verleugnen und verdrängen zu müssen.

In diesem vorliegenden, zweifellos unvollständigen und vorläufi-

34 Vgl. Elizabeth R. Zetzel: The Capacity for Emotional Growth. New York 1970.

gen Versuch der Analyse von Angst haben wir uns auf die Untersuchung der Ängste des einzelnen in seiner primären Umwelt beschränkt. Die großen kollektiven Ängste (reale wie neurotische) blieben unberücksichtigt. Angst war zunächst an existenzbedrohende Naturkatastrophen geknüpft. Da der Mensch keine durchgehende Tötungshemmung gegenüber Artgenossen besitzt, hat er nicht nur natürliche Feinde, denen er zur Beute werden kann, er ist noch dazu möglicherweise der Todfeind seinesgleichen.

Die Angstmotivation wird noch verstärkt durch ein labiles System der Sozialordnungen. Das Kind muß die Meisterung seiner Triebbedürfnisse und seiner Ängste aus entsprechend verschiedenen, einander überschneidenden und/oder widersprechenden Moralanweisungen lernen. Am Ende dieses Lernprozesses, der um so schwieriger ist, je komplexer die Lebensbedingungen der Großgesellschaften werden, steht ein mehr oder weniger pseudo-konfliktfrei angepaßtes, ein hilflos abhängiges oder ein mehr oder weniger selbständiges, einfühlungsfähiges und kritisches Individuum. Bei allen spielt – wie die Beispiele zeigten – Angst, sei es als Angstvermeidung, als Angsttoleranz oder auch als ein Überwältigtwerden von Angst, eine bedeutsame Rolle.

Heilung als Erkenntnisprozeß
Anmerkungen zur Technik der Psychoanalyse

Die Art und Weise des Umgangs von Analytiker und Patient und seine Schwierigkeiten, wie sie hier beschrieben werden, stellen keine systematische Übersicht über die Technik der psychoanalytischen Behandlung dar. Dafür kann man auf die bekannten Arbeiten Freuds zur Technik, die Monographien von Fenichel[1], Glover[2] und Greenson[3] zurückgreifen. Die vorliegende Arbeit ist lediglich ein Versuch, möglichst nahe an das Geschehen des psychoanalytischen Prozesses heranzukommen und anschaulich zu machen, wie Patient und Analytiker lernen, miteinander umzugehen. Dabei waren solche Erfahrungen der Praxis leitend, die – obwohl individuell unterschiedlich – doch einen für viele Patienten gemeinsamen Nenner erkennen ließen und sich deswegen dazu eigneten, das Wesen dieser sonderbaren Dualität Patient/Analytiker zu beleuchten.

In der psychoanalytischen Therapie ist es gefährlich, sich vorwiegend auf seine intuitiven Fähigkeiten zu verlassen. Es ist vielmehr notwendig, sich systematische Kenntnisse der psychoanalytischen Theorie und Praxis anzueignen, um mit deren Hilfe erst die intuitiven Wahrnehmungen der Kontrolle unterziehen zu können. Während der psychoanalytischen Behandlung macht der Patient einen psychischen Prozeß durch, dessen Verlauf nur partiell vorhersehbar ist und in dem es nur selten gelingt, ohne große Lücken die Probleme den kindlichen Entwicklungsschritten entsprechend rückwärts zu verfolgen und durchzuarbeiten. Denn so prägend kindliche Erlebnisse sich auch auf das spätere Verhalten und die Symptomatik eines Menschen auswirken, so mischen sich doch gleichzeitig neue Erfahrungen und Erlebnisse der späteren Lebensperioden mit den älteren auf vielfältigste Weise.

Freud gab den technischen Ratschlag, von der Oberfläche des psychischen Erlebens auszugehen und mit Hilfe von Bekanntem langsam in die noch unbekannten Tiefen vorzudringen. Denn wenn der psychotherapeutische Patient seine augenblicklichen Gefühle nicht genügend zum Ausdruck bringen kann, fühlt er sich meist unverstanden und empfindet Hinweise auf die Vergangenheit als eine

1 Otto Fenichel: Problems of Psychoanalytic Technique. In: Psychoanal. Quarterly, 1941.
2 Edward Glover: The Technique of Psychoanalysis. New York 1955.
3 Ralph Greenson: The Technique and Practice of Psychoanalysis. N. Y. 1967.

Flucht des Therapeuten vor ihm und seinen Gefühlen. Es ist also notwendig, sich immer wieder darüber Rechenschaft zu geben: Welche Deutung kann den Patienten in dieser Phase der Analyse erreichen, und genügen seine bisherigen Aussagen, um der Deutung Überzeugungskraft zu geben? Selbst der erfahrene Analytiker hat hier oft Schwierigkeiten der Orientierung. Einige Beispiele sollen dies veranschaulichen.

Beispiele männlicher Patienten mit ödipaler Problematik

Ein 23jähriger Patient wurde als Einzelkind immer in übertriebener Weise von seiner Mutter verwöhnt. Dem Vater, der diesem allzu engen Mutter-Sohn-Verhältnis mit einigen Bedenken und gewiß auch nicht ohne Eifersucht gegenüberstand, brachte der Patient sehr ambivalente Gefühle entgegen. Der Vater fiel im Kriege. Als der Patient ihn das letzte Mal sah, provozierte er kurz vor dem Abschied den Vater durch seine trotzige Lieblosigkeit.

Nach dem Kriege heiratete die Mutter zum zweitenmal; die Ehe zerbrach unter anderem an der immer noch unverändert engen Beziehung von Mutter und Sohn, die eigentlich keinen Dritten neben sich gelten lassen wollten. Wenn der Stiefvater darüber in maßlose Wut geriet, bestätigten sie sich gegenseitig darin, mit diesem schrecklichen Menschen nicht zusammenleben zu können. Mit der Scheidung wurde der Patient seinen zweiten Rivalen los, aber jetzt sah er sich als Gefangenen der Mutter. Er lag im Ehebett neben ihr, und sie konnte nicht mehr ohne ihn sein. Eine sexuelle Betätigung war ihm jedoch nicht erlaubt. Die Mutter ängstigte und entsetzte sich, wenn sie beobachtete, daß er onanierte. Sie lief zum Arzt, um ein so abnormes Verhalten des Patienten abzustellen. Als er, um sich beruflich fortzubilden, an einen anderen Ort ziehen wollte, erpreßte ihn die Mutter mit Selbstmorddrohungen und versuchte ihm einzureden, daß auch er ohne sie lebensunfähig sei. Diese Ansicht der Mutter wurde durch das infantil passive Verhalten des Patienten unterstützt, der schließlich so weit regredierte, daß er mit somatischen Symptomen erkrankte und arbeitsunfähig wurde.

Die Schuldgefühle, die schon durch den Sieg über beide Väter erhebliche Ausmaße angenommen hatten, waren durch die unmittelbaren, auf die Mutter gerichteten inzestuösen Wünsche fast unerträglich geworden. Gleichzeitig war der Patient durch die verführerische Haltung seiner Mutter, Hand in Hand mit dauernden Frustrationen, in eine aggressive Dauerspannung geraten, die ihn überaus ängstigte. Aus dieser aktuellen Konfliktsituation floh er in die Krankheit und in ein kindlich-unterwürfiges Verhalten, das er auch dem Arzt gegenüber an den Tag legte.

Um der Konfrontation mit seinen angsterregenden Aggressionen aus dem Wege zu gehen, idealisierte er den Analytiker und unterwarf sich widerstandslos dessen Ansichten und Deutungen. Der Analytiker seinerseits – einem unbewußten Bedürfnis folgend – zeigte eine Tendenz, die Neigung des Patienten, ihn zu idealisieren und sich von ihm abhängig zu machen, zu akzeptieren. Die Einfälle des Patienten machten freilich zu diesem Zeitpunkt der Analyse deutlich, daß dessen unterwürfig-idealisierende Haltung Abwehrzwecken diente.

Zur gleichen Zeit wies der Analytiker den Patienten auf seine gefügige Haltung anderen gegenüber hin. Das stürzte den Patienten von neuem in Verwirrung; er konnte sich nicht klarwerden, welches Verhalten denn nun eigentlich von ihm erwartet wurde.

Durch das bloße Aufzeigen eines Verhaltens – zu dem der Analytiker den Patienten womöglich gleichzeitig verführt – erreicht man nur, ihn von neuem einem Gefühl der Hilflosigkeit auszusetzen. Eine Verhaltensdeutung, die nicht zugleich auf die unbewußten Motive, auf die abgewehrten Impulse hinweisen kann, muß ein solcher Patient als Entwertung, Aggression oder als ein Nichtverstandenwerden empfinden.

Diesem Patienten mußte zuallererst dazu verholfen werden, seinen bedrängenden Angst- und Schuldgefühlen Ausdruck zu geben, damit er Klarheit über die augenblickliche Situation seines Verhältnisses zur Mutter gewinnen konnte. Im nächsten Schritt hätte dann, nach dem Bewußtwerden seiner konflikthaften Gefühle für die Mutter wie auch seiner Unsicherheit dem Analytiker gegenüber, seine Neigung, sich kindlich-abhängig zu machen und gefügig einzupassen, sinnvoller bearbeitet werden können. Denn es hatte ihm ja bisher niemand dazu verholfen, sich vom zweifellos hochgradig neurotischen Verhalten seiner Mutter distanzieren zu können – eine Voraussetzung für eine bessere Einsicht in die Situation zwischen beiden und in das eigene Verhalten. Hier waren die äußere Realität, das Verhalten der Mutter also, und die seelischen Reaktionen des Patienten darauf eng miteinander verflochten. Das war eine starke, unbewußt bleibende Motivation seines Verhaltens.

Bei diesem Kranken waren aufgrund der Mischung von starken Aggressionen und ebenfalls starken verbotenen sexuellen Wünschen die ausgeprägten Schuldgefühle Vater wie Mutter gegenüber groß. Seine männlich-aktiven Strebungen, die auf den Inzest fixiert blieben, waren in gefährliche Nähe zu seinen angsterregenden Beseitigungswünschen geraten, die erst dem Vater und später dann auch der ihn bedrückenden und bedrängenden Mutter galten. Es ist einfühlbar, daß solche unerträglichen Gefühle verdrängt werden mußten. In dieser Lage blieb dem Patienten nur die Regression in eine Erlebniszeit vor dem Konflikt, d. h. in die passiv-infantile Abhängigkeit und das Einwilligen in die Wünsche der Mutter offen. Nur so bestand die Hoffnung, das einzige Liebesobjekt, das ihm geblieben war, nicht ganz zu verlieren.

Das Verführtwerden des Patienten durch die Mutter bis zur drastischen Situation im Ehebett war natürlich lange vorbereitet. Auch wenn es einer Mutter selber unbewußt bleibt, daß sie allzu verführend auf ihren Sohn wirkt, erzeugt sie im Kind dadurch immer ein Gefühl der Hilflosigkeit; nicht nur, weil das Kind letztlich von seiner Mutter frustriert wird und seine Befriedigung damit unerfüllt bleibt; sondern auch, weil es spürt, daß es in seinem kindlichen Entwicklungszustand körperlich noch gar nicht in der Lage ist, auf das verführerische Angebot adäquat einzugehen. Für unseren Patienten war es dann besonders erbitternd zu erleben, daß ihm, auch als er körperlich gereift war, sexuelle Betätigung mit seiner verführenden Mutter verboten blieb, die ihm darüber hinaus in ihrer ungezügelt besitzergreifenden Art keine Möglichkeit gab, mit Mädchen seines Alters Bekanntschaft zu schließen.

Allgemein kann man sagen, daß eine solche dominierende, aggressive Mutter ihrem unbewußten Penisneid folgt und nicht den Bedürfnissen ihres Kindes. In ihrem Sohn sieht sie dann eine Lebenschance, deren Erfüllung sie für sich selbst unbewußt, vielleicht auch bewußt als unerreichbar erlebt. Als Ausweg bleibt ihr nur die Möglichkeit, den Sohn als einen ergänzenden Teil ihrer selbst zu empfinden. Sie verwickelt ihn in eine symbiotische Abhängigkeit. Das wiederum macht es ihr unmöglich, seiner Entwicklung zu autonomer Männlichkeit zuzustimmen.

Auf den Sohn pflegt eine solche Mutter mächtiger und, wenn man will, »phallischer« als der Vater zu wirken. Das ist einer der Gründe, warum die Phantasien eines Mannes mit »passiv-femininer« Einstellung oft nicht homosexuell auf den Vater gerichtet sind, sondern sich vor allem auf die mächtige Mutter konzentrieren. Brust und Phallus können in diesem Fall in ihrer Erlebnisbedeutung zusammenfallen als etwas, dem man sich passiv hingeben kann.

Zweifellos darf man aktiv und phallisch nicht kritiklos gleichsetzen, genausowenig wie passiv und homosexuell. Die sogenannte passiv-feminine Einstellung des Mannes kann sich z. B. auch in einer Identifikation mit dem heterosexuellen Partner äußern und auf diese

Weise im heterosexuellen Verkehr Befriedigung finden. Allerdings wird diese Art der Identifikation, wenn sie vorherrschend ist, oft von einem Gefühl des Identitätsverlustes, einer in die Tiefe reichenden Verwirrtheit begleitet. Darüber hinaus ist die in der Situation des Kindes unausweichliche und zwingend wirksame Identifikation mit einer mächtigen Mutter der in unserem Fall geschilderten Art, die im Sohn sich selber liebt, als Entwicklungsschritt zur manifesten späteren Homosexualität bekannt[4].

Wir haben an diesem Beispiel darzustellen versucht, daß Konflikte und Reaktionen nur dort erfolgreich analysiert werden können, wo sie bedrängend erlebt werden, wo es dem Analytiker aber durch ihre Bearbeitung gelingt, dem Patienten Abstand zu ihnen zu verschaffen. Sehr sinnfällig ist das zu beobachten an der Beziehung, die der Patient zu seinem Analytiker entwickelt, also an der Übertragung unbewußter Ängste, Wünsche und Erwartungen auf ihn.

Deswegen kann man im allgemeinen eine neue Einsicht dem Patienten am unmittelbarsten durch eine Deutung der aktuellen analytischen Situation – eine Übertragungsdeutung – vermitteln. Doch ist es bei diesen Deutungen besonders notwendig, sich sowohl Inhalt und Verhalten, auf die sie sich beziehen, als auch die Gegenübertragung, d. h. die aus der eigenen Entwicklung des Analytikers stammenden Reaktionsweisen und Einstellungen, detailliert vor Augen zu halten. Bei der Formulierung der Deutung kommt es oft auf Nuancen der Wortwahl, ihre affektive Tönung an. Dafür gibt Kuiper ein Beispiel: Ein junger Mann verbringt sein analysenfreies Wochenende in Existentialistenkellern und mit den verschiedensten Frauen, denen er deutlich zeigt, daß er nichts anderes von ihnen will als eine sexuelle Beziehung[5]. Es macht ihm offenbar Freude, diese Frauen zu kränken. Der Analytiker deutet das in dem Sinne, daß der Patient sich an ihm rächen wolle, weil er sich über das Wochenende von ihm im Stich gelassen fühle. Er möchte dem Patienten damit seine passiv-femininen Wünsche ihm gegenüber bewußt machen. Das war *auch* richtig, es zeigte sich aber, daß für den Patienten in diesem Augenblick nicht solche Wünsche aktuell waren, sondern das Bedürfnis, mit dem Analytiker zu rivalisieren, ebenso groß und mächtig und rücksichtslos zu sein, wie er den Analytiker empfand.

In diesen Zusammenhang gehört auch die Unterscheidung von zwei Formen der Eifersucht: eine, die auf die Liebe des Analytikers

4 Vgl. ›Über Entstehung und Wirkung bewußter und unbewußter Phantasien‹, in diesem Band S. 190ff.

5 Pieter C. Kuiper: Probleme der psychoanalytischen Technik in bezug auf die passiv-feminine Gefühlseinstellung des Mannes. In: Psyche 16, 1962/63, S. 321ff.

und eine, die auf den Analytiker als Konkurrenten gerichtet ist. Die eine Art der Eifersucht und Rivalität stammt aus der Zeit des positiven Ödipuskomplexes, d. h. das Kind empfindet den Vater als Konkurrenten in seiner Liebesbeziehung zur Mutter; die andere stammt aus dem negativen Ödipuskomplex, d. h. die hingebende Liebe des Sohnes zentriert sich auf den Vater, und er will ihn mit niemandem teilen. Wenn beide Beziehungsarten zusammenfallen, mal die eine, mal die andere vorherrscht, was oft genug geschieht, wird Eifersucht besonders heftig und schmerzhaft erlebt.

Dieses komplizierte und bedrängende, aber typische Verhältnis des Sohnes zum Vater, die Situation also, in welcher der Sohn im Vater sein höchstes Ideal sieht und liebt, gleichzeitig ihn aber als Konkurrenten bekämpfen muß, läßt sich an einem literarischen Beispiel zeigen:

Heinrich von Kleist hat in seinem ›Amphitryon‹ eindrucksvoll dargestellt, in welch komplizierter Weise der positive und der negative ödipale Konflikt miteinander verflochten sein können.

Amphitryon kommt nach siegreichem Feldzug nach Hause zurück und findet dort seine Frau in den Armen eines Doppelgängers, der sich schließlich als Jupiter erweist. Bevor er das erkennt, fordert er einen Volksentscheid darüber, wer der richtige Amphitryon ist. Seine Frau Alkmene und sein Volk entscheiden sich nach langem Schwanken für das göttliche Idealbild. Es ist der Kern der Komödie, daß nun beide, Jupiter und Amphitryon, aufeinander eifersüchtig werden. Jupiter, das Ideal, möchte sich die uneingeschränkte Liebe der Alkmene erhalten, erlebt aber, daß er, indem er ihren Amphitryon schlechtmacht – da er zugleich die Gestalt dieses Mannes angenommen hatte und als solcher sie eroberte –, in Gefahr gerät, sie eben deswegen zu verlieren. Der wirkliche Amphitryon ist sein Rivale und ihm als solcher verhaßt, und trotzdem ist er selber Amphitryon. Amphitryon wiederum, der seinen Schwiegervater erschlagen hat, scheint es unbewußt als gerechte Bestrafung zu erleben, daß seine Frau ihn mit seinem Ideal-Ich betrügt.

Man könnte dieses von Kleist in die Komödie hineingenommene Leiden mit der häufigen Klage Liebender vergleichen: Du liebst in Wirklichkeit gar nicht mich, sondern nur ein Bild von mir; wobei es ein Bild ist, das man für gewöhnlich dem Partner selbst angetragen hat. Der Dichter kann das dadurch veranschaulichen, daß er aus einem zwei macht. Der in Amphitryon selbst herrschende Konflikt, sich nicht als der, der er ist, sondern nur in dem unerreichbaren, aus der frühen Kindheit stammenden Vaterideal lieben zu können und doch diesen Vater als Rivalen hassen und in Reaktion darauf wieder idealisieren zu müssen, scheint unlösbar. In dieser Not und Erniedrigung regrediert Amphitryon, so könnte man sein Verhalten deuten, zu einer passiv-femininen Haltung. Indem er sich nun mit der liebenden Alkmene identifiziert, wünscht er sich von Jupiter einen Sohn. Dieser Umschlag der Haltung wird ihm durch eine Hoffnung erleichtert. Er erwartet im Sohn eine Verwirklichung seines Ich-Ideals: Herkules. So läßt Kleist Jupiter zu Amphitryon sagen: »Was du in mir dir selbst getan, wird dir, bei mir, dem, was ich ewig bin, nicht schaden.« Man könnte auch sagen, daß Herkules die aus der Erniedrigung entstandenen Größenphantasien personifiziert. Denn das Verhältnis Vater–Sohn spielt sich noch auf einer weiteren Stufe ab: Der Vater kann auch vom Sohn die Erfüllung eigener unbefriedigt gebliebener Idealforderungen erwarten[6].

Kuiper[7], Kohut[8] und andere Autoren haben darauf hingewiesen, daß die Idealisierungsbedürfnisse des Sohnes dem Vater gegenüber eine notwendige Entwicklungsstufe für den Aufbau eines gesunden Selbstwertgefühls darstellen; und daß die passiv-femininen Bedürfnisse sexueller Art dem eigenen Geschlecht gegenüber sublimiert werden können, so daß die Fähigkeit zur Bewunderung und dazu, sich durch gleichgeschlechtliche Freundschaften geistig anregen zu lassen, zu einem gesicherten und bereichernden Bestandteil der eigenen Verhaltensmöglichkeiten wird. Allerdings besteht in einer Gesellschaft, in der männlich mit aktivem Verhalten gleichgesetzt wird, die Gefahr, daß passive Wünsche unterdrückt werden und dadurch zu einer Verarmung der Persönlichkeit führen[9].

Es ist der Psychoanalyse oft vorgeworfen worden, daß sie ihre Behandlungstechnik den historischen Wandlungen nicht angepaßt habe. Heute sei es angebracht, die passiv-abwartende, sich im wesentlichen auf Deutungen beschränkende analytische Haltung aufzugeben, aktiver zu werden, d. h. unmittelbar, z. B. durch Ratschläge, Anweisungen und ähnliches einzugreifen. Aber hat nicht gerade diese ja nur scheinbar »passive«, in Wirklichkeit keineswegs interesselose Haltung des Analytikers psychische Störungen entdecken können, deren Genese vorher unbekannt war? Hat sie nicht neuerdings dazu beigetragen, die durch veränderte sozio-kulturelle Bedingungen vermehrt auftauchenden narzißtischen Störungen systematisch zu erfassen und auf ihren Ursprung zurückzuführen? So

6 Vgl. M. Mitscherlich-Nielsen: Probleme der psychoanalytischen Technik in bezug auf die passiv-feminine Gefühlseinstellung des Mannes. In: Psyche 16, 1962/63.

7 P. C. Kuiper, a.a.O.

8 Heinz Kohut: Formen und Umformungen des Narzißmus. In: Psyche 20, 1966.

9 Vgl. ›Emanzipation und Sexualität‹, in diesem Band S. 13ff.

gelang es z. B. H. Kohut, herauszuarbeiten, daß Idealisierungen von Vaterfiguren nicht nur dem lange bekannten Zweck der Abwehr ödipaler Rivalitätsaggressionen oder des aus Kleinheits- und Ohnmachtsgefühlen stammenden Hasses dienten, sondern einen Mangelzustand signalisierten.

In den Wandlungsprozessen unserer technisch-industrialisierten Welt mit ihrer »spurlosen Arbeit«, in denen Väter als Fließbandarbeiter oder Funktionäre für ein Kind keine verstehbaren Vorbildfiguren darstellen[10], können die Väter die kindlichen Idealisierungsbedürfnisse nicht mehr befriedigen. Die Identifikation mit dem »großen Vater« dient aber in der Kindheit bekanntlich dem Aufbau des eigenen Wertgefühls. Die Folgen sind Gefühle innerer Unsicherheit oder die Neigung zu übermäßiger Selbst- oder Fremdidealisierung. Wenn aber das Interesse zur Hauptsache auf den Aufbau gestörter Wertorientierungen gerichtet ist oder man sich Größenphantasien hingibt, bleibt wenig Zeit und Energie für die Zuwendung zum Mitmenschen. Die Folge ist eine Störung der Liebesfähigkeit. Auch die Tendenz zu Gruppenbildung mit ihrer Neigung zur wechselseitigen Idealisierung und Identifizierung oder die Flucht in Suchtverhalten gehört zu den Folgen früh gestörter Identifikations- und Idealisierungsangebote.

Um diese Mangelzustände heilen zu können, war es zunächst einmal nötig, die Bedürfnisse des Patienten nach Idealisierung des Analytikers oder des eigenen Selbst zu verstehen, um sie annehmen zu können. Erst dann konnte der Analytiker dem Patienten Einsichten deutend vermitteln, die er aus der »passiven« Einfühlung gewonnen hatte. Frühzeitige Aktionen hätten nur wie blinder Aktivismus wirken können. Sie hätten dem Patienten keinen Zuwachs an Einsicht gebracht. Ein aktiv eingreifendes oder direkt unterstützendes Verhalten ist bei manchen schwergestörten Patienten unvermeidbar; aber auch dort muß man sich der Gefahr der Manipulation bei einer solchen Therapie stets bewußt bleiben. Bisher war es gerade – neben der psychoanalytischen Ich-Psychologie – die Abstinenz des Psychoanalytikers von aktiver Einmischung in die Entscheidungen des Patienten, die ihm wie jedem anderen naheliegen mochte, welche ihm dazu verhalf, subtile Änderungen der psychischen Realität als Folge des gesellschaftlichen Wandels aufzufinden.

Kehren wir zum Behandlungsproblem zurück. Idealisierungsbedürfnisse als Grundlage positiver Identifikationen können also frühzeitig gestört oder passive Wünsche aufgrund eines falschen

10 Vgl. Alexander Mitscherlich: Auf dem Weg zur vaterlosen Gesellschaft. München 1963.

Ideals hyperaktiver Männlichkeit unterdrückt werden. Beides führt zu einem spannungsreichen Verhältnis des Ich und des Es, der Triebwelt also, zum Ich-Ideal, dessen Forderungen entweder unrealisierbar erscheinen oder im Widerspruch zu unbefriedigt gebliebenen passiven Bedürfnissen stehen. Je belasteter nun das Verhältnis zum Ich-Ideal ist, um so häufiger erleben wir in der Behandlung auch ein Verhalten, das man einen Identitätswiderstand nennen könnte. Damit ist ein Abwehrverhalten in der Übertragungsbeziehung zum Analytiker gemeint, und zwar die Angst des Patienten, er könne von der Persönlichkeit des Analytikers entweder überwältigt oder enttäuscht werden. Dann kann es geschehen, daß der Patient scheinbar in allen Punkten nachgibt, etwa während langer Strecken der Analyse mitzuarbeiten scheint, dabei aber jede intensivere Gefühlsbeziehung zum Analytiker abwehren muß, um seine schwache männliche Identität nicht zu gefährden und in jene erniedrigende und gefürchtete, aber zugleich unbewußt erwünschte Situation einer passiv-femininen Identifikation zu geraten.

Hier muß nun der Analytiker unterscheiden, ob es um die Abwehr angsterregender, passiv-femininer Wünsche ihm gegenüber geht oder ob ein unbefriedigtes oder traumatisiertes, frühzeitig unterbrochenes Idealisierungsbedürfnis auf seiten des Patienten vorliegt, das man annehmen und unterstützen muß.

Zur Überwindung der ödipalen Konflikte ist es für den Sohn und für die Tochter von großer Bedeutung, ob sie sich mit einem Vater identifizieren konnten, der seiner selbst einigermaßen sicher war, ohne dem falschen Ideal einer hyperaktiven Männlichkeit zu folgen. Ein schwacher oder pseudostarker Vater reizt kaum zur Identifikation oder nur insofern, als der Sohn ihn zwar nachahmt, aber wie er von der Mutter kindlich abhängig bleibt. Die Tochter leitet er nicht aus der unbewußten Identifikation heraus bei der Partnerwahl.

Männer, die einen schwachen Vater hatten oder einen Vater mit einem »falschen Selbst« und defensiv tyrannischer Pseudo-Männlichkeit, kämpfen oft ein Leben lang vergeblich darum, ein Gefühl innerer Sicherheit zu entwickeln. Ihre Triebbedürfnisse sind nicht selten ausgesprochen bisexuell, oder sie leiden an Potenzstörungen. Sie scheinen über das Bedürfnis, sich einem Mann zu unterwerfen, um auf diese Weise seine Männlichkeit zu übernehmen, nicht hinweggekommen zu sein. Hier kreuzt sich widerspruchsvoll das Triebschicksal passiv-femininer Prägung mit dem Drang nach einer Vaterfigur, die man altersentsprechend idealisieren kann.

Für die analytische Arbeit ist es notwendig, beide Bedürfnisse voneinander getrennt sehen zu lernen. Kohut hat dies systematisch zu tun versucht[11]. Das therapeutische Ziel ist die Entwicklung eines stabilen Selbstwertgefühls. Nur mit diesem Rückhalt lernt der Patient, auch mit seinen passiven Triebbedürfnissen angstfreier umzugehen, sie zu akzeptieren oder sie, wo es nötig ist, zu sublimieren.

Als Beispiel dazu noch folgenden Fall: Der Patient wurde im Osten Deutschlands, in einem Landesteil mit ausgesprochen patriarchalischer Herrschaftsform geboren. Er war das zweite Kind eines wenig bemittelten Kaufmannes. Der Vater bedeutete ihm immer weniger als die Mutter, deren Kraft die Familie zusammenhielt. Der ältere Bruder war schwierig und forderte viel Aufmerksamkeit und Hilfe, da er meinte, mit nichts allein fertig werden zu können.

Als das patriarchalische System nach dem Zweiten Weltkrieg mehr oder weniger zusammenbrach, geriet die Mutter des Patienten in eine Depression. Sie hatte zusammen mit ihrem damals 12jährigen Sohn bis zu dem Tage des Zusammenbruchs uneingeschränkt an die Mission des Großdeutschen Reiches geglaubt; beide hatten einen großen Teil ihrer Sicherheit aus dieser angebeteten väterlichen Welt gezogen. Erst nach diesem Untergang wurden dem Patienten die Schwäche des Vaters und die tyrannische Bedürftigkeit des Bruders voll bewußt. Mit dem Gefühl eines inneren Bruches verzichtete er selbst auf Hilfe und war nur bemüht, seine Mutter darin zu unterstützen, die Familie zusammenzuhalten. Eine Belohnung für diese Verzichthaltung wurde ihm durch das Gefühl zuteil, sich mit seiner Mutter unmittelbar zu verstehen.

Er lernte viel und gern, gab sich aber vor allem in zunehmend zwanghafter Weise Phantasien hin, in denen er sich mit der Geschichte der besiegten und zusammengebrochenen Herrschaftsform beschäftigte. Er kannte alle historischen Geschehnisse und Personen bis ins einzelne und wurde nicht müde, in der Phantasie immer neue Möglichkeiten zu entwickeln, wie ein Zusammenbruch hätte verhindert werden können.

In seinem Leben spielten Begegnungen mit großen Männern, die er lieben und verehren konnte, eine bedeutende Rolle. Aber wie er nur in der Identifikation mit der Mutter jenes patriarchalische System geliebt hatte, das er in seiner Phantasie wieder aufzubauen suchte, so verhielt er sich auch diesen Männern gegenüber wie eine hingebende Frau, bereit, ihre Kraft und ihr Wissen aufzunehmen, es zu verarbeiten und im Laufe der Zeit etwas Eigenes daraus zu machen. Begegnungen mit Männern, die er verehren konnte, und Zusammenarbeit mit kraftvollen Institutionen waren für seine Produk-

11 Siehe auch Heinz Kohut: Narzißmus. Eine Theorie der psychoanalytischen Behandlung narzißtischer Persönlichkeitsstörungen. Frankfurt/M. 1973.

tivität ausschlaggebend. Er hatte früh geheiratet und lebte trotz sehr komplizierter Beziehungen zu seiner Frau, auf die hier nicht näher einzugehen ist, auf seine Weise in einer harmonischen Ehe mit ihr. Jeder hatte vom anderen erhofft, sich von ihm kindlich abhängig machen zu dürfen, und beide hatten gelernt, die gegenseitigen Enttäuschungen mit Toleranz zu ertragen.

In der Analyse entwickelte sich bald eine intensive positive Übertragung. Der Patient äußerte seine Freude darüber, bei einer Frau Analyse machen zu dürfen, wo er sich doch immer vorgestellt hätte, zu einem älteren bekannten Analytiker gehen zu müssen. Trotz der bewußten Freude über den weiblichen Analytiker erschien dieser zu seinem Erstaunen in seinen Träumen und Phantasien immer wieder als Mann oder abwechselnd als Mann und als Frau. Der alte, mächtige Mann, als den er den Analytiker sah, störte ihn. Aber er meinte dazu, eine so tiefgehende Beziehung, wie sie die Analyse herstelle, sei – wenn sie sich unzerstört erhalten solle – ohne das analytische Ritual, den Geist Freuds, nicht möglich. Eine ungestörte Liebe zu einer Frau war ihm anscheinend nicht möglich ohne einen starken Mann im Hintergrund. Er selber vermochte diese männliche Rolle nicht zu übernehmen. In der Kindheit waren seine Beziehungen zum Vater oder anderen väterlichen Repräsentanten über die Mutter gegangen, später vermochte er sich der Vaterfiguren nur auf passiv-feminine Weise zu bemächtigen.

Entwicklungsgeschichtlich war von Bedeutung, daß er die Identifikation mit dem Vater frühzeitig abgebrochen hatte, da dieser seine Idealisierungsbedürfnisse in keiner Weise zu befriedigen vermochte. Das mußte er langsam in der Analyse nachholen, indem er in der Analytikerin den Geist Freuds verkörpert sah. Wesentliche Elemente des psycho-analytischen Verfahrens ändern zu können und zu müssen – der Patient war ein begabter Naturwissenschaftler –, beherrschten über lange Zeit seine Phantasien und Einfälle. In dieser Phase wechselte er zwischen Phantasien von passiv-femininer Bedürfnisbefriedigung und Größenphantasien, die sich auf Vaterfiguren seiner Umgebung bezogen. Er mußte diese »im Griff« haben, in seinen Phantasien mußten sie ausschließlich seinen Anweisungen folgen, um seine unbewußte Angst zu bannen, daß die väterliche Autorität sonst erneut zusammenbrechen könnte. Daraus ergaben sich erhebliche innere und äußere Konflikte, die im Fortgang der Behandlung in der Beziehung zur Analytikerin erlebt wurden; sie sollte Mutter, Vater und zugleich absolut manipulierbares Objekt sein. Der Patient fühlte sich oft zutiefst gekränkt, wenn er sich nicht mehr verbergen konnte, daß die Analytikerin auch ein Eigenleben führte.

Die Schuld an der Fehlidentifikation unseres Patienten möchten wir jedoch nicht ausschließlich der Schwäche des Vaters zuschreiben und den Traumen, denen seine Idealisierungsbedürfnisse dem Vater gegenüber ausgesetzt waren. Die besondere Art der Bindung an die Mutter wird dazu beigetragen haben. Wie Kuiper beschrieben hat, steht die passiv-feminine Einstellung des Knaben in engem Zusammenhang mit seiner passiv-infantilen Bindung an die Mutter. Die allzu große Abhängigkeit von ihr wurde bei unserem Patienten, so scheint es, nicht altersentsprechend langsam aufgelöst, um dem Selbständigkeitsstreben seinen Lauf zu lassen. Daß dies niemals konfliktfrei vor sich geht, ist klar, da auch im Erwachsenen meist beide Bedürfnisse nebeneinander bestehen bleiben. Dennoch war in diesem Fall die Autonomie des Patienten über Gebühr eingeschränkt, da er sich weder im Denken noch im Handeln Gebieten zuwenden durfte, die der Mutter fremd oder nicht genehm waren. Die allzu große Angst vor dem Verlust der mütterlichen Liebe schränkt aber die freie Entfaltung jedes Kindes wesentlich ein. Im vorliegenden Fall war zudem noch eine aggressionsbefreiende sportliche Betätigung oder gar altersentsprechend rüdes Verhalten verpönt. Aus diesem Grund vermochte unser Patient in der Schule nur auf den Gebieten des Wissens und Lernens sich durchzusetzen, sonst aber galt er als Muttersöhnchen und fühlte sich dementsprechend beschämt.

Die passiv-feminine Einstellung des Knaben steht also nicht nur in Beziehung zum Vater, sie wird auch wesentlich von einer allzu langen und übermäßigen Bindung an die Mutter mitbestimmt. Je intensiver die frühkindlichen präödipalen Ängste durch traumatisierendes Verhalten der Mutter oder durch Ambivalenzkonflikte ihr gegenüber sind, um so ausgeprägter ist auch die spätere Kastrationsangst. Kastrationsangst bedeutet natürlich nicht ausschließlich die Angst vor dem Verlust des männlichen Gliedes durch den zornigen und eifersüchtigen Vater; sie ist ein Schlüsselsymbol für vielfältige Ängste, oft für das sich aufzwingende Gefühl, das Schicksal werde sich für jeden Übermut, jeden Lebensgenuß oder jedes Triumphgefühl eines Menschen rächen[12]. Kastrationsangst kann sich auch, wie bei unserem Patienten, in übermäßiger körperlicher Empfindlichkeit bekunden, in der Angst, mit den Gleichaltrigen die Kräfte zu messen, und der damit zusammenhängenden Entwicklung einer passiv sich anpassenden oder unterwürfigen Haltung, die unser Patient nicht abzulegen vermochte, obgleich sie ihm zutiefst

12 Vgl. ›Die Angst vor der Angst‹, in diesem Band S. 122ff.

verhaßt war. Der Weg zu einer eigenen, seinem Geschlecht und seinem Alter entsprechenden Identität fiel ihm außerordentlich schwer.

Identität ist nicht mit Identifikation gleichzusetzen. Was Erikson[13] Identität nennt, geht aus der Reihe der Identifikationen in Kindheit und Jugend hervor. Ein Mann, der z. B. vorwiegend weiblich identifiziert ist, könnte sich unter Umständen in dieser Haltung durchaus mit sich identisch fühlen. Trotzdem ist es gewiß leichter, ein Gefühl der Identität zu entwickeln, wenn man sich seinen biologischen und sozialen Funktionen entsprechend zu identifizieren lernte, wobei schichtenspezifische Verhaltensnormen eine Führungsrolle einnehmen.

Damit verbindet sich eine nicht gelöste schwierige Aufgabe der psychoanalytischen Technik: die psychoanalytische Behandlung auch der unteren sozialen Schichten. Das Unbewußte ist allen Menschen gemeinsam. Die Triebreifung und vor allem diejenigen der Ichfunktionen (wie Wahrnehmungsfähigkeit, Sprachbildung, Wirklichkeitssinn, Trennung von Selbst und Objekt, kritische und selbstkritische Fähigkeiten, die synthetische Zusammenfassung unterschiedlicher Inhalte und Wahrnehmungen usw.) können in ihrer Ausbildung durch das je gegebene kulturelle Milieu gefördert oder gehemmt werden. Dabei bemerken wir, daß es im wesentlichen die Abwehrmechanismen sind, die Trieb- und Ichreifung stören oder anregen können. Sie umkreist der analytische Prozeß in therapeutischer Absicht: Es gilt, die retardierende Funktion der unbewußten Abwehrvorgänge zu überwinden.

Dieses Abwehrverhalten eines Menschen ist zu einem Teil durch sein ganz persönliches kindliches Schicksal geprägt, zum anderen durch den Verhaltensstil seiner Familie und seiner sozialen Umgebung. Die psychoanalytische Behandlung eines Arbeiters oder Bauern gelingt deswegen so selten, weil ihre Abwehrformen ihnen bestimmte Haltungen, die für eine psychoanalytische Behandlung unerläßlich sind, nicht oder nur mühsam erlauben. Wie schwierig es für die meisten Patienten ist, sich der freien Assoziation hinzugeben, wissen wir. Die Lockerungsfähigkeit, die innere Sicherheit, sich durch solches Verhalten nicht lächerlich zu machen, es nicht für schlichten Unsinn zu halten, verlangt prinzipielle Vorerfahrungen in dieser Richtung. Gerade diese haben aber Menschen der unteren Sozialschicht gefehlt und sind ihnen daher später besonders schwierig erreichbar.

13 Erik H. Erikson: Das Problem der Identität. In: Psyche 10, 1956.

Eine zentrale Rolle spielt dabei das Sprachverhalten[14]. Wenn das Kind nicht frühzeitig von seinen Vorbildfiguren lernt, Gefühle mit sprachlichem Ausdruck zu verknüpfen – was einen großen Anteil der Kommunikation in der Analyse ausmacht –, dann ist eine solche Fähigkeit später kaum noch zu entwickeln. Sprache, »Reden« ist für den Handarbeiter, den Handwerker dem Handeln gegenüber eher etwas Fremdes, oft geradezu Verächtliches, es widerspricht seinen Wert- und Normvorstellungen von Leistung. Zu den Widerständen, die aus den individuellen Erfahrungen herrühren, kommen also bei vielen Patienten der unteren Sozialschichten spezifische »Ungeübtheiten« des sprachlichen Ausdrucks; sie bewirken die Abwehr, sprachliche Verständigung sei gar keine echte Verständigung. Was da geschehe, sei »Süßholzraspeln«, Haarspaltereien. Dieses Vorurteil erlaubt es dem Kranken, mit Billigung seines Kollektivs sein Leiden »körperlich«, d. h. materiell dinglich zu erleben und sich damit aus schmerzlichen Versuchen innerer Selbsterfahrungen überhaupt zurückzuziehen.

Daß diese Wendung bei der Gastarbeiterin Maria[15] in einem gewissen Ausmaß dennoch gelang, mag darauf zurückzuführen sein, daß mit dem Wechsel des Landes, der Sitten und der Sprache, die zu erlernen sie sich bemühte, auch eine Ablösung von bisherigen Identifikationen, Normen und Wertvorstellungen stattfand. Ähnliches sehen wir bei Arbeiter- und Bauernkindern, die eine höhere Schule besuchten und studierten. Wenn es ihnen gelingt, ihre Verbalisierungsmöglichkeit allgemein zu erweitern, stößt man bei der Bearbeitung ihrer persönlichen seelischen Konflikte – im Falle ihrer Erkrankung – nicht auf schichtenspezifische pathogene Faktoren besonders unzugänglicher Art. Je genauer im übrigen der Analytiker die besonderen Abwehrformen der verschiedenen sozialen Schichten kennenlernt, um so eher ist er in der Lage, sich mit seiner Technik auf sie einzustellen. Eine intensive Erforschung dieser Einflüsse ist dringend notwendig.

Besonders unangenehm können sich auch unbewußte Schuldgefühle auf den Selbstwertpegel eines Menschen auswirken und dadurch eine schon vorhandene Störung, sich durchzusetzen, noch verschlimmern. Die damit verbundene Hilflosigkeit verzehrt wiederum erneut Selbstwertpotentiale eines Menschen, und auf diese Weise schließt sich der Circulus vitiosus. Um das Gefühl einer grundlegenden Schwäche zu kompensieren, bleibt dann nur die

14 Vgl. auch Helmut Junker: Erfahrungen aus der Ehepaargruppentherapie mit Patienten aus der oberen Unterschicht. In: Psyche 5, 26, 1972.

15 Vgl. in diesem Band S. 59f.

Flucht in die Größenphantasien. Wie aber sollen wir in der Psychoanalyse einem Idealisierungsbedürfnis dem Analytiker gegenüber begegnen? Und dies, ohne die Autonomiebestrebungen des Patienten zu behindern oder ihn der Selbstidealisierung in infantilen Größenphantasien hilflos zu überlassen? Um das zu können, muß der Analytiker unterscheiden lernen, ob eine Idealisierung des Analytikers als Abwehr gegen Aggression, als Ausdruck passiv-femininer Triebbedürfnisse oder als notwendige Übergangsstufe im Neuaufbau eines gestörten Selbstwertgefühls anzusehen ist. Auch Selbstidealisierungen oder Spiegelübertragungen – d. h. der Patient sieht im Analytiker nur das eigene Selbst, dessen Fähigkeiten und Bedürfnisse, oder will von ihm bewundert werden – müssen gelegentlich über lange Strecken verstehend akzeptiert werden, bevor man ihre Funktion als Abwehr gegen Kleinheits- und Entwertungsgefühle oder als Angst vor dem Anders-, dem Fremdsein des Analytikers deutet.

In diesen Behandlungsabschnitten werden große Anforderungen an die Geschicklichkeit und die Erfahrung des Analytikers gestellt. Er muß in der Lage sein, mit seinen Deutungen den häufig in raschem Wechsel aktualisierten Konflikten und Bedürfnissen des Patienten zu folgen. Eine genaue Beobachtung des Verhaltens und der Aussagen des Patienten ist dabei von größter Bedeutung.

Das Beispiel eines Patienten, den Kris[16] erwähnt, soll das verdeutlichen. Dieser Patient litt an einer Arbeitshemmung. Immer, wenn er eine wissenschaftliche Arbeit begann, meinte er irgendwann zu entdecken, daß jemand anderes diese Idee schon vorher gehabt hätte und daß er, wenn er diese Arbeit veröffentlichen würde, ein Plagiat beginge. Er hatte nicht vergessen können, daß er in der Pubertät gelegentlich gestohlen hatte. Für ihn war unverändert Aktivität mit Stehlen, wissenschaftliches Arbeiten mit dem Gefühl, anderen die Ideen wegzunehmen, verbunden. Er konnte diesen unangenehmen Impulsen nur durch eine weitgehende Hemmung seiner Aktivität und seiner intellektuellen Möglichkeiten entgehen. In einer vorangegangenen Analyse war die Verbindung zwischen der oralen Aggressivität und der Arbeitshemmung erkannt worden und auch, daß Angst und Schuld ihn daran hinderten, produktiv zu sein. Es stellte sich heraus, daß die in dieser ersten Analyse erkannten Es-Impulse zwar durchaus den Tatsachen entsprachen, aber nicht das ganze Bild enthielten.

Der Patient berichtete eines Tages in der Analyse, in einem merk-

16 Ernst Kris: Ego Psychology and Interpretation in Psychoanalytical Therapy. In: Psychoanal. Quarterly 20, 1951.

würdigen, von Erregung und Befriedigung gemischten Ton, daß er gerade in der Bibliothek eine Abhandlung gefunden hätte, in der der gleiche grundlegende Gedanke bearbeitet war wie in der von ihm begonnenen Arbeit. Wie sich bei näherer Betrachtung zeigte, kannte er diese Abhandlung seit langem. Auch wurde deutlich, daß diese alte Publikation zwar eine brauchbare Unterstützung seiner These war, aber keineswegs die These selber brachte. Der Patient hatte vielmehr dem Autor in den Mund gelegt, was er selber sagen wollte. Dadurch war es möglich, ihm in der weiteren Analyse durch Deutungen klarzumachen, daß er deswegen stehlen mußte, weil nur fremder Besitz für ihn von Wert war, und deswegen mußten auch seine eigenen Ideen, um Wert zu bekommen, anderen in den Mund gelegt werden. Diese Neigung ließ sich letztlich auf seine Beziehung zum Vater zurückführen, der wenig erfolgreich gewesen war und darum den lebenslangen Wunsch des Patienten nach einem großen und ruhmreichen Vater unerfüllt gelassen hatte. Aber nur, so schien es, wenn er sich einen solchen großen Vater einzuverleiben vermochte, konnte auch er, der Patient, Wert bekommen. In den Träumen wurde dieser Wunsch so ausgedrückt, daß er sich mit Hilfe der verschiedensten Symbole immer wieder den großen Penis seines Vaters einverleibte, den er in der Kindheit einmal wahrgenommen und bewundert hatte – ein Bedürfnis, das sich später auf Gedanken und Ideen verschob, so daß er nur dann seine eigenen Ideen als wertvoll sich aneignen konnte, wenn sie von einem anderen, größeren Mann zu stammen schienen.

Deutung

Die wichtigsten Aussagen der Psychoanalyse sind hermeneutischer Art. »Sie liefert theoretische Gesichtspunkte und technische Regeln für eine Deutung von symbolischen Zusammenhängen.«[17] An Beispielen sollte anschaulich gemacht werden, was die psychoanalytische Deutung erreichen will: dem Bewußtsein verlorengegangene, zum »inneren Ausland«[18] gewordene Zusammenhänge der eigenen Lebensgeschichte dem Analysanden wieder zugänglich zu machen, damit er mit ihnen anders als bisher – also z. B. verdrängend, agierend oder symptombildend – umzugehend lernt. Wo die Erinnerung versagt, weil sie als zu schmerzlich frühzeitig verdrängt wurde oder

17 Jürgen Habermas: Erkenntnis und Interesse. Frankfurt 1968. S. 263.

18 Sigmund Freud: Neue Folge der Vorlesungen zur Einführung in die Psychoanalyse. In: Ges. W., Bd. XV, S. 62.

weil die ängstigenden Erlebnisse, Wünsche oder Phantasien ursprünglich einem Entwicklungsstadium angehörten, in dem eine organisierte Erinnerungsfähigkeit noch nicht existierte, sollen Deutungen zerrissene oder verzerrte Sinnzusammenhänge erhellen und neu verknüpfen helfen.

Die Deutung steht also im Mittelpunkt der psychoanalytischen Arbeit. In diesem erkenntniserweiternden Sinne mit ihr umzugehen, soll vor allem die eigene Analyse, die Erfahrung mit den eigenen Selbsttäuschungen am eigenen Leib den zukünftigen Analytiker lehren. Aber obwohl der Analytiker im Laufe seiner Ausbildung und seiner zunehmenden praktischen Erfahrung lernt, mit dem »dritten Ohr« zuzuhören (Th. Reik), bleiben bei der Verschiedenheit von Individuum zu Individuum Verständigungsschwierigkeiten unvermeidlich.

Mit der technischen Grundregel, die Abwehr vor dem Inhalt zu deuten, ist gemeint: Es sollte Ziel der Verständigung sein, daß der Analytiker am Material der freien Einfälle des Patienten mit ihm gemeinsam dessen Abwehr gegen Bedürfnisse erkennt, die dieser verdrängt hat oder nur indirekt wegen seiner Angst-, Schuld- und Schamgefühle zu äußern vermag. Die Art der Abwehr besteht bekanntlich meist im Unbewußtmachen, d. h. der Verdrängung, der Verschiebung, der Projektion dieser angsterregenden Gefühle oder ihrer Wendung gegen die eigene Person, um nur einige der wichtigsten Abwehrmechanismen zu nennen. Erst wenn es dem Analytiker gelungen ist, etwas von diesem Abwehrvorgang dem Patienten erlebbar zu machen, sollte er die Deutung des ungewollt mitgeteilten Inhaltes in Angriff nehmen.

Damit es zu einer analytischen Zusammenarbeit kommen kann, muß der Patient sich zum Teil mit dem Analytiker und dessen Bemühungen identifizieren können. Sonst würde er kaum viele der intensiven Übertragungsgefühle verbalisieren wollen und trotz seiner Widerstände bereit bleiben, diese oft so peinlichen Gefühle einer Analyse zu unterziehen. Gerade eine solche therapeutische Mitarbeit gilt es immer wieder herzustellen. Sie kann besonders durch eine negative Übertragung blockiert werden, die deswegen rechtzeitig gedeutet werden muß, damit uns der Patient seine Mitarbeit nicht über allzu lange Zeit entzieht. Damit ist natürlich nicht gesagt, daß nicht auch positive Übertragungen diese Mitarbeit auf das empfindlichste zu stören vermögen, wenn sie nicht analysiert werden. Freud beschreibt dies, wenn er sagt, »daß die Übertragung auf den Arzt sich nur insofern zum Widerstand in der Kur eignet, als sie negative Übertragung oder positive von verdrängten erotischen Regungen ist. Wenn wir durch Bewußtmachung die Übertragung aufheben, so lösen wir nur diese beiden Komponenten des Gefühls von der Person des Arztes ab: die andere bewußtseinsfähige und unanstößige Komponente bleibt bestehen und ist in der Psychoanalyse genau ebenso die Trägerin des Erfolges wie bei anderen Behandlungsmethoden.«[19]

Da Abwehr und Trieb aber engstens miteinander verknüpft sind, ruft schon die Deutung der Abwehr, d. h. die Deutung des Widerstandes gegen das Erleben von Triebbedürfnissen und Übertragungsgefühlen, nicht selten heftige Angstgefühle hervor, die ihrerseits den Widerstand erneut verstärken. Aus diesem Wechselvorgang von Einsicht und Abwehr, der das psychoanalytische Durcharbeiten kennzeichnet, bildet sich das Verständnis zwischen Patient und Analytiker heraus.

Das macht verständlich, warum wir den Patienten kaum erreichen, wenn wir ihn mit Symboldeutungen überhäufen, z. B. jedes im Traum erscheinende Symbol, jede Schlange, Türklinke oder ähnliches als phallisch interpretieren oder ihm von seiner latenten Homosexualität, seinem Penisneid, seiner Aggression usw. in einer Zeit sprechen, wo er mit diesen Deutungen gefühlsmäßig noch gar nichts anfangen kann und sie im besten Fall nur als interessante Geschichten, in denen er die Hauptperson ist, zu erleben vermag. Einen empfindlichen, das soll heißen: innerlich stark mit seinen Abwehrprozessen beschäftigten Patienten kann man schon dadurch verscheuchen, daß man ihm zeigt, wie er immer wieder von Situationen berichtet, die dem Analytiker Ähnlichkeit miteinander verraten – was der Patient aber bisher nicht wahrgenommen hat – wie z. B. durch ein in bestimmten Lebenslagen sich wiederholendes und gleichbleibendes Verhalten. Schon indem wir ihn auf derartige von ihm arrangierte Situationen aufmerksam machen, können wir in ihm Angst vor seinen abgewehrten Triebbedürfnissen erwecken, die durch die Hilfestellung des Analytikers aufgefangen werden.

Als Beispiel die folgende Skizze: Eine Patientin, die sich von ihren Eltern vernachlässigt und mißverstanden fühlte und um keinen Preis die Einsicht ertragen konnte, zu dem Mißlingen dieser Beziehung selbst beigetragen zu haben, brachte sich immer wieder in abhängige und hilfsbedürftige Lagen und führte sehr geschickt Situationen herbei, in denen die anderen sie enttäuschen mußten. Darauf reagierte sie mit gesteigerter Aktivität, die weit über ihre Kräfte ging und sie dadurch erneut hilfsbedürftig machte. Diese Aktivität ver-

19 S. Freud: Zur Dynamik der Übertragung (1912). In: Ges. W., Bd. VIII.

folgte unbewußt die Absicht, den Eltern oder elterlichen Ersatzfiguren vor Augen zu führen, was sie im Grunde von ihnen erwartet hätte und was diese ihr schuldig blieben. Als Folge ihrer vorwurfsvollen und ihre Kräfte überfordernden Hilfsbereitschaft, die ihr nie das einbrachte, was sie sich unbewußt davon erwartete, steuerte sie sich periodisch in eine psychosomatische Symptomatik, die einen Krankenhausaufenthalt notwendig machte. Dort erwartete sie nun, daß endlich die Erfüllung ihrer unbewußten Wünsche nach totaler Versorgung durch Elternfiguren eintreten werde. Sie erlebte natürlich von neuem eine Enttäuschung. Darauf bot sie sich, sobald sie einigermaßen zu Kräften gekommen war, selber als Hilfskraft an. Wiederum entwickelte sie eine Hyperaktivität in der Versorgung ihrer Mitpatienten. Die Absicht dabei, den Schwestern und Ärzten klarzumachen, was sie an ihr versäumt hatten, blieb völlig unbewußt. So schloß sich der Teufelskreis der Chronifizierung ihrer Krankheit. Die Verknüpfung von verkrampfter Hilfsbereitschat mit untergründiger Vorwurfshaltung war ohne psychotherapeutische Hilfe von der Patientin nicht mehr aufzulösen. Die Hilfe war nicht einfach zu erbringen, denn schon dadurch, daß die Patientin auf die sich immer wiederholenden Situationen zu Hause und in der Klinik aufmerksam gemacht wurde und darauf, wie sich ihr Verhalten seit der Kindheit gleichgeblieben war (sie hatte in ganz ähnlich vorwurfsvoller und ihre Kräfte übersteigender Hilfsbereitschaft zu Hause erst für ihre Geschwister, dann für ihre Eltern gesorgt), fühlte sie sich herausgefordert, mißverstanden und erschreckt. Sie wehrte sofort heftig ab, da mit dem Ansprechen ihrer Wünsche und Enttäuschungen zu gleicher Zeit besonders stark verdrängte Aggressionen und Schuldgefühle neu belebt wurden.

Jedoch kann im Verlauf einer jeden Analyse bei der Durcharbeitung des präödipalen[20] Materials das Verlangen nach kleinkindlicher Bedürfnisbefriedigung zeitweilig die Analyse beherrschen. Die Patienten beginnen dann fast ausschließlich zu agieren, d. h., sie stehen in der Analyse und ihrem Mitmenschen gegenüber unter einem ihnen unbewußten Verhaltenszwang[21]. Mit dessen Hilfe konstellieren sie Beziehungen, von denen sie erhoffen, daß sie die erwünschte Triebbefriedigung vermitteln. In Tat und Wahrheit führt dieses agierende

20 »präödipal« ist die Bezeichnung für die vor dem Ödipuskomplex gelegene psychosexuelle Entwicklungsphase. In dieser Zeit überwiegt für beide Geschlechter die Anhänglichkeit an die Mutter. Vgl. J. Laplanche, J.-B. Pontalis: Das Vokabular der Psychoanalyse. Frankfurt 1972.

21 Vgl. ›Das Theater der Seele‹, in diesem Band S. 97ff.

Verhalten meist zu mehr oder weniger unerfreulichen Konflikten, da die erwachsenen Mitmenschen natürlich nicht verstehen, daß es sich hier um zwanghaft sich aufdrängende infantile Bedürfnisse handelt. Auch in der Therapie selber ist der Patient oft nicht willens, darauf zu verzichten, daß der Therapeut sich ihm aktiv zuwendet. Er bringt dann kaum noch Erinnerungen oder Phantasien, sondern klagt über die frustrierende analytische Situation, oder er schweigt verdrossen.

Mit dem geduldigen Ansprechen seines trotzigen und herausfordernden Verhaltens muß es dem Patienten langsam unmöglich gemacht werden, den Schuldigen für sein Versagen und seine Erkrankung allein in der Außenwelt zu suchen. Er kann dann z. B. die Abwehr seiner unbewußt wirksamen Enttäuschungen und Aggressionen nicht mehr »naiv« vollziehen; statt dessen muß er lernen, die unbewußt gewordenen, ursprünglichen Haßgefühle zu ertragen, die ihn in den Konflikt getrieben haben.

Michael Balint warnte davor, mit dem Patienten um die Richtigkeit oder Unrichtigkeit von Deutungen zu streiten, denn dadurch wird ein anderer Mechanismus der Abwehr, die Rationalisierung, gefördert und nicht die Einsicht in die abgewehrten Motive des Handelns. Denn ohne daß sie es beabsichtigen, kann nicht nur der Patient, sondern auch der Therapeut leicht in die Gefahr der Intellektualisierung und des Theoretisierens geraten. Interpretationen sollen generell das Wissen des Patienten über sich selber vergrößern, nicht aber ihm theoretisches Wissen vermitteln. So ist es gewiß nicht unser Ziel, dem Patienten mit Hilfe psychoanalytischer Terminologie zu beweisen, daß er z. B. an einem Ödipuskomplex leidet. Vielmehr sollen dem Patienten spezielle individuelle Erfahrungen bewußt gemacht werden, in denen sich bei ihm der ödipale Konflikt geäußert haben mag oder noch immer äußert.

Agieren

Das Agieren in der Behandlungsstunde wurde von Freud schon frühzeitig beschrieben: Anstatt sich zu erinnern, verändert der Patient sein Verhalten in seltsamer Weise: »Der Analysierte erzählt nicht, er erinnere sich, daß er trotzig und ungläubig gegen die Autorität der Eltern gewesen sei, sondern er benimmt sich in solcher Weise gegen den Arzt. Er erinnert nicht, daß er in seiner infantilen Sexualforschung rat- und hilflos stehengeblieben ist, sondern er bringt einen Haufen verworrener Träume und Einfälle vor, jammert, daß ihm nichts gelinge und stellt es als sein Schicksal hin, niemals eine Unternehmung zu Ende zu führen.«[22] Das Entscheidende an diesem Vorgang ist, daß der Patient dies alles gänzlich ohne Einsicht tut; er weiß nichts davon, daß er im Agieren ältere Konflikte wiederholt, sondern empfindet sein Verhalten als ich-gerecht, d. h. als den realen Umständen entsprechend[23]. Er erkennt nicht, daß er Gegenwart mit Vergangenheit verwechselt. Eine relative Vielfalt neurotischen Agierens während der Analyse scheint im übrigen unvermeidbar. Eine wesentliche Funktion der analytischen Arbeit ist die Wiederbelebung unbewußt gewordener Erinnerungen und Gefühle, die nie verbalisiert wurden. Diese in einer Periode erlebten Konflikte, in der die kindliche Entwicklung noch nicht so fortgeschritten ist, daß sie den sprachlichen Ausdruck der widersprüchlichen und angsterfüllten Gefühle und Erlebnisse möglich macht, können sich zunächst nur mit Hilfe des Agierens mitteilen[24].

Im Agieren wird mit der Realität oft ähnlich umgegangen wie im Traum. Beide haben eine Neigung, kränkende Erinnerungen im wunscherfüllenden Sinne zu fälschen. Dabei wird der agierende Patient oft unbewußt versuchen, den Analytiker dazu zu bringen, mit ihm gemeinsam seine Erinnerungen zu verdrehen.

Anna Freud sieht im Agieren während der analytischen Behandlung die Folge einer Steigerung der Übertragung[25]. Der Patient entzieht sich dann zeitweilig den Regeln der analytischen Behandlung, die ihm letztlich verbale Äußerungen abverlangt, und setzt die Trieb- wie auch die Abwehrseite seiner Gefühle dem Analytiker gegenüber in Handlungen des täglichen Lebens um.

Übertragung – Wiederholungszwang – Regression

Es ist ein Irrtum zu glauben, die Psychoanalyse beschäftige sich nur mit Erlebnissen aus der Kindheit. Zwar ist es richtig, daß sie ihnen richtungweisende Bedeutung für das Verhalten und die Symptomatik der Erwachsenen zuschreibt. Sie benutzt dieses Wissen aber nur, um am aktuellen Konflikt, am aktuellen Verhalten des Erwachsenen den Aspekt der Wiederholung herauszuarbeiten und zu zeigen, aus

22 S. Freud: Erinnern, Wiederholen, Durcharbeiten (1913). In: Ges. W., Bd. X, S. 129f.

23 Vgl. ›Das Theater der Seele‹, in diesem Band S. 97ff.

24 Vgl. auch Amadeo Limentani: A Re-evaluation of Acting-out in Relation to Working through. In: Int. J. Psycho-Anal. 47, 1966, S. 274.

25 A. Freud: Das Ich und die Abwehrmechanismen. München 1964, S. 20f.

welchen subjektiv entscheidenden Motiven die Wiederholung gespeist wird.

Der Beistand des Analytikers soll es dem Patienten ermöglichen, zu den chronischen Ängsten und Konflikten vorzudringen, die hinter dem Wiederholungszwang stehen. Die Vorstellung, man könne dem Patienten mit Ratschlägen helfen, die allein auf eine Änderung der aktuellen Situation abzielen, muß als naiv zurückgewiesen werden. Das Problem liegt vielmehr darin, daß der Patient von einem unbewußt wirksamen Wiederholungszwang stärker motiviert wird als von seiner Selbsteinsicht. Nur deshalb kann er aus Erfahrung nicht klug werden. So gerät er immer wieder in Lebenslagen, die zwar von außen betrachtet wenig Ähnlichkeit aufweisen mögen, aber bei näherer Betrachtung Verhaltensstereotypien und gleichbleibende Konfliktsituationen offenbaren. Nur die Bewußtmachung der diesem neurotischen Verhalten zugrunde liegenden Motive kann ein Arrangement »wie gehabt« verhindern.

Zum Verständnis unbewußter Prozesse ist es wichtig, zwei Formen des Wiederholungszwanges zu unterscheiden: Einmal stellt er den Versuch dar, traumatische Erlebnisse zu meistern, zum anderen fördert er die Tendenz, zu einem tatsächlich erlebten oder phantasierten früheren Zustand von Ruhe und Befriedigung zu regredieren, in dem noch keine traumatischen Erlebnisse zu einer Störung der vertrauensvollen mitmenschlichen Beziehung geführt hatten. Beide Arten des Wiederholungszwanges können beim gleichen Patienten zu verschiedener Zeit beobachtet werden. Es kann natürlich auch eine masochistische Tendenz, ein Strafbedürfnis, sich im wiederholten Arrangement unglücklicher Lebenssituationen ausdrücken. Darauf wurde schon hingewiesen[26].

Die Übertragung, in der ein Wiederbeleben früherer emotionaler Erfahrungen stattfindet, kann oft zur Bühne werden, auf der der Wiederholungszwang die ihm zugrunde liegenden traumatisierenden Erlebnisse szenisch agiert. Dann kommt vor allem seine Tendenz zum Ausdruck, zu ungelöst gebliebenen Problemen, zu gestörten Objektbeziehungen oder Störungen im Aufbau des Selbstwertgefühls zurückzukehren. In solchem Falle sind die regressiven Aspekte der Übertragung ein notwendiges Vehikel, um ungelöste Konflikte noch einmal zum Erlebnis zu bringen. In der Regression sollte es gelingen, bisherige Besetzungen aufzulösen, traumatische Erfahrungen zu revidieren und mit Hilfe von neuen Besetzungen reifere Objektbeziehungen und ein besseres Verhältnis zum eigenen Selbst aufzubauen.

26 Vgl. in diesem Band S. 97ff.

Wenn jedoch die regressiven Aspekte der Übertragung hauptsächlich frühkindliche Triebwünsche zu befriedigen trachten und sich wenig progressive Tendenzen zeigen, wird man sich vor dieser Form des Wiederholungszwanges und der Regression in acht zu nehmen haben und darauf schließen können, daß präödipale Fixierungen besonders stark sind oder daß die Technik des Analytikers die Regression nicht in die richtigen Bahnen zu leiten wußte.

Auch an der Form, die der regressive Wiederholungszwang in der Übertragung annimmt, kann man in etwa ablesen, ob eine Analyse Chancen hat, den Patienten von Fixierungen zu befreien und einen neuen Beginn einzuleiten. Insbesondere M. Balint hat sich mit dem Verhältnis des regressiven Patienten zu seinem Analytiker beschäftigt[27]. Eine der Voraussetzungen des Gelingens liegt darin, ob die Haltung des Analytikers einem in seiner Zweierbeziehung gestörten Patienten erlaubt, eine entspannte, von Mißtrauen befreite Übertragung zu entwickeln. Der Patient kommt dann zu einem Punkt, an dem er das Gefühl ruhigen Wohlbefindens entwickeln kann, ohne dabei vom Analytiker gestört zu werden. Das ermöglicht ihm ein Erlebnis der Rückkehr in frühkindliche Abhängigkeitsverhältnisse, eine Wiederbelebung der Erfahrung des Urvertrauens. In ihr wird der Analytiker als Stellvertreter der frühen Beziehung zur Mutter, als einer, der selbstverständlich da ist, erlebt, als jemand, von dem man angstfrei Verständnis für seine Gefühle und Bedürfnisse erwarten kann.

Wenn aber der Analytiker durch seine Haltung den Patienten zu einer Regression auf frühkindliche Triebbedürfnisse verführt oder Rettungswünsche ihm gegenüber entwickelt oder gar dem Patienten direkt zu ersetzen sucht, was dieser in der Kindheit bei den Eltern entbehrt zu haben glaubt, besteht die Gefahr, daß der Patient unersättliche, nicht zu befriedigende Triebwünsche entwickelt. Seine Verinnerlichungs- und damit seine Symbolisierungsfähigkeit bleibt unentwickelt. Die Aussicht auf die Entstehung einer analytischen Atmosphäre, die es dem Patienten erlaubt, seine Traumen zu überwinden und in Ruhe reifen zu können, ist dann gering.

Hingegen gehören Regressionen, die zur Auflösung frühkindlicher Fixierungen führen und damit den Wiederholungszwang durchbrechen oder einen neuen Beginn setzen, zur Gruppe jener, die »im Dienste des Ich« stehen, wie es Kris formuliert hat[28]. Balint

27 Michael Balint: Der Neubeginn, das paranoide und das depressive Syndrom (1952). In: Die Urformen der Liebe und die Technik der Psychoanalyse. Stuttgart 1966.
28 E. Kris: Psychoanalytic Explorations in Art. New York 1952.

nannte regressive Vorgänge, die dem Patienten helfen, zu sich selbst zu kommen, »Regression mit dem Ziel des Erkanntwerdens«[29].

Aber auch dann, wenn Regression unerwünscht ist und wenn der Analytiker sie durch sein Verhalten nicht verstärkt, findet schon durch die Position des Liegens und vor allem durch die Methode der freien Assoziation, in der die kontrollierende Funktion des Ich teilweise aufgegeben wird, unvermeidbar eine Regression statt. Indem der Patient liegt, sieht er den Analytiker nicht und kann sich dadurch besser auf seine eigenen inneren Wahrnehmungen konzentrieren. Diese Situation fördert auch die Neigung zu einer für das jeweilige Individuum typischen Projektionsbildung. Damit sind nicht die groben pathologischen Projektionen gemeint, die sich mit großer Kraft unter allen Umständen durchzusetzen verstehen, sondern jene Projektionsanteile, die in jeder mitmenschlichen Beziehung mehr oder weniger stark beteiligt sind und die über weite Strecken die Übertragung bestimmen. Der Analytiker kann sich jedoch dieser unvermeidlichen Regression für seine Arbeit bedienen. Er muß dann allerdings zwischen tatsächlichen Ereignissen der Kindheit und dem, wie der jeweilige Patient seine Kindheit erlebte, zu unterscheiden lernen.

Damit ist gefordert, daß der Analytiker zeitweise sich darauf konzentrieren sollte, den Projektionscharakter in den Erlebnissen des Patienten herauszuarbeiten. Er kann dies immer wieder in den Übertragungsvorgängen erlebbar machen. Übertragungsdeutungen sind deswegen so wichtig, weil sie am unmittelbarsten die weiterwirkende Vergangenheit mit der Gegenwart verbinden. Für den Fortgang der Analyse ist es unerläßlich, auch in diesem Zusammenhang das Verhältnis von äußerer und innerer Realität zu klären. Das bedeutet, es muß in der Kooperation von Analytiker und Patient herausgefunden werden, aus welchen inneren Gründen der letztere seine Kindheit auf diese spezifische Weise erleben mußte. Zu vermeiden gilt es also, die Berichte aus der Kindheit des Patienten oder seine Charakterisierung von Beziehungspersonen unbefragt als objektive Tatsachen anzusehen. Ein derart im Analytiker oft induziertes Mitleid und seine Parteinahme nutzen dem Patienten wenig. Dem Patienten würde dadurch der Ansporn zur Einsicht genommen, daß es zunächst wichtig und auch möglich ist, sich selber zu ändern, um seine Beziehungen zu den mitmenschlichen Objekten der äußeren Realität ändern zu können und, im Bereich des Möglichen, Autonomie und Selbständigkeit zu entwickeln. Nur mit Hilfe

29 M. Balint: Therapeutische Aspekte der Regression. Stuttgart 1970.

langwieriger individueller Analysen kann man auch den subtilen und vielfältig verflochtenen Ursprüngen des Hasses näherkommen. Meistens ist er eine Folge früher Liebesenttäuschungen oder eines Nichterkannt-, Nichtverstandenwerdens[30].

Auch wenn die Psychoanalyse sich als oberstes Ziel setzte, die selbsterkennenden Fähigkeiten zu vertiefen, will sie damit das Individuum nicht in seinen Möglichkeiten einschränken, gesellschaftliche Mißstände zu verändern. Im Gegenteil, erst indem der Mensch die subjektiven Motive seines Handelns verstehen und überblicken lernt, wird er mit einer objektiveren Einschätzung der äußeren Verhältnisse auch besser imstande sein, diese wirklichkeitsentsprechend zu verändern.

Identifikation

Hier – wie immer – muß auch der Analytiker lernen, seinen eigenen Narzißmus, sein Bedürfnis nach Bewunderung oder danach, jemanden von sich abhängig zu machen, zu beherrschen. Wenn er allzu überraschende oder tiefe Inhaltsdeutungen gibt, wird das zwar die Bewunderung des Patienten für ihn erregen, aber sie helfen diesem nicht, sondern stören ihn vielmehr nur darin, den ihm entsprechenden Weg zu einer Lösung seiner Schwierigkeiten zu finden. Das als magische Potenz erlebte überwältigende Wissen des Analytikers bringt den Patienten in die Gefahr, sich dem Analytiker und dessen Interpretationen kritiklos und passiv zu unterwerfen. Dieser aktiviert damit eine frühkindliche Neigung des Patienten zur totalen Identifikation, in der er fraglos Äußerungen und Verhaltensweisen einer Autorität zu übernehmen bereit ist. Als Folge bildet sich eine Abhängigkeit heraus, die die psychische Aufnahmefähigkeit beschneidet und die Persönlichkeitsentwicklung einengt. Solche Identifikationen sind allerdings für manche Abschnitte der Behandlung – wenn sich ein Patient z. B. von seinen inneren Ängsten allzu sehr bedrängt fühlt – nicht vermeidbar. Es wird dann aber zum vordringlichen Ziel, sie zu erkennen und – sobald es der psychische Zustand des Patienten möglich macht – sie wieder aufzulösen bzw. in den natürlichen Zustand der Partialidentifikation zu überführen.

Partielle Identifikationen, d. h. Einsichten, Fähigkeiten und Verhaltensweisen von Vorbildfiguren, die in die eigene Persönlichkeit integriert werden, beginnen in der phallisch-ödipalen Entwick-

30 Vgl. in diesem Band S. 54ff.

lungsphase zunehmend eine Rolle zu spielen und sind ein wesentlicher Anteil unserer Sozialisation. Sie dürfen allerdings nicht mit der Neigung zu fraktionierten Identifikationen verwechselt werden, die gerade eine kontinuierliche Identitätsentwicklung verhindern, da die verschiedenen verinnerlichten Rollen nicht zu einer Einheit zusammengefügt werden. In oft schnell wechselnder Folge hat man dann beim gleichen Individuum das Gefühl, es mit verschiedenen Persönlichkeiten zu tun zu haben. Entsprechend ist auch die Beziehung zum eigenen Selbst[31] ohne Kontinuität und Einheitlichkeit. Mitscherlich nannte das eine multiple Persönlichkeit[32]. In seinem Buch ›Two or Three Graces‹ hat auch Aldous Huxley Menschen solcher Art mit viel Witz und Ironie dargestellt.

Die Integration der verschiedenen Identifikationen wird besonders erschwert, wenn einander entwertende Eltern verinnerlicht werden, wie es das Beispiel der Studentin Herta zeigte[33]. Solchermaßen gestörte Menschen neigen in besonderem Ausmaß zum Agieren, da sie einen Teil der in Konflikt miteinander liegenden Identifikationen zu externalisieren versuchen, um ihn in der Außenwelt zu bekämpfen und den inneren Druck loszuwerden.

Durch Identifikationen – je nach Inhalt und Art – stärken oder beschränken wir unsere Ichkräfte. Normalerweise leihen wir uns in ihnen Techniken zur Bewältigung der äußeren wie der inneren Realität aus. Manches davon wird später in Anstößen zu neuen Identifikationen, Erkenntnissen und Einsichten revidiert, manches bleibt lebenslang erhalten.

Entsprechend soll auch der Analytiker durch seine Interpretationen Identifikationsanregungen geben, dabei aber dem Patienten dazu verhelfen, seine individuellen Fähigkeiten auszubauen, damit er die vom Analytiker vermittelten Erkenntnisse auch nach Beendigung einer Behandlung autonom zur Weiterentwicklung nutzen kann.

Je mehr die Eltern durch ihr Verhalten ursprünglich einem Kind die Freiheit in der Auswahl seiner Identifikationen zu lassen vermochten, um so besser pflegt es seine kritischen und selbstkritischen Ichfunktionen auszubauen und zu nutzen. Dabei lernt es, zwischen äußerer und innerer Realität einigermaßen zuverlässig zu unter-

31 Der Begriff des Selbst bezieht sich auf die eigene Person im Gegensatz zum Objekt; der des Ich auf ein psychisches System im Gegensatz zu anderen Teilstrukturen der Persönlichkeit wie Es und Über-Ich (Heinz Hartmann: Bemerkungen zur psychoanalytischen Theorie des Ichs. In: Psyche 18, 1964).

32 A. Mitscherlich: Auf dem Weg zur vaterlosen Gesellschaft, a.a.O.

33 Vgl. in diesem Band S. 67ff.

scheiden. Hartmann hat darauf aufmerksam gemacht, daß es nicht nur gilt, in der äußeren Welt zwischen Vorstellung und Wahrnehmung zu unterscheiden, sondern daß auch die innere Realitätsprüfung davon abhängt, ob es uns gelingt, eine wahrnehmende Distanz zu den Vorstellungen von uns selber einhalten und ausüben zu können[34]. Dazu gehört, daß wir uns unseres Wertsystems, unserer Empfindlichkeiten, unserer Ängste und Verhaltensweisen einigermaßen bewußt sind. Jeder muß auch lernen, mit seiner besonderen Art von Gewissen und Schuldgefühlen umzugehen, und erkennen, daß seinem Verhalten dadurch Grenzen gesetzt sind, die er nur auf Kosten seines eigenen inneren Wohlbefindens überspringen kann.

Wenn die Fähigkeit zu partiellen, einander ergänzenden Identifikationen früh aktiviert wird, ist die Basis für eine lebenslang anhaltende Lernbereitschaft – nach außen wie nach innen – gelegt. Ein Individuum mit solchen Kindheitserfahrungen wird immer wieder den Anreiz verspüren, neue innere und äußere Wahrnehmungen zu einer ihm eigenen Synthese zu verarbeiten.

An dieser progressiv wirksamen Fähigkeit knüpft die analytische Behandlung an, und der Analytiker muß deswegen mit wacher Aufmerksamkeit vermeiden, in die Rolle zu geraten, in welcher er, wenn auch noch so fein dosiert oder versteckt, einen Denk- und Idealisierungszwang ausübt, der die gefährliche Neigung zur Totalidentifikation reaktiviert. Die Atmosphäre einer Analyse ist sehr deutlich davon geprägt, wie einfühlend und scharfsinnig, aber auch wie liberal das Deuten gehandhabt wird; mit anderen Worten, wie frei oder unfrei ein Patient ist, eine Deutung anzunehmen oder abzulehnen. Daß die Ablehnung des Patienten oft einer Verleugnung oder einer Abwehr gegen noch unerträgliche Einsichten entspringt, braucht kaum erwähnt zu werden.

Wenn frühzeitige Totalidentifikationen die Art des Umgangs mit der eigenen Person und den mitmenschlichen Objekten bestimmen, herrscht die Neigung zur Projektion oder zur Bildung von rigiden Denk- und Verhaltensweisen vor, weil die Anlage zum kritischen, distanzierten Umgang mit eigenen inneren Vorgängen unausgebildet bleibt. Das erklärt auch, warum es Patienten gibt, die, was immer auch der Analytiker an Freiheit des Denkens zu vermitteln sucht, nicht fähig sind, dies anzunehmen. Die Folge ist oft ein Scheitern der Analyse; und wenn nicht dies, dann doch lange Perioden schwieriger gemeinsamer Arbeit, ehe der Patient langsam in der Lage ist, in dem Analytiker etwas anderes als den erwünschten wie auch verhaßten Überwältiger oder den allwissenden lieben Gott zu sehen.

34 Heinz Hartmann: Über rationales und irrationales Denken. In: Psyche 7, 1947.

Die Qualität der Übertragung wird also entscheidend von den im Leben eines Menschen vollzogenen Identifikationen beeinflußt; im erschwerten Fall vom Umfang, Rang und Dauer der Totalidentifikationen, an denen er festhalten muß. Durch die dauernde Selbstkontrolle des Analytikers und der damit einhergehenden Geübtheit, zwischen seiner eigenen äußeren und inneren Realität zu unterscheiden, wird es ihm möglich, dem Patienten zu helfen, bei dieser Unterscheidung ebenfalls voranzukommen. Ein wichtiges Mittel ist die Übertragungsdeutung. Die Schulung seiner Fähigkeit, zwischen Phantasie und Wirklichkeit zu unterscheiden, mildert auch die Ambivalenzkonflikte des Patienten. Er kann dann zugunsten korrekter Wirklichkeitserkenntnis Projektionen zurücknehmen und neue Einstellungen entwickeln. Das ist insbesondere da nützlich, wo unbewußte Feindseligkeit und Angst projiziert werden und zu den unabsehbaren Ketten von Aktionen und Reaktionen führen, die das Leben eines Menschen höchst unvorteilhaft bestimmen können.

Einen ähnlichen Gedanken hat Strachey schon 1934 geäußert: Wenn wir dem Patienten dazu verhelfen könnten, sich weniger von seinem Über-Ich oder introjizierten Objekten zu fürchten, würde er weniger erschreckende Bilder auf die äußeren Objekte projizieren und dadurch weniger das Bedürfnis haben, diesen gegenüber Feindseligkeiten zu empfinden[35].

Einfälle

Die Einfälle des Patienten sind – je besser ihm die freie Assoziation gelingt – ohne erkennbaren Zusammenhang. Der Analytiker, als ergänzendes Ich des Patienten, übernimmt vorerst dessen synthetische Funktionen. Mit Hilfe der Einfälle versucht er, durch Deutungen eine verborgene Ordnung in der Erlebniswelt des Patienten erkennbar zu machen. Unterstützt durch die Gefühlsbeziehung zum Analytiker lernt der Patient in mühsamen Schritten, Einsichten zu ertragen, die er wegen ihrer schmerzlichen Qualität durch Abwehrtechniken bisher vom Bewußtsein fernzuhalten verstanden hat. Nachdem er die Angst, der Analytiker werde ihn manipulieren, d. h. etwas »Fremdes« seiner Person einpflanzen, überwunden hat, vermag er die Angst um seine »Identität« aufzugeben und im Verlauf einer Analyse besser seine Assoziationen und Gefühle frei mitzuteilen, also die Abwehrschranke seines kontrollierenden bewußten Ich

35 James Strachey: The Nature of the Therapeutic Action of Psychoanalysis. In: Int. J. Psycho-Anal. 15, 1934.

allmählich herabzusetzen. Schließlich gelingt es ihm, häufiger selbst die synthetische Funktion des Analytikers auszuüben.

Gibt dieser zuviel Deutungen, so können sie den Patienten von dem soeben geschilderten Lernprozeß abhalten und seine Passivität konservieren. Gibt er zuwenig Deutungen oder überhaupt keine, welche die unmittelbare Übertragungssituation betreffen, so muß der Patient mut- und interesselos werden, da seine Gefühlsangebote an den Analytiker ohne Resonanz bleiben. Die Übertragung sollte sich von den ihr zugrunde liegenden ursprünglichen Beziehungen dadurch unterscheiden, daß der Analytiker im Verlauf der Behandlung durch seine Interpretationen das Verhalten des Patienten aus den Zwängen monotoner Wiederholung befreit. Das wird nur durch die Stärkung der Ichkräfte möglich werden, die das Feld bewußter Realitätswahrnehmung – der inneren wie äußeren – erweitern.

Nicht selten freilich gelingt das Arbeiten mit den freien Einfällen nur unvollkommen oder gar nicht. Dies ist dann der Fall, wenn die psychische Struktur des Patienten – seine permanente Abwehr von Einfällen im Vorbewußten – das Auftauchen von spontanen Einfällen verhindert. Es können aber auch Ich- und Über-Ich-Funktionen ausfallen, die für das Aufrechterhalten des Arbeitsbündnisses mit dem Analytiker Voraussetzung sind. Zwangskranke etwa können die kontrollierende Funktion des Ich nur schwer aufgeben; Schwergestörte, die sogenannten Borderline-Fälle oder gar Psychotiker, können dies oft nur allzu gut, ohne aber aus der Fülle des produzierten Materials Einsichten zu gewinnen, die sie zu einem kontinuierlichen Verhaltensstil im Sinne der Vorherrschaft des integrierenden Ich führen würden.

Modifikationen der Technik

Die hier beschriebene analytische Methode ist im allgemeinen für Psychotiker nicht anwendbar. Sie brauchen meist jene direkte unterstützende Hilfe für das schwache Ich, die der Analytiker dem neurotischen Patienten aus den dargestellten Gründen nicht gibt. Für diese psychischen Patienten stellt der Analytiker dann ein reales Hilfs-Ich dar. Sie sind meist nicht in der Lage, wie wir das von den neurotischen Patienten erwarten, schrittweise ihre integrativen Ichkräfte zu entwickeln. Der behandelnde Therapeut bleibt für sie ein Ersatz-Ich; sie selbst sind nicht fähig, diesen Defekt auszugleichen. Die Situation gleicht in etwa dem Zuckerkranken, der des Insulins von außen bedarf, weil er selbst es zu bilden nicht imstande ist.

Schon A. Aichhorn erkannte, daß auch bei Symptomen wie Verwahrlosung und Kriminalität Modifizierungen der analytischen Methode notwendig sind[36]. Vorwiegend narzißtische Patienten werden vielleicht jede innere Beobachtung genau registrieren und auch berichten können, aber ohne daß dies ihre mangelhafte Gefühlsbindung an den Analytiker verbessern müßte. Sie erwecken oft den Eindruck einer maximalen Einengung der menschlichen Objektbeziehungen. Im Extremfall ist diese Charaktereigentümlichkeit ein definitives Hindernis für eine psychotherapeutische Behandlung.

In Anlehnung an Freuds Satz, das Über-Ich sei das »Erbe des Ödipuskomplexes«, d. h. das psychisch-strukturierende Ergebnis eines Konfliktes, der die ganze Person ergriffen hat, ist Peter Blos[37] der Ansicht, das Selbst[38] sei das Erbe der Pubertät. Dieser Ansicht kann man zustimmen, da in der Tat die Selbstverantwortung des Erwachsenen aus seiner Ablösung von den verinnerlichten Eltern-Imagines entsteht. Körperliche Reifung und seelischer »Sturm und Drang« bilden einen turbulenten Lebensabschnitt. Eigenverantwortung wird beansprucht, ohne daß das Ich schon dieser Anforderung gewachsen wäre. Entsprechend wechseln chaotische Ausbrüche und übertriebene Idealisierung neu aufgetauchter Vorbilder. Die zunehmende Kritik an den Eltern steht mit nunmehr realer Inzestmöglichkeit, mit realer Fähigkeit, den Vater herauszufordern, in Zusammenhang. Es ist klar, daß dieser Lebensabschnitt – falls der Jugendliche in ihm überhaupt der Aufforderung zu Selbstbesinnung folgen will – ihm angepaßte Behandlungsmethoden fordert. Aichhorn[39] und Siegfried Bernfeld[40] waren die ersten, die spezifische Methoden psychoanalytischer Therapie für die Pubertätszeit entwickelt haben.

36 August Aichhorn: Verwahrloste Jugend. Die Psychoanalyse in der Fürsorgeerziehung (1925). Bern 1951.

37 P. Blos: On Adolescence. New York 1962.

38 Hier wird der Begriff des Selbst im Sinne einer weiteren Verselbständigung des Individuums gebraucht. Die Errichtung des Über-Ich leitet die Unabhängigkeit von elterlichen Ge- und Verboten ein. Mit dem im Verlauf der Pubertät sich endgültig konstituierenden Selbst werden kontinuierliche Gefühle und Vorstellungen von der eigenen Person entwickelt. Dadurch wird die Abgrenzung vom anderen, insbesondere von den nächsten Beziehungspersonen, den Eltern also, eindeutiger. Zum Wohlbefinden eines Menschen gehört jetzt das Gefühl, mit sich selbst identisch zu sein.

Die ersten Anfänge eines Selbst beginnen schon in der frühen Kindheit, wenn sich die Möglichkeit einer Unterscheidung von Subjekt und Objekt andeutet. Mit der seelischen Fähigkeit zum Objektkonstanz festigt sich langsam die Vorstellung eines eigenen Selbst.

39 A. Aichhorn: Verwahrloste Jugend, a.a.O.

40 S. Bernfeld: Ausgewählte Schriften, neu zusammengestellt in: Antiautoritäre Erziehung und Psychoanalyse, Bd. 2 und 3. Darmstadt 1970.

Als Folge der partiellen Aufgabe von Bindungen und des Eingehens neuer Identifikationen stellt sich als Psychopathologie der Pubertätsphase nicht selten ein Gefühl der Depersonalisierung und der Derealisierung ein; der Jugendliche ist nicht mehr der alte, aber auch noch nicht der neue, der zu werden er im Begriffe steht.

Das wird durch die Erinnerung eines Patienten aus seiner Pubertät illustriert: Als er in den Spiegel sah, entdeckte er plötzlich, daß dieser leer war. Der Schock, den diese Wahrnehmungsstörung und die sie begleitende Angst, verrückt zu werden, bei ihm auslösten, ließ ihn die Beziehung zu den Eltern, die er gerade zu lockern versucht hatte, in alter Intensität wieder aufnehmen. Er gab seinen nörgelnden Trotz ihnen gegenüber auf und kehrte zu seiner kindlichen Haltung uneingeschränkter Bewunderung zurück. Entsprechend war später auch die Übertragungsbeziehung zum Analytiker von diesem Ereignis geprägt: Sie blieb lange auf der Stufe kindlicher Abhängigkeit stehen. Nur unter Überwindung großer Angst war er langsam in der Lage, seine kritischen Gefühle gegenüber dem Analytiker überhaupt wahrzunehmen. Hand in Hand mit der Entwicklung dieser Fähigkeit ging eine realere und weniger idealisierende Einschätzung seiner selbst.

An die Identitätskrise ihrer Pubertät und die mit ihr verbundenen Gefühlsstürme, Konflikte und Verhaltensweisen können sich wenigstens in Ausschnitten die meisten Patienten noch gut erinnern. Wie der Verlauf der Pubertät vom Erleben der ödipalen Phase mitbestimmt wurde, so vollziehen sich die Regressionen der Pubertät gemäß den traumatischen Fixierungen der Kindheit; oder: im gegenwärtigen Verhalten des Jugendlichen offenbart sich immer auch seine Vorgeschichte. Die Rückzüge, die er jetzt auf Zeit, auch auf Lebenszeit vollzieht, sagen uns etwas über die Leiden und Fähigkeiten seiner Kindheit.

J. Lampl-de Groot meint, daß die Pubertät erst spät in der Analyse wirklich lebendig würde[41]. Der Patient könne sich zwar an seine Pubertät besser erinnern als an die anderen Perioden seiner Kindheit, würde aber ein wirkliches Pubertätserlebnis in seiner Beziehung zum Analytiker erst nach der Durcharbeitung großer Teile der frühen Kindheit und Latenz durchmachen. Und zwar verhält er sich dann erst von neuem so, wie er es in der Pubertät getan hat. Diese wird mit neuem Bedeutungsgehalt in der Analyse wieder akut. Der Analytiker muß in dieser Zeit bereit sein, die aggressive, kleinliche, nörgelnde, aber oft auch treffende Kritik des Patienten zu ertragen.

41 Jeanne Lampl-de Groot: On Adolescence. In: Psa. Study Child 15, 1960.

Sie ist ein klares Abbild seines Verhaltens in der Pubertät. Mit ihm leitet er die Lösung vom Analytiker ein und prüft dabei noch einmal die Tragfähigkeit der Beziehung, wie er es zuvor mit den Eltern getan hatte.

Dabei ist zu bedenken, daß dieser Kampf für den Patienten weit mühevoller ist als für den Analytiker. Denn hinter den Aggressionen des Patienten verbergen sich Trauer und Angst. Modifizierung und partielle Aufgabe der entstandenen Übertragungsbeziehung und der Identifikation mit dem Analytiker leiten von neuem eine schwierige Periode des Suchens ein, in der es erneut zu vorübergehenden Depersonalisierungen und einer peinlichen Selbstunsicherheit kommen kann.

Aus alldem geht hervor, daß die Vorstellung, die von einigen Analytikern vertreten wird, man könne die Entwicklung Phase für Phase rückläufig durcharbeiten, eine Modellvorstellung bleibt, die nicht zu verwirklichen ist. Eine Analyse in zeitlich umgekehrter Reihenfolge wird vor allem dann in Unordnung geraten, wenn es darum geht, Perioden durchzuarbeiten, die genuin brisante Konflikte hervorbringen.

Handhabung der Regeln

Gewiß wird es im Laufe einer Analyse immer wieder notwendig sein, sich mit Struktur und Verlauf des analytischen Prozesses zu befassen und sich Klarheit darüber zu verschaffen, welche Probleme jeweilig bei den Patienten im Mittelpunkt der inneren Auseinandersetzung stehen. Dazu bedarf der Therapeut der Orientierung an den bisher gesammelten analytisch-technischen Erfahrungen. Wenn aber aus dieser Orientierung feststehende Regeln, die rigide Vorschriften werden, die man beachten muß und nach denen man sich richtet, um ein gutes Gewissen als Fachmann zu haben, und nicht, weil es sinnvoll und hilfreich ist, sich ihrer im gegebenen Augenblick zu erinnern und sie zu beachten, kann eine solche »korrekt« geführte Analyse dazu führen, daß man den Kontakt mit dem Patienten verliert oder nie gewinnt. Man wird dann nicht in der Lage sein, den angebotenen Assoziationen genügend locker zu folgen oder eigene Einfälle kommen zu lassen und aus seiner Gegenübertragung Nutzen für die Deutung zu ziehen. Das macht es notwendig, immer wieder zu betonen, daß auch die Regel, Abwehrdeutungen zu geben, ehe man den Inhalt deutet, in jeder Situation und bei jedem Patienten auf ihre Brauchbarkeit geprüft werden muß.

Kuiper schildert z. B. eine Patientin, die den Analytiker dauernd beschimpft[42]. Dieser legt ihr das als Neid aus und deutet ihr deswegen, sie gönne dem Analytiker seine Überlegenheit nicht, sie leide an einem Penisneid. In Wirklichkeit war aber ihre Neigung, den Therapeuten schlechtzumachen, eine Abwehr gegen mehr oder weniger bewußte sexuelle Wünsche ihm gegenüber. Sie fühlte sich deswegen schuldig, und vor allem war ihr die Vorstellung, sie könne mit ihren Wünschen abgewiesen werden, unerträglich. Die Deutung ihres Verhaltens als Penisneid war, zumindest in diesem Augenblick, unzutreffend und konnte nur das Gefühl des eigenen Unwertes steigern und dadurch ihre Liebeswünsche noch aussichtsloser und grotesker erscheinen lassen, so daß sie sich nach dieser Deutung in noch heftigerer Form gegen den Analytiker auflehnen mußte, um sich damit gegen ihre uneingestandenen Wünsche zu verteidigen. Die sadomasochistische Beziehung zum Arzt kann sich durch solche Deutungen schnell verfestigen und schließlich zu einem Abbruch oder doch sicher zu einem Stillstand der Analyse führen.

Indem bewußte Phantasien, denen der Patient mit Angst, Schuld oder vor allem Scham begegnet und die er deswegen verschweigt oder durch Abwehrverhalten – wie bei dieser Patientin das Schimpfen – zu verbergen sucht, vom Analytiker ausgesprochen werden, der durch viele kleine Anzeichen auf sie hingewiesen wurde, lernt der Patient, weniger abwehrend mit solchen psychischen Inhalten umzugehen und weniger Stereotypurteile über sich selbst zu bilden. Wenn indirekt geäußerte Gefühle zusammengefügt und verbalisiert werden, hilft man dem Patienten oft, sich selbst vorurteilsloser zu verstehen und Schuld- und Schamgefühle adäquater einzuschätzen. Vor allem das Gefühl, abnorm zu sein, läßt sich auf diese Weise korrigieren.

Zusammengenommen sollen diese lose aufgereihten Beobachtungen aus der analytischen Praxis den Eindruck vermitteln, daß Psychoanalyse eine lebendige Wissenschaft ist. Ihre theoretischen Fundamente sind differenziert – ebenso sind es die technischen Anweisungen. Wir wissen seit Heraklit, daß die Pfade der Seele unendlich sind. Um sich nicht auf ihnen zu verirren, bedarf es einer Vielzahl gemeinsamer menschlicher Anstrengungen. Die Psychoanalyse hat sich als Suchgemeinschaft von Patient und Therapeut bewährt – solange sie sich tatsächlich auf der Suche befindet und nicht in Selbstgewißheit erstarrt. Nur weil diese Gefahr im menschlichen Leben ubiquitär ist, mögen die vorangehenden Bemerkungen ihre Berechtigung haben.

42 P. C. Kuiper, in: Psyche 15, 11, 1962.

Über Entstehung und Wirkung bewußter und unbewußter Phantasien, am Beispiel der Schlagephantasien[1]

Auf den folgenden Seiten wird versucht, an einem überschaubaren Beispiel das Beobachtungsfeld und die Aufgaben des Psychoanalytikers in ihm erkennbar werden zu lassen. Zu diesem Zweck wurden die Schlagephantasien, ein häufig vorkommendes Psychopathologisches Anzeichen, gewählt. An der Entstehungsgeschichte dieser Phantasien läßt sich zeigen, wie weitreichend psychische Traumen unsere Einstellungen und Erwartungen prägen und wie weit sie über die Kindheit und Jugend hinaus den Lebenslauf und die Verhaltensweisen zu beeinflussen vermögen.

Nicht selten erfährt man im Laufe einer Analyse von Phantasien des Patienten, in denen er schlägt oder geschlagen wird. Freud hat auf das tagträumende Erlebnis solcher Szenen in ›Ein Kind wird geschlagen‹[2] hingewiesen. In dieser Arbeit beschäftigte sich Freud mit den Schlagephantasien beider Geschlechter, stellte aber fest, was sich bis heute als zutreffend erwiesen hat, daß sie bei Frauen viel häufiger zu beobachten sind als bei Männern. Er teilte die Schlagephantasien seiner Patienten in drei Phasen ein. Die erste, noch aus der Kindheit in Erinnerung gebliebene Phantasie hatte etwa folgenden Inhalt: Irgendein Kind wird von einem Erwachsenen geschlagen. Bei genauer Betrachtung stellte es sich heraus, daß der Erwachsene den Vater, das geschlagene Kind einen verhaßten Rivalen, meist ein Geschwister, darstellte. Die Phantasie der zweiten Phase, die im allgemeinen verdrängt wurde und sich erst im Laufe der Therapie herausarbeiten ließ, lautete: Ich werde vom Vater auf das nackte Gesäß geschlagen. Freud und andere Analytiker vermuteten, daß diese Phantasie oft die kindliche Onanie zur Zeit des ödipalen Konfliktes begleitet und sowohl die Strafe für die verbotene inzestuöse Liebe als auch ihre regressive Erfüllung auf analer Stufe darstellt. Die dritte Phase, die etwa um das sechste oder siebte Lebensjahr entsteht, bleibt oft als Onaniephantasie bis ins Erwachsenenalter bestehen. Manchmal stellt sie dann die einzige Form einer sexuellen Befriedigung dar. In ihr tritt der Phantasierende gewöhnlich als Zuschauer auf, während der schlagende Vater durch andere Autoritätsfiguren, meistens Lehrer, ersetzt wird.

1 Vgl. M. Mitscherlich-Nielsen: Über Schlagephantasien und ihr Erscheinen in der Übertragung. In: Psyche 19, 1, 1965/66.

2 Sigmund Freud, in Ges. W., Bd. XII, S. 195.

Freud lag daran, diese Beobachtungen zur Aufklärung der Genese der Perversionen, insbesondere des Masochismus, zu verwenden und festzustellen, welche Rolle der Geschlechtsunterschied in der Dynamik der masochistischen Neurose spielt. Bei beiden Geschlechtern zeigten seiner Meinung nach die Schlagephantasien eine sado-masochistische Verwandlung der frühkindlichen ödipalen Liebe an und leiteten sich von der unaufgelösten inzestuösen Bindung an den Vater ab. Das hatte zur Folge, daß bei Knaben, die eine Schlagephantasie produzierten, sich später häufiger eine sexuelle Perversion ausbildete als bei Mädchen. Die Tendenz zu masochistischen Verhaltensweisen aber war bei beiden zu beobachten. Dazu heißt es bei Freud: »Der Knabe entzieht sich durch die Verdrängung und Umarbeitung der unbewußten Phantasie seiner Homosexualität; das Merkwürdige an seiner späteren bewußten Phantasie ist, daß sie feminine Einstellung ohne homosexuelle Objektwahl zum Inhalt hat.«[3] Denn in den sich während der Latenzzeit entwickelnden Schlagephantasien wird der Knabe nicht mehr vom Vater, sondern von der Mutter oder einer mütterlichen Ersatzperson geschlagen. Den Wunsch, vom Vater geschlagen zu werden – hinter dem sich seine homosexuelle Zuneigung für ihn verbirgt –, hat der Knabe verdrängt, da er ihm Angst machte. Er kleidet nun seine homosexuellen Wünsche in das Gewand zwar passiver, aber doch heterosexueller Phantasien, in denen er sich von einer Frau schlagen läßt. Der Frau wird dadurch eine maskuline Rolle zugesprochen. (In psychoanalytischem Sprachgebrauch erhält sie phallischen Charakter.)

Aber auch ohne daß die Onanie von bewußten Schlagephantasien begleitet wird, erleben wir in der Analyse oft die Wirkung der zweiten verdrängten Phase – ich werde vom Vater geschlagen – auf Triebschicksal und Verhaltensweisen bestimmter masochistisch-anfälliger Patienten. Dazu sagt Freud: »Menschen, die eine solche Phantasie bei sich tragen, entwickeln eine besondere Empfindlichkeit und Reizbarkeit gegen Personen, die sie in die Vaterreihe einfügen können; sie lassen sich leicht von ihnen kränken und bringen so die Verwirklichung der phantasierten Situation, daß sie vom Vater geschlagen werden, zu ihrem Leid und Schaden zustande.«[4]

In den moralisch-masochistischen Verhaltensweisen werden z. B. die aus Kränkungen des Kastrationskomplexes und der infantilen Abhängigkeit stammenden Kleinheits- und Überwältigungsängste dadurch beherrscht, daß die Kastration symbolisch oder als pars pro

3 S. Freud, in: Ges. W., Bd. XII, S. 220.
4 S. Freud, in: Ges. W., Bd. XII, S. 216.

toto von diesen Menschen selbst durchgeführt wird. Menschen solcher Art zeigen ganz allgemein eine ungewöhnliche, fast genießerische Weise, Situationen so auszulegen, daß sie sich verletzt fühlen können. Wie schon Edmund Bergler erwähnte, ist Proust dafür ein gutes Beispiel[5]. Seine verschiedenen Biographen schildern übereinstimmend, daß er nach einem mit einem Freund verbrachten Abend die Gewohnheit hatte, die darauffolgende schlaflose Nacht damit zu verbringen, alles, was am Abend gesagt oder nicht gesagt worden war, auf das subtilste zu analysieren und dem betreffenden Gesprächspartner darüber und über die ihm darin zugefügten Kränkungen lange Briefe zu schreiben. Der gleiche Proust war bekanntlich der dichterische Schöpfer ausführlicher Schlageszenen, die sado-masochistische Homosexuelle aneinander ausführen[6]. Eine Ahnung von der ungewöhnlich intensiven Beziehung Prousts zu seiner Mutter und seiner bis an ihr Lebensende dauernden Abhängigkeit von ihr vermittelt uns der Briefwechsel zwischen den beiden[7]. Solche weit über die entsprechende Kindheitsphase sich ausdehnenden, übermäßig engen Mutter-Sohn-Beziehungen bilden erfahrungsgemäß oft die Grundlage für eine spätere homosexuelle Entwicklung[8].

Die Rolle von Schlagephantasien wird anhand von vier Krankengeschichten beleuchtet. Die vier Patienten waren auffällig an das Bedürfnis, geschlagen zu werden, fixiert und neigten entweder zu sexuellen Perversionen oder zu masochistischem Verhalten. Mit dessen Hilfe versuchten sie das unbewußte Bedürfnis, geschlagen zu werden, zu befriedigen. Sie provozierten ihre Umgebung immer wieder dazu, sie schlecht zu behandeln, neigten zu sogenannter passiver Aggression, waren leicht gekränkt oder gaben sich chronischen Vorwurfshaltungen hin – taten also mit anderen Worten so, als handele es sich um Schicksalsschläge, von denen sie getroffen wurden[9]. Die Schlagephantasien dieser Patienten unterschieden sich von den bei Freud beschriebenen darin, daß ihr manifester wie auch ihr latenter Inhalt verschiedenartige Bedeutungen anzunehmen vermochte und dem Beobachter die Überdeterminierung[10] solcher

5 E. Bergler: Principles of Self-Damage. New York 1959; ders., Preliminary Phases of the Masculine Beating Fantasies. In: Psychoanal. Quarterly 7, 1938.

6 Marcel Proust: A la recherche du temps perdu. VII: Le temps retrouvé. Frankfurt a. M. 1967.

7 Marcel Proust: Briefwechsel mit der Mutter. Frankfurt/M. 1970 (Bibliothek Suhrkamp, Band 239).

8 Vgl. ›Heilung als Erkenntnisprozeß‹, in diesem Band S. 157ff.

9 Vgl. ›Das Theater der Seele‹, in diesem Band S. 97ff.

10 Freud hat vom Determinismus in dem Sinne gesprochen, daß bestimmte Ausfälle

Phantasien vor Augen führte. Warum einige Schlagephantasien den Weg einer bewußten Onaniephantasie bis ins Erwachsenenalter nahmen, während andere frühzeitig verdrängt oder aufgelöst wurden und eventuell nur in der Charakterstruktur in Erscheinung traten, war nicht immer eindeutig festzustellen[11]. Auffallend ist allerdings, daß es vorwiegend Frauen waren, bei denen von latenten Schlagephantasien geprägte Haltungen beobachtet wurden[12].

Wir beginnen mit der Darstellung der Schlagephantasien eines männlichen Patienten, die als die Onanie begleitende Phantasien bis ins Erwachsenenalter bestehen blieben.

Der Patient, ein Historiker von Mitte 30, aus einer streng christlich orientierten und sexualfeindlichen Familie stammend, kam in die Analyse, weil er an Potenzstörungen litt. Er berichtete, seit seinem siebten Lebensjahr von Onaniephantasien etwa folgenden Inhaltes überflutet zu werden: Eine ältere, meist verheiratete Frau aus sehr respektabler, bürgerlicher Familie muß sich verschiedenen Knaben, später jungen Männern wenig bekleidet als Modell darbieten. Ein wesentlicher Bestandteil dieser Phantasien lag im Entblößen und Schlagen auf das nackte Gesäß der Frau und der Kränkung ihres Schamgefühls. Für diese Phantasie gab es zahlreiche Varianten, ohne daß sich der Inhalt dabei wesentlich veränderte.

Der Patient war in seinen Phantasien meist der Zuschauende, gelegentlich gehörte er auch selbst zu den Schlagenden; allerdings

in unseren seelischen Funktionen – z. B. kann die Erinnerungsfähigkeit durch Abwehrmechanismen, vor allem den der Verdrängung, getrübt werden – und bestimmte, anscheinend zufällige, unbeabsichtigte Handlungen, die Bildung von Symptomen etc., sich als wohl motiviert erweisen. So hängt auch das dem Patienten in der psychoanalytischen Behandlung nahegelegte Verhalten, frei zu assoziieren, d. h. alles, so wie es ihm gerade in den Sinn kommt, zu sagen, mit der Annahme zusammen, daß nichts zufällig und ohne Ursache ins Bewußtsein tritt.

Freuds Konzept der Überdeterminierung zeigt aber klar, daß seine Vorstellung eines psychischen Determinismus nicht die starre Einschränkung auf einen einzigen determinierenden Faktor für menschliche Verhaltensweisen zum Inhalt hat. Denn völlige Determinierung läßt keinen Raum offen für Überdeterminierung, in der mehrere Ursachen für das Zustandekommen einer unbewußten psychischen Bildung, wie das Symptom, Fehlleistungen etc., angenommen werden. »Die Bildung [wie z. B. der Traum, das Symptom etc.; d. Verf.] verweist auf mannigfache unbewußte Elemente, die sich in verschiedenen Bedeutungsreihen anordnen, von denen jede auf einem bestimmten Deutungsniveau ihren eigenen Zusammenhang hat« (J. Laplanche, J. B. Pontalis: Das Vokabular der Psychoanalyse. Frankfurt/M. 1972, S. 544).

11 Vgl. auch Edward D. Joseph: Beating Fantasies. Regressive Ego Phenomena in Psychoanalysis. New York 1965.

12 M. Lester: The analysis of an unconscious beating fantasy in a woman. In: Int. J. of Psa. 38, 1957.

stellte sich im Verlauf der Analyse heraus, daß es für ihn sexuell besonders anregend war, wenn er sich in die Rolle der geschlagenen Frau versetzte. Diese Variation seiner Phantasien trat vor allem dann auf, wenn er sich für längere Zeit ausschließlich in einer männlichen Gesellschaft befand, der er sich emotional eng verbunden, aber von der er sich in seinen Liebeserwartungen auch enttäuscht fühlte.

Er verabscheute seine Phantasien sowie die damit verbundene Onanie und fühlte sich dem Komplex dieser Phantasien hilflos ausgeliefert und deswegen erniedrigt. Sie erzeugten in ihm ein Gefühl, das demjenigen glich, das in der Schlagephantasie die mißhandelte Frau zu ertragen hatte. Trotz des manifest meist sadistischen Inhaltes dieser Phantasien – »eine andere wird geschlagen und erniedrigt« – wurden sie vom Patienten masochistisch verarbeitet; indem er solche Phantasien haben mußte, fühlte er sich besonders erniedrigt und vom Schicksal schwer geschlagen.

Diese Phantasien traten also mit sieben Jahren zum erstenmal auf und wurden vom Patienten mit Schlägen in Verbindung gebracht, die er von seinem Vater erhalten hatte. Die Mutter hatte bei diesen Strafaktionen des Vaters nicht eingegriffen und ihm dadurch eine schwere Enttäuschung seiner Liebe für sie bereitet. Die Schläge hatten ihn auch deshalb besonders gekränkt, weil sie ihm durch hinterhältiges Anschwärzen seines Bruders, von dem er sich immer in ungerechter Weise angegriffen und gequält fühlte, eingebrockt worden waren.

Der Mutter zuliebe, die Angst vor Familienauseinandersetzungen hatte, verzichtete er frühzeitig darauf, sich gegen seinen Bruder zur Wehr zu setzen. In dieser Familie spielte zwar der Vater den Tyrannen, aber in Wirklichkeit herrschte die vernünftigere, wenn auch zu Leidenshaltungen neigende Mutter. An ihr hatte der Patient weit mehr ein Vorbild als am jähzornigen, auf Enttäuschungen und Schwierigkeiten infantil-regressiv reagierenden Vater. Infolgedessen hatte er sich weitgehend mit der Mutter identifiziert. Da aber in seiner patriarchalischen Umgebung die Frau als ein Wesen zweiten Ranges und als unvollständig angesehen wurde, war die Identifikation mit seiner Mutter gleichzeitig Anlaß zu besonders heftigen Kastrationsängsten. In der Phantasie, die Mutter oder eine Mutterfigur schlagen zu lassen, konnte er seine Wut auf sie mit seiner Liebe zu ihr verbinden. Mit Hilfe der Regression auf die anale Phase – der sexuelle Akt wird ersetzt durch ein Schlagen auf das Gesäß – gelingt es ihm, die genitalen Unterschiede zwischen Mann und Frau, die »Penislosigkeit« der Frau zu verleugnen. Dieser unbewußte Trick – Sexualität besteht im Schlagen und Geschlagenwerden – erlaubt es ihm doch noch, sich mit der Geschlagenen, mit der Mutter also, ohne allzu große Angst zu identifizieren.

Zu den Phantasien des Patienten gehörte auch, daß andere Männer zusahen bzw. sich am Schlagen beteiligten. Handelte es sich um eine verheiratete Frau, was meist der Fall war, so mußte der Mann der Geschlagenen answesend sein. Das befriedigte auf symbolische Weise die Rachebedürfnisse des Patienten an seinen Rivalen, dem brutalen und lieblosen Vater und dem quälenden Bruder.

Im Laufe der Analyse enthüllte sich, welch komplizierte psychische Funktion für den Patienten die Schlagephantasien zu erfüllen hatten. Denn daß die Frau seiner Phantasien eine Mutterfigur darstellte, war unschwer herauszuarbeiten. Der unverhohlene, wenn auch als Schlagen auf das Gesäß reduzierte inzestuöse Akt hatte eine doppelte Funktion: Neben der Leugnung des anatomischen Geschlechtsunterschiedes stellte er eine Sicherung gegen die passivhomosexuellen Gefühle des Patienten für den Vater dar. In der Analyse war seine ungehemmte Offenheit in der Äußerung ödipaler sexueller Wünsche gegenüber Mutterfiguren, zu denen natürlich auch die Analytikerin gehörte, als Zeichen der Abwehr gegen von ihm als weit gefährlicher erlebte, nämlich homosexuelle Triebbedürfnisse zu werten. Es stellte sich dann auch im Laufe der Behandlung heraus, daß in der Demonstration seiner heterosexuellen Gefühle eine Tendenz zum Ausdruck kam, sich von seinen angsterregenden und als verwirrend empfundenen feminin-homosexuellen Empfindungen zu distanzieren. Denn im Grunde konnten ihn Frauen sexuell kaum erregen, daher auch seine Impotenz, die ihn in die Analyse gebracht hatte. Seine dennoch vorhandenen heterosexuellen Wünsche waren so eng mit sadistischen Impulsen verbunden, daß sie zwar geäußert, aber nicht in Handlungen umgesetzt werden konnten. So blieb er manifest ein liebender Sohn und ein milder, wenn auch impotenter Ehemann.

Ein weiterer Grund für das Aufsuchen der Analyse war neben seiner Potenzstörung die Auseinandersetzung mit einem Kollegen gewesen, von dem er sich gequält und ungerecht behandelt fühlte. Obwohl die Beziehung der beiden deutlich Rivalitätscharakter hatte, war der Patient nicht in der Lage, sich seine aggressiven Gefühle bewußt zu machen. Vielmehr neigte er bei diesem Mann wie auch im Verhältnis zu anderen ähnlichen Beziehungspersonen dazu, die Rolle seiner leidenden, ungerecht behandelten und vorwurfsvollen Mutter einzunehmen.

Die früheste Erinnerung des Patienten hatte das liebevolle Verhalten des Vaters zu ihm zum Inhalt. Daß dieser ihn auf Veranlassung seines schlimmsten Konkurrenten, des Bruders, geschlagen hatte, ließ ihn an der Liebe des Vaters zweifeln. Die Vorstellung jedoch, vom Vater nicht so geliebt zu werden, wie er es sich wünschte, blieb trotzdem unerträglich, so daß er das Gefühl des Nichtgeliebtwerdens auf seinen Bruder verschieben mußte; der bot sich zudem durch sein sadistisches Verhalten leicht als ein hassenswertes Objekt an, von dem er gar nicht geliebt zu werden wünschte. Er unterdrückte seine Wut und seine Enttäuschung durch den Vater und blieb bei dem Glauben, daß nur sein Bruder ihn nicht liebe.

Im späteren Leben konnte jeder, der seine Liebe nicht so erwiderte, wie er es wünschte, leicht zu dem ihn quälenden Bruder werden. Anscheinend aber empfand er auch erhebliche Schuldgefühle wegen dieses kaum zu verdrängenden Hasses auf den Bruder. Denn in der Analyse wurde deutlich, daß er einem Strafbedürfnis folgte, wenn er bei jeder nur denkbaren Gelegenheit der Analytikerin den Vorwurf machte, ihn abzuweisen.

Seine Beziehungen zu Männern teilten sich in solche, von denen er geliebt, und solche, von denen er enttäuscht wurde und sich schlecht behandelt fühlte. Die ersteren idealisierte er, ließ sich von ihnen in seiner Arbeit anregen und gebar ihnen geistige Kinder. Dennoch hatte er ausgesprochene Angst vor zu unmittelbarem Kontakt mit ihnen. Wann immer er mit ihnen allein war, stellte sich leicht ein Gefühl der Beklemmung und Spannung ein. Für die anderen, von denen er sich mißhandelt fühlte, empfand er Rachebedürfnisse, die ihm aber solche Schuldgefühle machten, daß er sie sofort wieder verdrängen mußte. Sie kamen vorwiegend in psychosomatischen Störungen oder in depressiven Verstimmungen – also in der Wendung gegen die eigene Person – zum Ausdruck. Er empfand oft ein Gefühl des Zerstörtseins, der ohnmächtigen Wut, das ihm aus der Beziehung mit dem sadistischen Bruder bekannt war. Rivalitätsbedürfnisse zu empfinden, wies er weit von sich, da sie im krassen Gegensatz zu seinen bewußten Idealen standen. Gefühle dieser Art waren so verdrängt wie seine sadistischen Impulse und seine Rachelust. Er konnte sich nicht aktiv behaupten, weil er um nichts in der Welt ertragen konnte, an etwas schuld zu sein. Er wollte nichts als Liebe und Anerkennung, so meinte er, aber niemals Macht. Der Auseinandersetzung mit seinem tatsächlichen Rivalen stand er deswegen hilflos gegenüber. Es machte ihn zudem fassungslos, wenn er auf Wut und Ablehnung stieß, denn er konnte die hinter seinem milden Verhalten stehenden, untergründig aggressiven und kränkenden Attitüden selber gar nicht wahrnehmen.

Neben einer manifesten Unterwerfungshaltung der Analytikerin gegenüber zeigte er in der Analyse ein unterdrücktes, aber starkes Bedürfnis, sich der Analytikerin zu bemächtigen, sie zu kontrollieren, von ihr allein geliebt zu werden. Wenn ihm das nicht so gelang, wie er es wünschte, fühlte er sich erniedrigt und geschlagen. Langsam wurde ihm aber bewußt, daß neben diesen Gefühlen der Wunsch bestand, nun auch seinerseits den anderen, von dem er sich abgewiesen fühlte, an dessen empfindlichsten Stellen zu treffen. Bisher verleugnete Verhaltensweisen wurden der Analyse zugänglich. Er erkannte, daß er immer, wenn er gekränkt oder angegriffen wurde, eine Tendenz entwickelte, sich dem ihn kränkenden Angreifer auf unterwürfige Weise zu nähern. Wenn es ihm dann gelang, dessen Vertrauen und Zuneigung zu gewinnen, war die Zeit der Rache gekommen: Er zog sich abrupt und für den anderen unverständlich von diesem zurück oder stellte ihn, seine Anschauungen und Verhaltensweisen, moralisch und ethisch in Frage.

Verständlicherweise empfanden die von uns beobachteten Patienten es als Vertrauensbruch, wenn der besonnenere Elternteil, mit dem sie sich positiv identifizierten, sie nicht genügend gegen die Angriffe des anderen oder gegen ein sadistisches Geschwister beschützt hatte. Die Situation wurde noch dadurch erschwert, daß sie sich meist nicht darüber im klaren waren, ob sie den mangelhaften Schutz dieses Elternteils als Verrat oder als Schwäche zu werten hatten. Ein Gefühl der Hilf- und Wehrlosigkeit war die Folge und trug dazu bei, daß sie ihre Aggressionen gegen die eigene Person wendeten und masochistische Verhaltensweisen entwickelten.

Bei der nun zu beschreibenden 28jährigen Patientin handelt es sich um ein in seiner Entwicklung zurückgebliebenes Mädchen, das als Kind den unerwarteten Schlägen einer überängstlichen, zwanghaften Mutter wiederholt ausgesetzt war. Die Züchtigungen waren besonders dann erfolgt, wenn die Patientin Trost erhoffte, weil sie sich körperlich verletzt hatte. Diese Verletzungen erweckten bei der zwangsneurotischen Mutter aber offensichtlich Angst, die sie mit Hilfe von Schlägen abzuwehren versuchte. Neben deren plötzlichen Ausbrüchen war die Patientin in ihrer frühen Kindheit den Angriffen einer ungehemmt zu impulsivem Verhalten neigenden Schwester ausgesetzt gewesen. Es war deutlich, daß sie den Wunsch hatte, der Vater, dessen ausschließlicher Liebe sie immer sicher zu sein glaubte, möge ihr helfen und diese bösartige Rivalin schlagen. Sie erinnerte sich an eine häufige Phantasie aus ihren frühen Jahren, in der ein Kind auf das nackte Gesäß geschlagen wurde. Sie verband damit den bewußten Wunsch, der Vater möge die sadistische Schwester schlagen. Gleichzeitig erlebte sie diese Phantasie als Rachephantasie der Mutter gegenüber, da sie sich selber gelegentlich als Schlagende vorstellte und das geschlagene Kind als die Mutter. Mit Hilfe dieser Umkehr versuchte sie die traumatische Wirkung, die die unkontrollierten Schläge auf sie hatten, zu entkräften. Da die neurotisch gestörte Mutter im Erleben der heranwachsenden Patientin von ihr zunehmend als die hilflose »Kleine« behandelt wurde, wuchs die Aussicht, sich an ihr rächen zu können. Das ließ aber auch Angst- und Schuldgefühle entstehen.

Wünsche, vom Vater ein Kind zu bekommen, waren in wenig verschleierten Phantasien seit der Kindheit bewußt. Sie wurde in ihrer Vorstellung und wahrscheinlich auch in Wirklichkeit vom Vater – je älter sie wurde – mehr als Partnerin, die neurotische Mutter mehr als Kind behandelt. Als der Vater in der Pubertät der Patientin schwer erkrankte, verlangte er von ihr, daß sie, falls er sterben würde, bei der Mutter die schützende Rolle übernehmen solle, die bisher er innehatte. Als er dann tatsächlich gestorben war, sah die Patientin sich einer Situation gegenüber, mit der sie nicht fertig werden konnte.

In dieser Zeit der Trauer und Hilflosigkeit entwickelte sie folgende Onaniephantasie: Ich bin zerstört, verstümmelt oder schwer erkrankt, werde von einer Frau (deutlich einer Mutterfigur) getröstet, indem sie mich streichelt. In der Analyse ändert sich die Phantasie dahingehend, daß die Analytikerin in ihr die Rolle der Streichelnden übernahm. Die durch Schuldgefühl veränderte – »nicht meine Schwester, ich bin zerstört« – Onaniephantasie stellte eine Abwandlung der kindlichen Schlagephantasie dar. Gleichzeitig zeigte sie das genuine Bedürfnis der hilflosen Patientin, Trost und Schutz bei einer Mutter oder einem Muttterersatz zu finden. Das einfühlungslose, unerwartete Geschlagenwerden in der frühen Kindheit hatte so traumatisierend auf sie gewirkt, daß sie später traumatische Situationen nicht anders bewältigen konnte als mit der Entwicklung regressiver, d. h. in diesem Fall: anal-sexualisierter Phantasien.

Eine solche Regression genitaler Sexualität tritt nur dann ein, wenn die Phase, zu der die Regression stattfindet, ursprünglich durch Traumen gestört wurde. Als letzten, jedoch entscheidenden Anstoß für die psychopathologische Entwicklung dieser Patientin müssen aber die schwerwiegenden Traumen, denen sie in der Pubertät durch den Tod des Vaters ausgesetzt war, angesehen werden. Sie gab nunmehr den Versuch, einen Mann für sich zu gewinnen, auf, ihre sexuellen Gefühle galten jetzt vor allem Frauen.

Edmund Bergler hat die Entstehung der Homosexualität bei Frauen als Abwehr starker Ambivalenzgefühle gegenüber der Mutter und einer daraus entstehenden Über-Ich-Angst gedeutet[13]. Die Mütter der von ihm untersuchten und behandelten Lesbierinnen waren überwiegend kontaktgestört und neigten – ähnlich wie die Mutter unserer Patientin – zu unvorhersehbaren Ausbrüchen. Diese Ausbrüche wurden aber als Folge eigener destruktiver Wünsche und als gerechte Strafe erlebt. Die Patientinnen fühlten sich an den schweren neurotischen Störungen ihrer Mütter schuldig. Bergler sieht deswegen hinter der als Pseudoliebe angesehenen Beziehung vieler weiblicher Homosexueller zueinander ein Bedürfnis, wiedergutzumachen, was in der Phantasie der Mutter angetan wurde.

Auch bei unserer Patientin wurde im Laufe der psychotherapeutischen Behandlung deutlich, daß ihr Verhalten einerseits von untergründigen Schuldgefühlen, andererseits von der Angst, erneut unerwarteten Schlägen ausgesetzt zu sein, bestimmt wurde. Um solchen traumatischen Erlebnissen zuvorzukommen, stellte sie sich von vornherein als die Zerstörte, Mißverstandene dar, die von der Analytikerin nur Ablehnung erfahren konnte. Dem gesunden Anteil der Patientin standen aber auch andere Verhaltensmöglichkeiten und Bedürfnisse zur Verfügung, die sich in Tagträumen ausdrückten. In ihnen war sie selber die gute und trostreiche Mutter, die die Liebeserwartung ihrer hilfsbedürftigen Kinder verstand und erfüllte. Diese Phantasie, die von keiner sexuellen Erregung begleitet wurde, gelang es zu realisieren: Sie wählte einen Beruf, in dem sie vorwiegend mit Kindern zu tun hatte, und wurde in der Tat eine ausgezeichnete Pädagogin.

Nur die bewußten, die Onanie bis in das erwachsene Leben begleitenden Schlagephantasien der hier beobachteten Patientin ließen sich auf traumatische Erlebnisse des Geschlagenwerdens in der Kindheit zurückführen. Die Schläge hatten zu einer Fixierung an das Schlagen oder an den Schlagenden geführt, und die Schlagephantasien stellten den Versuch dar, mit Hilfe der Wiederholung das kindliche Trauma zu meistern und durch eine Sexualisierung des Geschehens aus Angst Lust werden zu lassen. Die verdrängten, später nur latent vorhandenen Schlagephantasien, die sich als Grundlage bestimmter masochistischer Verhaltensweisen von Frauen herausarbeiten ließen, waren weit mehr die Folge traumatisch wirksamer tradierter Verhaltensweisen der Eltern zueinander, in denen die Mutter eine nach außen hin unterwürfige, aber untergründig aggres-

13 E. Bergler: Neurotic Counterfeit-Sex. New York 1951.

sive und vorwurfsvolle Haltung eingenommen hatte, ohne allerdings die Vorherrschaft des Mannes und seine größere gesellschaftliche Bedeutung in Frage zu stellen; das kam vor allem in den Gefühlen für den Sohn zum Ausdruck, der mehr Anerkennung fand, als es unseren Patientinnen gelang.

Darin lagen auch die Hauptprobleme einer nur kurz vorzustellenden Patientin. Bei ihr hatte die Abwehr frühkindlicher passiver Wünsche gegenüber der Mutter, Wünsche, die vielfach enttäuscht worden waren und die sich deswegen mit starken Ambivalenzgefühlen mischten, in der Kindheit lange zu einem Festhalten an der aktiven phallischen Position und an dem Wunsch, die Mutter heiraten zu wollen, geführt. Diese Patientin erinnerte sich deutlich an eine Phantasie aus ihrer Kindheit, in der ein unbekannter Mann ein unbekanntes Kind schlägt. Daß das Kind den älteren Bruder darstellte, der schlagende Mann den Vater, enthüllte die Analyse ohne Schwierigkeiten. Die Rivalitätsgefühle und Rachephantasien dem Bruder gegenüber, gegen dessen Schläge die Mutter sie nicht genügend beschützte, machten ihr dennoch große Schuldgefühle. Wenn der Bruder vom Vater tatsächlich geschlagen wurde, reagierte sie deswegen mit unbeherrschbaren Tränenausbrüchen. Später, im Laufe der Latenzzeit, änderten sich die Phantasien dann dahingehend, daß nicht mehr irgendein Kind, sondern sie selber von einer Vaterfigur, meist einem Lehrer, geschlagen wurde.

Zur Zeit der Pubertät, als das Schlagen in ihren Phantasien keine Rolle mehr spielte, entwickelte sie Vergewaltigungsphantasien und solche, in denen Autoritätsfiguren eine sie sexuell erniedrigende Rolle innehatten. Die haß- und schulderfüllte Beziehung zum Bruder, der ihr als Schläger und Quäler aus der Kindheit in traumatischer Erinnerung geblieben war und dessen Aggressionen von der Mutter ohne Widerspruch hingenommen worden waren, empfand sie bis in die Analyse als bedrückend. Sie selber durfte in ihrer Beziehung zur Mutter keinerlei Aggressionen zeigen, ohne die Angst haben zu müssen, deren Liebe zu verlieren. Im Laufe der Analyse wurde ihr aber klar, daß sie den Bruder zu seinem brutalen Verhalten oft provoziert hatte, um der Mutter vor Augen zu führen, wie wenig liebenswert dieser Bruder doch im Grunde sei. Die Bewußtmachung dieser unbewußten Motive trug dazu bei, daß sie ihrem masochistischen Verhalten als Erwachsene nicht mehr so hilflos ausgeliefert war. Vorher gestaltete sie ihre Verhältnisse zu den verschiedenen männlichen Partnern meist unbewußt so, daß sie Abweisungen, d. h. im übertragenen Sinn: Schläge, erleben mußte. Darüber hinaus waren ihre Beziehungen zu Männern auch von dem alten Kinderwunsch, der sadistische Bruder möge vom großen Vater geschlagen werden, geprägt: Lustvolle Phantasien, in denen sie schicksalhafte Ursache für die Zerstörung oder Selbstzerstörung eines Mannes war, kamen häufig vor.

Bestimmend blieb aber für ihr Verhalten wie auch für das der nächsten Patientin, über die noch kurz zu berichten ist, die lustvolle Fixierung an die unbewußte Phantasie: Ich werde vom Vater geschlagen. Dementsprechend entwickelte sie eine masochistische, untergründig aggressiv-vorwurfsvolle Haltung, die ganz der der Mutter glich.

Nun zur letzten Patientin: Auch sie hatte als Erwachsene keine direkten Schlagephantasien; ihre die Onanie begleitenden Phantasien, die sie im Laufe der Pubertät entwickelte, hatten zum Inhalt: Ich werde von verheirateten, älteren Männern vergewaltigt. Andere schauen diesem Akt zu. Daß Vergewaltigungsphantasien bei Frauen unserer Kultur oft vorkommen, ist bekannt, wie überhaupt masochistische Phantasien insbesondere bei Frauen überaus häufig sind. Diese Patientin ließ sich dennoch in die Reihe der Menschen, die eine unbewußte Schlagephantasie hegen, einordnen, da sie wie diese die Neigung verriet, sich von Vaterfiguren kränken zu lassen, um so die Verwirklichung der phantasierten Situation, vom Vater geschlagen zu werden, zustande zu bringen.

Sie war bis zu ihrem siebten Lebensjahr der Mittelpunkt der Familie gewesen. Als sie in dieser Zeit einen Bruder bekam, ohne darauf vorbereitet zu werden, erlebte sie einen Schock, der noch dadurch verstärkt wurde, daß von da an der Bruder im Mittelpunkt der mütterlichen Aufmerksamkeit stand. Sie verdrängte alsbald ihre Angst und Wut, entwickelte dafür aber eine Schlagephantasie mit dem bekannten Inhalt: Irgendein Kind wird von einem Erwachsenen geschlagen. Bewußt konnte sie den Glauben, nach wie vor der geliebte Mittelpunkt beider Eltern zu sein, nicht aufgeben. Im Grunde war sie auch im späteren Leben nicht in der Lage, sich vorzustellen, daß es irgendeinen Mann geben könnte, der sie nicht sexuell begehrte. Patienten dieser Art erleben es als massive Kränkung ihres Wertgefühls, wenn ihnen bewußt wird, daß die Erfüllung ihres Anspruches geliebt zu werden, keine Selbstverständlichkeit ist. Durch unbewußte Erwartungen, stets im Mittelpunkt der Zuneigung anderer zu stehen, bekommt ihr Verhalten dann einen so fordernden Charakter, daß gerade deswegen Zurückweisungen die unausweichliche Folge sind. Das heißt, diese Patientinnen müssen sich unentwegt mit Enttäuschungen auseinandersetzen, die sie überhaupt nicht verstehen können. Um damit fertig zu werden, regredieren sie erneut auf die eingefahrene masochistische Bahn und legen die Abweisungen als Schläge aus, unter denen sie lustvoll leiden können.

In unseren Falldarstellungen konnte nur andeutungsweise auf die Bedeutung der masochistischen Größenphantasien eingegangen werden, die insgeheim dazu beitragen, die Schlagephantasien am Leben zu erhalten. Daß das unbewußte Festhalten gerade an solchen Größenphantasien wesentlich dazu beiträgt, die Behandlung masochistischer Patienten so schwierig zu gestalten, hat Jeanne Lampl-de Groot überzeugend dargestellt[14]. Die verfeinerten Einsichten der Ich-Psychologie, insbesondere solche über die Entwicklung des Über-Ich und des Ich-Ideals und ihres Verhältnisses zueinander, haben auch unser Verständnis für masochistische Verhaltensweisen und Phantasien wesentlich erweitert. In ihnen haben sich die Größenphantasien des Ich-Ideals mit den Bestrafungsforderungen des Über-Ich vereinigt. Neben der offensichtlichen sexuellen und selbstbestrafenden Bedeutung, z. B. der Schlagephantasien, finden wir als Abwehr von Kleinheits- und Wertlosigkeitsgefühlen eine Tendenz zur Selbstverherrlichung. Diese Patienten genießen es dann, sich als Märtyrer vom Schicksal und den Mitmenschen in besonderer Weise benachteiligt – d. h. auch geschlagen – zu fühlen[15]. Mehr Strafe und Leid als alle anderen zu erleben, ist zu ihrem unbewußten Ideal geworden. Aus dem kindlichen Ideal, besonders groß und mächtig zu sein, hat sich das masochistische Ideal, besonders bemitleidenswert und erniedrigt, aber einzigartig im Erleiden zu sein, entwickelt. Das strenge Über-Ich hat das Ich-Ideal so beeinflußt, daß Menschen dieser Art sich zwar viel Leid verschaffen müssen, aber sich gleichzeitig durch die Idealisierung ihres Leidens eine starke, wenn auch verborgene Befriedigungsmöglichkeit erworben haben.

Die zwingende und bedrückende Eigenschaft von Idealen, die durch den Einfluß eines strengen, bestrafenden Über-Ich zustande kommen, war auch bei unseren Patienten zu beobachten. Es stand ihnen nicht mehr frei, so zu werden oder nicht zu werden, wie die elterlichen Ideale es ihnen vorschrieben, sie mußten so werden wie diese. Dabei war ihnen meist völlig unbewußt, daß und in welchem Ausmaß sie sich mit den unerfüllbaren oder bewußt von ihnen oft

14 J. Lampl-de Groot: Super-Ego, Ego-Ideal and Masochistic Fantasies. In: Development of the Mind. New York 1967.

15 Vgl. auch ›Das Theater der Seele‹, in diesem Band S. 97ff.

abgelehnten Idealen ihrer Eltern identifiziert hatten. Das führte nicht selten zu einer Arbeitshemmung, da ihre Idealvorstellungen kindliche Größenphantasien zum Inhalt hatten und deswegen unrealisierbar waren. Dadurch waren sie unfähig, erreichbaren Zielen nachzugehen und sich durch deren Erfüllung befriedigt zu fühlen. Nicht selten können auf diese Weise Ideale zum Zwang und Verbote zu Idealen werden.

Wenn wir den Eindruck, den wir von den Eltern unserer Patienten im Laufe einer langen Analyse gewannen, zusammenfassen, so kommen wir zu folgendem Ergebnis:

Fast alle Mütter zeigten deutlich masochistische Züge; sie neigten zu sogenannter passiver Aggression, tyrannisierten die Familie mit Vorwurfshaltungen und demonstrativem Leiden, wann immer sie mit Aktionen und Verhaltensweisen ihrer Familienmitglieder nicht übereinstimmten. Gegen Aggressionen seitens ihrer Töchter waren sie besonders empfindlich, von ihnen mußten sie unentwegt geliebt werden. Im geheimen Einverständnis mit den Patienten und Patientinnen kritisierten und belächelten sie zwar den oft hilflosen Vater, zu gleicher Zeit aber waren sie unfähig, sich gegen die Tyrannei und infantilen Verhaltensweisen ihrer Männer offen durchzusetzen, da sie im Grunde mit den Wertvorstellungen ihrer patriarchalisch strukturierten Umwelt übereinstimmten und kritiklos die männliche Welt als eine den Frauen überlegene akzeptierten. Sie waren deswegen auch nicht fähig, ihre Kinder eindeutig und wirksam gegen die oft brutalen pseudo-erzieherischen Übergriffe der Väter zu schützen, da sie innerlich zum Teil die tyrannischen Verhaltensweisen ihrer Männer unterstützten.

Von den Vätern unserer Patienten gewannen wir den Eindruck, daß sie als Ausdruck ihrer Identifikation mit dem herrschenden patriarchalischen Verhaltensstil dazu neigten, tyrannisch zu reagieren. Ihre Angst davor, den Pantoffelhelden zu spielen, machte sie von vornherein unfähig, im partnerschaftlichen Sinne respektierend und einfühlend auf ihre Frauen einzugehen. In ihrer Kindheit schienen sie entweder von ihrer eigenen Mutter total abhängig gewesen zu sein, hatten in ihrer Verwöhnung nicht gelernt, Frustrationen innerhalb der Familie zugunsten anderer zu ertragen, oder sie hatten sich von der Mutter im Stich gelassen gefühlt und rächten sich an den Frauen, in denen sie unbewußt immer noch die enttäuschende Mutter sahen[16]. Es schien ihnen zudem eine Selbstverständlichkeit zu

16 Vgl. ›Emanzipation und Sexualität‹, in diesem Band S. 13ff.

sein, daß man dem »Stärkeren« im sozialen Leben mit Ehrfurcht oder Unterwürfigkeit begegnet und seinen Ärger im Beruf durch tyrannisches Sichgehenlassen in der Familie abreagiert. Dabei wurden die Kinder abwechselnd als Bundesgenossen gegen die mit Hilfe passiver Aggressionen gelegentlich renitente Mutter benutzt, um sie andererseits wieder als Prügelknaben oder -mädchen zu verwenden, wenn es gerade Ärger abzureagieren galt. Die einzige Ausnahme von dieser Regel bildeten die Eltern der lesbischen Patientin. In dieser Familie war die Mutter so schwer gestört, daß sie als »Grenzfall« anzusehen war, d. h. sie stand unentwegt in der Gefahr, zu dekompensieren und ihre familiäre und soziale Rolle nicht erfüllen zu können. Hier war es auch die Not, eine zur sozialen Kooperation unfähige Frau zu haben, die den Vater dazu zwang, anders zu reagieren als die übrigen Väter. Es soll damit gewiß nicht unterstellt werden, daß dieser Vater nicht möglicherweise an sich ein freierer und erwachsenerer Mensch war, als die übrigen Väter es zu sein schienen, aber es ist dennoch nicht von der Hand zu weisen, daß oft nur unter dem Zwang einer aktuellen Notsituation der in der Familie an patriarchalische Rücksichtslosigkeit gewöhnte Mann zu einem anderen Rollenverhalten sich durchzuringen vermag.

Warum sich einmal eine Schlagephantasie, ein anderes Mal eine masochistische Phantasie anderen Inhalts ausbildet, mußte, wie bereits erwähnt, oft unbeantwortet bleiben. Das wird auch vom jeweiligen Erziehungsstil, von der sozio-kulturell beeinflußten Art der Bewertung von Mann und Frau und nicht zuletzt davon, wie weit die Aufklärung über psychische Phänomene in die jeweilige Gesellschaftsschicht eingedrungen ist, abhängig sein.

Clemens de Boor beschreibt, daß das hysterische Symptom in seiner Chiffriertheit unverstanden bleiben muß, um seinen Sinn zu erfüllen[17]. Bekanntlich sind die hysterischen Symptombilder zeitbedingt. Der demonstrative hysterische Anfall, die motorischen Lähmungen, das hysterische Zittern sind selten geworden. Beobachtungen zeigten, daß Patienten dieser Art fast nur noch in ländlich-abgelegenen Gebieten zu finden sind, in denen die Kenntnisse von den seelischen Hintergründen dieser Symptomatik noch unbekannt blieben. Sobald das Wissen davon in das öffentliche Bewußtsein eindringt, ändern sich die Symptome. Ein eklatantes Beispiel dafür ist, daß aus den Kriegszitterern des Ersten Weltkrieges die Magenkranken des Zweiten Weltkrieges wurden. Nachdem die Kriegszitterer als Hysteriker »entlarvt« worden waren, mußten

17 Cl. de Boor: Hysterie: konversionsneurotisches Symptom oder Charakterstruktur? In: Psyche 8, 20, 1966.

psychische Belastungen und Konflikte sich einen neuen Ausdruck suchen und solche Symptome bilden, die von der Öffentlichkeit und den Ärzten als Krankheit akzeptiert wurden.

Entsprechend werden auch die masochistischen Phantasien, Symptome und Verhaltensweisen einem zeitbedingten Wandel unterworfen sein, denn solche masochistischen Phantasien und Haltungen, die bisher als spezifisch weiblich angesehen wurden, können unschwer auf tradierte Einstellungen der Gesellschaft zurückgeführt werden[18]. Die ihnen zugrunde liegenden, aber abgewehrten Ängste, Aggressionen und Enttäuschungen sind oft auf die Einfühlungslosigkeit einer vom Mann bestimmten Gesellschaft zurückzuführen, in der die Frau sich mit der herrschenden Ansicht, sie sei ein Wesen zweiten Ranges, identifiziert hat. So wie die hysterische Symptomatik durch Bewußtmachung der ihr zugrunde liegenden Motive und Konflikte sich veränderte, werden auch aller Wahrscheinlichkeit nach die masochistischen Bedürfnisse und Symptome mit zunehmender Aufklärung über die Beziehung der Geschlechter zueinander als auch über die tradierten, der Frau aufgezwungenen Identifikationen sich verändern und, wie wir hoffen, zu selbstbewußteren und angemesseneren Verhaltensweisen führen.

18 Vgl. ›Emanzipation und Sexualität‹, in diesem Band S. 13ff.

Was macht einen guten Analytiker aus?
Literaturübersicht und kritische Erwägungen

In zahlreichen Arbeiten, Symposien und Forschungsgruppen hat man sich mit dem Problem beschäftigt, aufgrund welcher Kriterien vorauszusagen ist, ob ein Bewerber verspricht, ein guter Analytiker zu werden. In keinem Land, in dem Psychoanalyse gelehrt und praktiziert wird, konnte bisher eine perfekte Lösung angeboten werden. Es blieb ein unerfüllter Wunsch, allgemeingültige und scharfumrissene Maßstäbe zu erarbeiten, mit denen schon nach wenigen Interviews vorausgesagt werden könnte, ob ein Bewerber sich für den Beruf des Psychoanalytikers eignet oder nicht. Das Urteil wird nicht dadurch erleichtert, daß die Erfahrung zeigt, daß auch erfahrene und erfolgreiche Analytiker nicht als Vorbild und Maßstab dienen können, da sie ganz verschiedene Eigenschaften und Fähigkeiten haben. Wiederholt wurden dennoch Listen solcher Qualitäten und Eigenschaften aufgestellt, die als unabdingbar galten, um die spezifisch psychoanalytische Art der Menschenbehandlung und Forschung durchführen zu können. Wenn man die Literatur übersieht, gewinnt man den Eindruck, daß es eher möglich wäre, sich über negative, prohibitive Charakteristika zu verständigen als sich auf einen Katalog eindeutig positiver Eigenschaften zu einigen.

Man gibt deswegen wohl den allgemeinen Eindruck wieder, wenn man feststellt, daß das Auswahlverfahren bis heute unbefriedigend und ständiger Kritik und Selbstkritik ausgesetzt blieb. Da das Niveau der Psychoanalyse nicht über das ihrer zur Ausbildung angenommenen Kandidaten steigen kann, zudem bei einer falschen Auswahl der zukünftige Analytiker *und* seine Patienten zu leiden haben, ist es klar, welche Verantwortung auf den Unterrichtsausschüssen, die für die Auswahl verantwortlich sind, lastet. Wenn die Selektion einmal getroffen ist, so läßt sie sich, wie die jahrzehntelange Erfahrung lehrt, nur selten und unter großen Schwierigkeiten korrigieren.

Die Frage also, was einen guten Analytiker ausmacht, blieb bisher ohne eindeutige Antwort. Brian Bird macht uns darauf aufmerksam, daß wir uns erst einmal darüber klar werden müssen, für welche Art der psychoanalytischen Tätigkeit wir die Kandidaten auswählen wollen[1]. Sollen sie Eigenschaften haben, die für die Entwicklung der therapeutisch-klinischen Seite der Psychoanalyse besonders günstig

1 B. Bird: On Candidate selection and its relation to analysis. In: Int. J. Psycho-Anal. 49, 1968.

sind? Oder sollen vor allem jene gefördert werden, die sich für Forschung interessieren, was aller Voraussicht nach eine andere Begabungsrichtung erfordert? Die dritte Möglichkeit wäre, von einem Analytiker zu fordern, daß er beides in sich vereint; also zu unmittelbar therapeutischer Einfühlung und Geduld fähig ist, aber auch genügend abstrakt zu denken vermag und ausgedehnte literarische Interessen hat. Unberechtigt wäre diese dritte Forderung gewiß nicht, denn bekanntlich fallen in der Psychoanalyse Praxis und Forschung weitgehend zusammen.

Bird macht die Feststellung, daß das Interesse vieler Analytiker heute weniger auf den psychoanalytischen Prozeß als solchen und mehr auf seine therapeutische Effektivität gerichtet sei. Es bestehe dabei die Gefahr, daß die Psychoanalyse immer weniger eine der Forschung dienende Disziplin sei und daß sie sich vielmehr zu einer gut organisierten, nützlichen Form der medizinischen Praxis entwickle. Als Folge davon werde die Nutzung der psychoanalytischen Behandlung als Quelle neuer theoretischer Formulierungen und Erkenntnisse zunehmend vernachlässigt. Die in ihr entwickelten neuen Ideen entsprängen deshalb weniger aktuellen analytischen Erfahrungen als der weiteren intellektuellen Differenzierung bereits erarbeiteter theoretischer Grundlagen. Mit dem Überwiegen praktisch-therapeutischer Interessen verschiebe sich auch die Wahl der Ausbildungsbewerber in Richtung einer immer stärkeren Professionalisierung. Bird hat sicher darin recht, daß die Analyse als Erkenntnisquelle nur lebendig bleiben kann, wenn der analytische Prozeß selber für weitere grundlegende Untersuchungen der Psyche und psychisch motivierten Verhaltens benutzt wird und nicht nur vorhandene Konzepte weiter verfeinert werden.

Wiederholt ist das Problem der Ausbildungsform einer wachsenden Zahl von Nachwuchskräften gesehen worden. Nichts gibt einer Gruppe so sehr den Stempel des Berufsstandes als der Zwang, ein Schulsystem mit Standards, Ausbildungsprozeduren, Klassen, Lehrplänen usw. errichten zu müssen. Das alles sind Voraussetzungen, die sich eher zugunsten eines praktischen Berufes auswirken als künftiger Forschung. Bird und andere plädieren deswegen dafür, daß die Institute Kandidaten auswählen sollten, die fähig sind, die Psychoanalyse als heuristisches Instrument zu gebrauchen. Dadurch würde gesichert, daß die Analyse weiterhin als wissenschaftlicher Erkenntnisprozeß genützt würde.

Die Forderung, die von vielen Seiten an die Analytiker herangetragen wird, Kandidaten auszubilden, die in der Lage sind, in möglichst kurzer Zeit möglichst viele Kranke zu heilen, ist aufgrund der großen Zahl neurotisch kranker Patienten durchaus verständlich. Man kann ihr jedoch nicht uneingeschränkt folgen, weil man damit die zentrale Voraussetzung psychoanalytischer Erkenntnis aufgeben würde: den spezifischen, sich nur langsam erschließenden Einblick in die Dynamik des Heilungsvorganges. Er dient als Beispiel des Verständnisses psychischer Vorgänge und Entwicklungsprozesse überhaupt und fördert dadurch Erkenntnisvorgänge, die letztlich der Allgemeinheit zugute kommen sollen.

Ohne ausreichende Zeit der »Durcharbeitung« wäre der Analytiker auch nicht in der Lage zu entscheiden, ob nur eine Symptomheilung vorliegt oder ob der therapeutisch analytische Prozeß das Charaktergefüge erreichte. Auf die Kontroverse zwischen Psychoanalyse und Verhaltenstherapie kann in diesem Zusammenhang nicht eingegangen werden; es sei nur die kurze Bemerkung erlaubt, daß die zur Symptomheilung führende Verhaltenstherapie und mit ihr weite Bereiche der Psychotherapie genau das nicht leisten, was sich die Psychoanalyse als Ziel gesetzt hat: die Erweiterung des Bewußtseins, des Wissens um die eigenen inneren Vorgänge, die Stärkung des kritischen und selbstkritischen Ich. Therese Benedek betont, daß es die Fähigkeit zur Selbstanalyse ist, die im analytischen Prozeß geschult werden soll[2]; insbesondere für die Lehranalyse ist sie das einzig unbestritten formulierte Ziel.

Dem Psychoanalytiker wurde es von jeher schwergemacht, die Frage zu klären, in welche Wissenschaftskategorie er gehört. Hat die Psychoanalyse überhaupt einen Platz in einer der bestehenden Wissenschaftsformen? Sollen wir sie den historisch-hermeneutischen, den biologischen Wissenschaften oder einer philosophischen Erkenntnistheorie zuordnen[3]? Zumindest ist eins sicher: Folgt sie dem positivistischen Wissenschaftszug der Zeit, so müßte aus ihr eine experimentell forschende Bewußtseinspsychologie werden, die aber mit den zentralen Arbeitsgrundlagen der Psychoanalyse, wie z. B. dem adäquaten Verstehen individuller Übertragungsvorgänge und individuell wie auch in den zwischenmenschlichen Interaktionen wirksam werdender unbewußter Motive und Konflikte, nur noch wenig zu tun hätte.

2 Th. Benedek: Training analysis – past, present and future. In: Int. J. Psycho-Anal. 50, 1969.

3 Siehe auch Jürgen Habermas: Erkenntnis und Interesse. Frankfurt/M. 1968; ders., Technik und Wissenschaft als »Ideologie«. Frankfurt/M. 1968; John Klauber: Über die Verwendung geisteswissenschaftlicher und naturwissenschaftlicher Methoden in der Psychoanalyse. In: Psyche 22, 1968, S. 518–533; Alfred Lorenzer: Sprachzerstörung und Rekonstruktion. Frankfurt/M. 1970; Lutz Rosenkötter: Über Kriterien der Wissenschaftlichkeit in der Psychoanalyse. In: Psyche 23, 1969, S. 169.

Auch von der Vorentscheidung der Wissenschaftszugehörigkeit hängt es mit ab, nach welchen Gesichtspunkten die Mitglieder der Unterrichtsausschüsse bei ihrer Auswahl vorgehen. Über die Einzelkriterien, die sie dabei bestimmen, haben sich, wie erwähnt, zahlreiche Analytiker geäußert; das Leitbild, das ihnen bei der Auswahl latent vorschwebte, ist allerdings seltener untersucht worden.

Ph. Greenacre[4] hat sich in ihrer kritischen Übersicht über die Literatur zur Auswahl von Bewerbern für die psychoanalytische Ausbildung, die von der Autorin[5] referiert wurde, im wesentlichen auf drei Punkte konzentriert:

1. Welche Qualitäten werden als besonders positiv für einen zukünftigen Analytiker und welche werden als besonders negativ angesehen?

2. Welche Methoden der Auswahl benutzen wir, um unsere Ergebnisse möglichst korrekt zu gestalten?

3. Welche Bedingungen, welche neuen analytischen Erkenntnisse und Ansichten beeinflussen oder verändern die Vorstellungen des Analytikers von dem, was einen guten Analytiker ausmachen soll?

Auf Greenacres Übersicht über die seit Ende der dreißiger Jahre zu diesem Thema erschienene Literatur und auf die Arbeit der Autorin rückgreifend sollen jetzt nochmals einige klassische Standpunkte und Urteile in Erinnerung gebracht werden.

Hanns Sachs vertrat die Ansicht, daß ein Kandidat nicht allein aufgrund seiner Normalität angenommen werden sollte[6]. In unserer Kultur sei kaum jemand von neurotischen Zügen frei, sicher auch dann nicht, wenn er sich für die Psychoanalyse interessiere. Zu ihr zieht ihn vor allem auch das Bedürfnis, die eigenen neurotischen Probleme kennen und bewältigen zu lernen. Wenn es sich um eine analysierbare Neurose beim Kandidaten handle, könne er in ihrer Therapie nur für die Ausübung seines späteren Berufes lernen.

Hier sei kritisch hinzugefügt, daß das Wort »analysierbar« der näheren Klärung bedarf; denn das, was als analysierbar anzusehen ist, wird von Analytiker zu Analytiker verschieden beurteilt. Außerdem hat sich die Grenze unserer Vorstellungen über Analysierbarkeit durch neuere Erkenntnisse wie die Ich-Psychologie, das Wissen um die Phasen frühkindlicher Objektbeziehungen, die Bedeutung des

4 Phyllis Greenacre: The Critical digest of the literature on the selection of candidates for psychoanalytic training. In: Psychoanal. Quarterly 30, 1961.

5 Margarete Mitscherlich-Nielsen: Eine kritische Übersicht der Literatur über die Auswahl von Kandidaten für eine psychoanalytische Ausbildung. In: Psyche 15, 1961/62, S. 871.

6 H. Sachs: Observations of a training analyst. In: Psychoanal. Quarterly 16, 1947.

gesunden und kranken Narzißmus erheblich verschoben. Früher galt als Grundregel, ein analysierbarer Patient müsse in der Lage sein, eine Übertragungsneurose zu entwickeln. Das gilt auch heute noch; allerdings hat man inzwischen gelernt, von Übertragungsphänomenen zu sprechen, wo man sie früher nicht gesehen hat.

Sachs, der erste Lehranalytiker des Berliner Psychoanalytischen Instituts, forderte außer den allgemein menschlichen Qualitäten besonders auch Intelligenz, berufliche und kulturelle Bildung und die Fähigkeit, sich mit dem eigenen Unbewußten konfrontieren zu lassen. Bloßes theoretisches und akademisches Interesse an der Psychoanalyse ersetze den unmittelbaren Zugang zum eigenen Unbewußten auf keinen Fall. Intellektualisierung oder Rationalisierung werden meist als realitätsgerechte Auslegung von eigenem oder fremdem Verhalten empfunden und sind deswegen besonders schwer zugängliche Abwehrformen, deren Analysierbarkeit sich oft nur im Laufe einer längeren Analyse feststellen läßt. Sachs schlug deswegen prinzipiell eine Probeanalyse vor.

Als eindeutig günstige Zeichen, die jeder Interviewer bei der ersten Begegnung mit einem Bewerber festzustellen vermag, gelten dessen besonderes Interesse und Verständnis für die intuitive Psychologie von Schriftstellern und Künstlern. Außerdem wird positiv bewertet, wenn der Ausbildungsbewerber trotz seiner als selbstverständlich vorauszusetzenden Neurose charakterlich integriert wirkt.

Als besonders negativ werden von Sachs unter anderem folgende Eigenschaften und Symptome aufgeführt: das Abwehren von Gefühlserlebnissen; eine Neurose, die sich schon seit der Kindheit zeigte und in der Pubertät ohne Remission bestehen blieb; psychotische und psychopathische Züge; eindeutige Perversionen und Süchte; eine besondere Charakterrigidität, die ihre Grundlage in einem Verteidigungszwang narzißtischer Positionen hat.

Die mit der narzißtischen Problematik in Verbindung stehende Rigidität des Gefühlslebens hat viele Autoren beschäftigt. Oft macht ein solcher Bewerber den Eindruck, »besonders normal« zu sein. Die dahinterliegenden Ichdefekte lassen sich während eines Interviews leicht verdeckt halten.

Maxwell Gitelson warnt ebenfalls vor dem »normalen« Bewerber, da dieser seine Fassade von Normalität oft mit Hilfe starrer Abwehrmechanismen erkaufe[7]. Im Interview wird man deswegen vor allem festzustellen suchen, was der Bewerber trotz seiner Neurose aus seinem Leben gemacht hat, und nicht vor allem auf seine »Nor-

7 M. Gitelson: Therapeutic problems in the analysis of the »normal« candidate. In: Int. J. Psycho-Anal. 35, 1954.

malität« achten. Dann wird dem Interviewer auch nicht entgehen, ob und in welchem Ausmaß die notwendige emotionale Flexibilität und Resonanzfähigkeit in den zwischenmenschlichen Beziehungen und in den Interessen des Bewerbers vorhanden ist.

Im Gegensatz zu Gitelson verlangte Sigmund Freud in ›Die endliche und die unendliche Analyse‹[8] vom Analytiker ein besonderes Maß an seelischer Normalität. Es ist klar, daß es sich dabei um etwas anderes handelt als die von Gitelson und anderen Autoren gemeinte »Normalität«, die durch Abwehr von Spontaneität und Flexibilität zustande kommt und wohl im Sinne einer Symptomvermeidung mit Hilfe oberflächlicher Anpassung an gesellschaftliche und berufliche Normen und als Verflachung der Persönlichkeit oder im Sinne einer »Als-ob-Persönlichkeit« (Helene Deutsch) zu verstehen ist. Als normal bezeichnete Freud bekanntlich einen Menschen, dessen Abwehrmechanismen nicht zäh an infantiler Gefahr orientiert sind, die für das »gestärkte Ich« des Erwachsenen nicht mehr besteht.

Freud forderte zudem vom angehenden Analytiker Überlegenheit, um in kritischen Behandlungssituationen als Vorbild oder als Lehrer wirken zu können. Er wies darauf hin, daß die analytische Beziehung sich vor allem auf Wahrheitsliebe gründet, mit anderen Worten auf die Anerkennung der Realität. Um Mißverständnisse zu vermeiden: Anerkennung der Realität, wie sie hier gemeint ist, bedeutet natürlich nicht Anpassung im Sinne eines konformistischen Eingehens auf jeweilige gesellschaftliche Einstellungen; vielmehr soll dabei die Fähigkeit beschrieben werden, seine Mitmenschen unvoreingenommen wahrnehmen zu können und seine Einschätzung der Umwelt nicht durch Projektionen und andere Abwehrmechanismen verzerren und stören zu lassen.

Ähnlich wie S. Freud hat sich auch Anna Freud in einem von Kohut[9] zitierten Brief an einen 14jährigen Knaben ausgedrückt, indem sie sagt: »Wenn du ein wirklicher Psychoanalytiker werden willst, mußt du eine große Wahrheitsliebe besitzen, sowohl eine wissenschaftliche als auch persönliche, und du mußt diese Anerkennung der Wahrheit höher setzen als jede Unannehmlichkeit, die damit verbunden ist, unangenehmen Tatsachen gegenüberzustehen, ob sie nun der äußeren Welt angehören oder deiner eigenen inneren Person.« – Anna Freud erwähnte zudem in diesem Brief, sie halte es für

8 S. Freud (1937), in: Ges. W., Bd. XVI.

9 Heinz Kohut: The Psychoanalytic treatment of narcissistic personality disorders: Outline of a systematic approach (1966). In: Psa. Study Child 23, 1968. – Die psychoanalytische Behandlung narzißtischer Persönlichkeitsstörungen. In: Psyche 23, 1969, S. 321–348.

besonders wichtig, daß ein Analytiker auch außerhalb seines medizinischen Berufs über Kenntnisse in der Soziologie, Religion, Literatur, Geschichte usw. verfügt, da sonst sein Verstehen des Patienten zu eng umgrenzt sein werde. Auch S. Freud verlangte schon 1926, daß der Analytiker, um seine Patienten verstehen zu können, sich mit dem Arzt fernliegenden Gebieten, wie Kulturgeschichte, Mythologie, Religionspsychologie und Literaturwissenschaft, beschäftigen müsse. Ohne eine gute Orientierung auf diesen Gebieten stehe der Analytiker einem großen Teil seines Materials verständnislos gegenüber.

Freud hat noch 1937 von der Lehranalyse als einer kurzen und unvollständigen gesprochen, deren hauptsächlicher Zweck es sei, »dem Lehrer ein Urteil zu ermöglichen, ob der Kandidat zur weiteren Ausbildung zugelassen werden kann. Ihre Leistung ist erfüllt, wenn sie dem Lehrling die sichere Überzeugung von der Existenz des Unbewußten bringt, ihm die sonst unglaubwürdigen Selbstwahrnehmungen beim Auftauchen des Verdrängten vermittelt und ihm an einer ersten Probe die Technik zeigt, die sich in der analytischen Tätigkeit allein bewährt hat.« Von den eigenen Erfahrungen ausgehend erwartete Freud, daß die erste Analyse als Stimulans für weitere analytische Einsichten wirkt und den Prozeß einer »Ich-Umarbeitung« anregt. Wie immer behält er aber Kontakt mit der Realität und schätzt die Reichweite der Lehranalyse eher pessimistisch ein: »Es scheint also, daß zahlreiche Analytiker es erlernen, Abwehrmechanismen anzuwenden, die ihnen gestatten, Folgerungen und Forderungen der Analyse von der eigenen Person abzulenken, wahrscheinlich indem sie sie gegen andere richten, so daß sie selbst bleiben, wie sie sind und sich dem kritisierenden und korrigierenden Einfluß der Analyse entziehen können.«[10]

Gerade diese sicher berechtigte Skepsis ist es gewesen, die überall in der Welt die Verlängerung der Dauer der Lehranalyse erzwang. Was oben hinsichtlich des zeitlich ausgedehnten Prozesses gesagt wurde, in dem sich die Motivation eines Symptoms, eines auffälligen Verhaltens erschließt, gilt gleichermaßen für den künftigen Analytiker. Ziemlich unerwartet haben sich aber bei den heute lange dauernden Lehranalysen neue Probleme ergeben; vor allem die Frage, ob eine Lehranalyse die absolute Wahrhaftigkeit gestattet, von der Anna Freud sprach, wenn sie doch zugleich ein Verfahren ist, das über die Berufseignung entscheidet. Es hat gewiß keinen Sinn zu leugnen, daß die Lehranalyse andere Voraussetzungen und Ziele hat

10 S. Freud: Die endliche und die unendliche Analyse, a.a.O., S. 45 (vgl. F. 8).

als die therapeutische. Über dieses Problem hat Anna Freud bereits 1950 geschrieben[11]; auch Lampl-de Groot geht in ihrer Arbeit ›Probleme der psychoanalytischen Ausbildung‹[12] dieser Differenz in den Zielsetzungen nach. Nur ein sehr vertrauensvolles Verhältnis zwischen Kandidat und Lehranalytiker kann hier jene Freiheit garantieren, die in der Behandlung von Patienten nicht in dieser Weise auf dem Spiel steht.

Es ist zudem klar, daß ein Analytiker mehr von seinen Verhaltensweisen, d. h. von seinen Abwehrmechanismen und Übertragungsinhalten, seinen seelischen Strukturen und seinen unbewußten Motiven und Konflikten in Erfahrung bringen muß als ein Patient, dem es vor allem darauf ankommt, seine störenden Symptome zu verlieren. Denn der Analytiker muß mit seinen inneren Prozessen in intensiver Beziehung bleiben, um die Vielfalt und Verschiedenheit der inneren Prozesse bei seinen Patienten verstehen zu können. Seine selbstanalytischen Fähigkeiten müssen also von besonderer Intensität und Sensibilität sein. Dazu gehört, was Donald W. Winnicott einmal betonte, daß er seine Rachebedürfnisse auch bei starker Provokation durch den Patienten sich stets bewußt machen und sie beherrschen kann.

An dieser Forderung an die Lehranalyse entzündete sich ein wichtiges Bedenken Ferenczis, mit dem Freud sich damals (1937)[13] auseinanderzusetzen hatte. Ferenczi beklagte sich darüber, daß Freud in seiner Ausbildungsanalyse die negative Übertragung nicht genügend beachtet habe. Freud setzte dem entgegen, zur Zeit der Analyse sei von einer solchen nichts zu merken gewesen. Es habe keinen Zweck, eine negative Übertragung zu aktivieren, solange sie beim Analysanden selbst nicht aktuell sei.

»De facto«, so Balint, »hat die analytische Technik aber den entgegengesetzten Weg eingeschlagen, und heute würde sogar ein Anfänger schwere Vorwürfe zu hören bekommen, wenn er seinem Kontrollanalytiker berichten würde, er habe von einer negativen Übertragung nichts gemerkt.«[14] Balint erkennt in seiner Kritik am Ausbildungssystem zwar die Notwendigkeit einer langen Lehranalyse an, befürchtet aber, daß mit dieser »Supertherapie« nicht nur

11 Anna Freud: Probleme der Lehranalyse (1950). In: Festschrift für Max Eitingon. Abdruck in: Psyche 24, 1970.

12 Jeanne Lampl-de Groot: Problems of psychoanalytic training. In: Int. J. Psycho-Anal. 35, 1954.

13 S. Freud: Die endliche und die unendliche Analyse, a.a.O. (vgl. F. 8).

14 Michael Balint: Analytische Ausbildung und Lehranalyse (1954). In: Psyche 7, 1953/54.

eine gründliche Kenntnis des eigenen Selbst vermittelt wird, sondern daß sich häufig genug mit ihr auch eine nicht genügend analysierte Introjektion des Analytikers verknüpft. Insbesondere dann, wenn dieser unausweichlich für den Analysanden zum Ideal wird und dies durch die Atmosphäre der Unterrichtsausschüsse noch gefördert wird. Nach Balints Meinung ist es nicht die Länge, wohl aber kann es die Art der Analyse und der übrigen Ausbildung sein, die dazu führt, den Analytiker als ein übertriebenes Ideal zu introjizieren, was beim Analysanden zu einer übermäßigen Stärkung des Über-Ich führen kann. Zwar verstehe man heute die negative Übertragung, d. h. die aggressiven Gefühle dem Analytiker gegenüber, in ihren ersten Anzeichen zu sehen und auch zu deuten, jedoch nütze es wenig, wenn das geschehe, bevor diese Gefühle voll entwickelt seien. Durch allzu wohlgezielte und vorzeitige Deutungen könnte der Analysand um das volle Erlebnis seiner negativen Gefühle für den Analytiker gebracht werden.

Greenacre steht den Äußerungen Freuds, der Analytiker solle für den Kandidaten ein Vorbild darstellen, ebenfalls kritisch gegenüber. Für den Analysanden ein Vorbild darzustellen, so meint sie, wäre eine in der Situation der Ausbildungsanalyse fast unumgängliche Konsequenz, solle aber gewiß nicht verewigt, sondern analysiert werden. Darin werden die meisten Analytiker mit ihr übereinstimmen. Es bleibt aber die Frage offen, wie und wann diese Durcharbeitung geschehen soll. James Strachey hat schon 1934 beschrieben, daß die Introjektion des Analytikers als »gutes Objekt« zu einer Milderung des eigenen, überstrengen Über-Ich führen kann und dadurch den Analysanden davon befreit, eigene erschreckende Introjekte auf andere projizieren zu müssen[15]. Seit Kohuts Darstellung seiner Arbeit mit narzißtisch gestörten Patienten[16] haben wir gelernt, Funktion und Inhalt vieler Idealisierungen besser zu verstehen und deswegen zu warten, ehe man die Idealisierung als Abwehr gegen Aggression deutet.

Ein weiterer Einfluß auf die allgemeine Verlängerung der Analyse kam von den Fortschritten der Ich-Psychologie mit ihren sorgfältigen Analysen der Abwehrmechanismen. Von einer »kurzen und unvollständigen« Analyse erwartet man deswegen heute nur wenig. Greenacres Ansicht nach ist es vorrangig, herauszufinden, wie die Bewerber, von denen es heißt, sie seien »psychologisch begabt«, hätten einen »Zugang zum Unbewußten« oder verfügten über ein

15 J. Strachey: The Nature of the therapeutic action of psycho-analysis. In: Int. J. Psycho-Anal. 15, 1934.

16 H. Kohut: The Psychoanalytic treatment..., a.a.O. (vgl. F. 9).

»besonderes Ausmaß an intuitivem Einfühlungsvermögen«, ihre psychologischen Fähigkeiten anwenden und auf welche Weise diese ihr Leben beeinflußt haben. Intuitive Begabung als solche könne einen positiven und einen negativen Stellenwert bekommen. Es sei von Bedeutung, herauszufinden, ob solche Begabung wesentlich zur narzißtischen Befriedigung, zum Zweck der Abwehr gebraucht würde oder ob sich mit ihrer Hilfe eine seelische Reifung angebahnt hätte, die sich sowohl in einem besonderen Zugang und Verstehen des eigenen Selbst wie in der Entwicklung literarischer und künstlerischer Interessen zeigen könne. Ähnliches fordert auch Kohut[17]. Es bedeutet wenig, so sagt er, festzustellen, ob und in welchem Ausmaß Intuition oder Einfühlung vorhanden sind. Worauf es ankommt, sei die Art, wie diese Einfühlung benützt wird, ob sie unter der Kontrolle des Ich eingesetzt wird, in welchen Bereichen diese Fähigkeit wirksam wird und ob sie zu einem sinnvollen, abgewogenen und umfassenden mitmenschlichen Verständnis führt. Wir sollten deshalb die Einfühlung oder auch die besondere intuitive Begabung innerhalb eines breiten metapsychologischen Rahmens untersuchen, um daraus für die Auswahl eines Bewerbers nützliche Erkenntnisse zu gewinnen.

Bereits 1961 ging Waelder auf das Problem der Intuition ein[18]. Er mißt dieser Eigenschaft in bezug auf den zukünftigen Analytiker weniger Gewicht bei als die meisten seiner Kollegen. Unter Intuition versteht er die hochentwickelte Einfühlungsfähigkeit, aufgrund winziger, kaum merkbarer Zeichen fühlen und erraten zu können, was im anderen vor sich geht. Eine solche Fähigkeit sei sehr selten und für die Ausübung der Psychoanalyse nicht unbedingt erforderlich. Sie kann sich bei der Ausübung der Psychotherapie, besonders der Kurztherapie, günstig auswirken, wo es darauf ankommt, die Patienten schnell zu verstehen. Der Psychoanalytiker dagegen behandelt seine Fälle lange, und ein erfahrener Analytiker, der den Äußerungen seiner Patienten mit Aufmerksamkeit folgt und sie sorgsam erwägt, wird wahrscheinlich nicht weniger weit kommen als sein intuitiv begabterer Kollege, der ihm anfänglich weit voraus ist, jedoch für die Kleinarbeit der langen psychoanalytischen Behandlung vielleicht weniger Geduld aufbringt.

Intuitionen sind zudem keineswegs immer korrekt, und ein intuitiv begabter Mensch neigt dazu, sich zu sehr auf diese seine Bega-

17 H. Kohut: The evaluation of applicants for psychoanalytic training. In: Int. J. Psycho-Anal. 49, 1968.

18 Robert Waelder: Selection criteria for the training of psycho-analytic students. In: Int. J. Psycho-Anal. 43, 1962.

bung zu verlassen. Waelder erscheint es deshalb wichtiger, daß beim Bewerber ein großes Interesse für Menschen und dementsprechend ein ausgedehntes Wissen über eine Vielzahl menschlicher Ausdrucksformen und kultureller Bereiche besteht. Auch Kohut forderte deswegen als besonders wichtige Eigenschaft eines Analytikers, daß er psychologischen Schlußfolgerungen gegenüber eine zögernde Haltung einnehmen kann, daß er imstande ist zu warten und »nicht zu wissen«, »nicht zu antworten«, »nicht zu verstehen«[19].

Eisendorfer stellte eine Liste von wünschbaren Eigenschaften zusammen, von denen er meint, daß sie bereits im Interview festzustellen seien[20]. Er nennt:

1. Die Subtilität, mit der der Kandidat sich selber darzustellen vermag;

2. die Art und das Ausmaß seiner Fähigkeit zur Spontaneität;

3. die Evidenz echter Neugierde in bezug auf das Unbewußte;

4. Zeichen dafür, daß der Bewerber in der Lage ist, eigene Gefühle, Probleme und Fähigkeiten kritisch zu beurteilen;

5. seine Einschätzung des Wesens der Psychoanalyse;

6. die Fähigkeit zu klarer verbaler Kommunikation.

Ähnliche Bemühungen wurden 1953, 1961 und 1967 auf Symposien über Ausbildungsfragen anläßlich der internationalen Kongresse für Psychoanalyse sichtbar. Schon vor Eisendorfer hatte Paula Heimann eine Anzahl positiver Eigenschaften erarbeitet[21]. Auch diese Begabungen und Fähigkeiten lassen sich ihrer Meinung nach vor dem Beginn der Analyse feststellen:

1. Sensibilität für die dynamische Natur des Unbewußten;

2. angeborene intuitive und psychologische Fähigkeiten, etwa dem Talent des Künstlers vergleichbar;

3. lebhaftes Interesse am Menschen, verbunden mit Achtung vor der Individualität des anderen;

4. die Fähigkeit, Objektbeziehungen herstellen und über längere Zeit aufrechterhalten zu können;

5. die Fähigkeit, eigene Grenzen zu erkennen, Enttäuschungen zu ertragen, bei persönlicher Problematik sich mehr abwartend verhalten zu können als nach einer sofortigen Lösung zu drängen.

Als hauptsächlich negativ wird diesen positiv bewerteten Eigen-

19 H. Kohut: The Psychoanalytic treatment..., a.a.O. (vgl. F. 9).

20 Arnold Eisendorfer: The Selection of candidates applying for psychoanalytic training. In: Psychoanal. Quarterly 17, 1959.

21 Paula Heimann: Problems on the training analysis. In: Int. J. Psycho-Anal. 35, 1954.

schaften die Verleugnungstaktik bezüglich eigener Probleme entgegengestellt. Wir werden im Verlauf dieser Übersicht noch sehen, daß Heimann inzwischen jeder Aneinanderreihung insbesondere der positiven Eigenschaften eines künftigen Analytikers mit einer gewissen Skepsis gegenübersteht[22].

Zunächst soll auch auf einige Referate des Kongresses in Edinburgh[23] eingegangen werden, wobei insbesondere Kriterien hervorgehoben werden, die nicht schon in der Übersicht von Greenacre diskutiert wurden.

Die Sorge um wirklich begabte Nachfolger hängt nach Ansicht Marie Langers mit dem Problem der Nichtzulassung von Laienanalytikern zusammen[24]. Wenn, wie in Nord- und Südamerika, nur Mediziner zugelassen werden, verrät diese Beschränkung, die auf die dortige ältere Analytikergeneration zurückgeht, ein zu großes Bedürfnis nach beruflicher Selbstbestätigung und Sicherheit. Die Vergangenheit hat aber gezeigt, daß nicht nur Mediziner zu diesem Beruf eine hervorragende Begabung mitbringen können. Auf dieses Problem geht auch Kurt Eissler in seinem Buch ›Medical Orthodoxy and the Future of Psychoanalysis‹ ausführlich ein[25].

Langer erscheint es besonders wichtig, daß der zukünftige Analytiker nicht nur durch Kontaktfähigkeit oder den Wunsch zu helfen bei seiner Berufswahl bestimmt wird, sondern vor allem durch ein Bedürfnis nach Erkenntnis. Die eigene Analyse ist für Langer das einzig adäquate Mittel, um die Fähigkeiten und die Analysierbarkeit des Bewerbers festzustellen. Es wird darum in den südamerikanischen psychoanalytischen Gesellschaften, ähnlich der schon von Hanns Sachs und Rudolf Ekstein[26] empfohlenen Probeanalyse, zuerst mit einer therapeutischen Analyse begonnen und die endgültige Annahme zur weiteren Ausbildung vom Verlauf dieser Analyse abhängig gemacht. Auch in Frankreich beginnt die Ausbildung mit einer therapeutischen Analyse. Falls eine solche therapeutische Ana-

22 P. Heimann: The Evaluation of applicants for psychoanalytic training. In: Int. J. Psycho-Anal. 49, 1968.

23 Die vor diesem Kongreß gehaltenen Referate sind in dem Int. J. Psycho-Anal. 43, 1962, veröffentlicht. Die Autorin greift bei der folgenden Darstellung gelegentlich auf ihr Referat (Psyche 17, 1963/64, S. 164–167: ›Über die Kriterien der Zulassung zur psychoanalytischen Ausbildung‹) zurück.

24 Marie Langer: Selection criteria for the training of psychoanalytic students. In: Int. J. Psycho-Anal. 43, 1962.

25 Kurt Eissler: Medical Orthodoxy and the Future of Psychoanalysis. New York 1965.

26 R. Ekstein: Trial Analysis in the psychoanalytic process. In: Psychoanal. Quarterly 19, 1950, S. 52–63.

lyse in Südamerika nicht erreichbar sein sollte, wird eine psychoanalytisch orientierte Gruppentherapie angeboten.

Van der Leeuw betont ebenfalls, daß es zwar leicht sei, festzustellen, was einen Kandidaten ungeeignet mache, aber schwer, seine zukünftigen analytischen Fähigkeiten zu erkennen[27]. Wie viele Analytiker vor ihm verweist auch er auf die Gefahr des »normalen« Bewerbers mit »Pseudo-Gefühlen«, psychischer Unbeweglichkeit und Rigidität. Hier handelt es sich offensichtlich um ein häufig beobachtetes Versagen der Beurteilung, denn diese Warnung wird immer wieder vorgetragen.

Wenn es in den ersten Interviews naturgemäß kaum möglich ist, einen vollen Einblick in die intrapsychischen Vorgänge zu gewinnen, so könnte man aber, meint van der Leeuw, andere wichtige Beobachtungen machen: z. B. wie groß die Lebenserfahrung des Bewerbers ist, wie weit er Einblick in andere soziale Umgebungen außer der eigenen hat, wie weit er gewillt und fähig ist, unangenehme Erlebnisse, Spannungen und Schmerzen zu ertragen und ähnliches. Er schlägt außerdem vor, bei der Auswahl der Kandidaten die erweiterten Kenntnisse von der Struktur der Abwehrprozesse und ihren Funktionsweisen heranzuziehen. Dazu wäre festzustellen, ob die Abwehrmechanismen die Ichfunktionen beeinträchtigen und überhaupt als pathologische Abwehrformen zu betrachten sind. Abwehr an sich sei noch kein psychopathologisches Phänomen. Die verschiedenen Abwehrformen haben in Beziehung auf die Berufseignung des Psychoanalytikers meist sowohl ihre positiven als auch ihre negativen Aspekte. Zum Beispiel schärft die Projektion die Einsicht in den anderen, hat aber eine blindmachende Wirkung in bezug auf einen selber. Auch enthüllt sie Dinge in anderen Menschen, die irrelevant sind. Introjektion wiederum erleichtert die Teilnahme an anderen Menschen, erschwert es aber, zwischen sich und ihnen zu unterscheiden. Identifikation ist notwendig für die psychoanalytische Arbeit und macht die Einfühlung möglich. Wenn sie aber übermäßig vorhanden ist, stört sie die Arbeit und macht es schwierig, die Realität zu sehen. Verleugnung ist in jedem Falle störend und schädigt die Wahrnehmungsfähigkeit. Auch Verdrängung ist nachteilig und beeinträchtigt die Erinnerungsfunktionen.

Aber nicht nur die Art der Abwehrmechanismen sei von Bedeutung, sondern auch die von ihnen ausgelösten regressiven Prozesse. Wenn es sich z. B. herausstelle, daß die Persönlichkeit durch frühe präödipale Fixierung bestimmt ist, muß an der Eignung für die psy-

27 P. J. van der Leeuw: Selection criteria for the training of psychoanalytic students. In: Int. J. Psycho-Anal. 43, 1962.

choanalytische Arbeit gezweifelt werden. Die mit der Kastrationsangst verbundene passiv-feminine Problematik des Mannes und der Penisneid der Frau seien dann auf eine solche Weise mit frühkindlichen Ängsten verbunden, daß es wenig aussichtsreich erscheine, sie so weit rückgängig machen zu können, wie es für die Ausübung der psychoanalytischen Arbeit notwendig wäre.

In Edinburgh waren sich alle Analytiker über die folgenden zwei Punkte einig:

1. daß Kandidaten, die glaubten, keine eigenen Probleme zu haben, und die Analyse nur aus opportunistischen Gründen anstrebten, abgelehnt werden sollten;

2. daß die sogenannten »Normalen« unter den Bewerbern am schwierigsten analytisch zu erreichen seien und daß bei diesen die meisten Fehler bei der Auswahl gemacht wüden. Sie scheinen oft anpassungs- und kontaktfähig, sind beruflich erfolgreich, sexuell potent usw. Bei näherer Betrachtung jedoch kann sich hinter ihrer Fassade ein chronisch depersonalisierter Zustand verbergen, an den der Betreffende starr fixiert ist. Gerade diese Menschen zeigen dem Analytiker, wie wichtig es ist, zwischen echten und unechten Gefühlen und Affekten unterscheiden zu können. Das dauernde Reizbedürfnis solcher Menschen läßt sie auf vielerlei Gefühle und Erfahrungen eingehen. Ihr scheinbarer Gefühlsreichtum entsteht jedoch dadurch, daß sie sich kurzfristig mit den verschiedensten Menschen zu identifizieren vermögen; sie existieren quasi durch andere und benutzen die Gefühle anderer für sich, ohne eigenständige Gefühle und echte Wärme entwickeln zu können. Es geht auch hier nicht um die Fähigkeit zur Identifikation an sich, sondern um die Verwendung dieser Fähigkeit in der Gesamtpersönlichkeit des Bewerbers.

Über die Bedingungen zur Annahme zur psychoanalytischen Ausbildung spricht Balint nicht ohne Spott[28]. Wenn der Bewerber nur eine gute Intelligenz, etwas Erfolg im Leben und eine geglückte soziale Anpassung aufzuweisen hätte, würde er mit ziemlicher Gewißheit angenommen. Es ist zu bezweifeln, ob die Diskussion über den »normalen« Kandidaten daran tatsächlich etwas geändert hat.

An dieser Stelle ist auf den zweiten Beitrag Paula Heimanns[29] hinzuweisen. Dort findet sich eine weitere Übersicht über die Ziele der psychoanalytischen Ausbildung und die Auswahlkriterien. Auch Heimann betont die Schwierigkeiten einer raschen Orientierung und hat deswegen aufgehört, sich wegen unzureichender Entschei-

28 M. Balint: Über das psychoanalytische Ausbildungssystem (1948). In: M. Balint: Urformen der Liebe und die Technik der Psychoanalyse. Bern und Stuttgart 1966.

29 P. Heimann: The Evaluation of applicants..., a.a.O. (vgl. F. 22).

dungen schuldig zu fühlen. Statt dessen ist sie dazu übergegangen, mit ihren Kandidaten auch während ihrer Analyse über ihre Eignung für den Beruf des Analytikers zu sprechen, wann immer ihr diese Eignung fraglich erscheint. Sie hat gute Erfahrungen mit solchen offenen Aussprachen gemacht. Mit Bird stimmt sie darin überein, daß es für die Zukunft der Analyse von besonderer Bedeutung sei, möglichst viele Kandidaten auszuwählen, die wissenschaftliche Kreativität erhoffen lassen und von denen man annehmen kann, daß die Lehranalyse und die weitere psychoanalytische Ausbildung, wie Freud andeutete, zu einer Aktualisierung und weiteren Reifung ihrer seelischen und geistigen Möglichkeiten führen würde. Dazu gehöre nicht zuletzt die Leidensfähigkeit des Kandidaten.

Die Aufzählung positiver Kriterien, die als unabdingbar für die Ausübung des Berufs eines Analytikers angesehen werden, empfindet Heimann jetzt eher als illusionär, da es einen solchen idealen Menschen als Nachwuchs kaum geben werde und die heute praktizierenden Analytiker nicht zu Illusionen neigen und mit allen Mitteln der Versuchung vorbeugen, sich selbst zu idealisieren.

Überblicken wir die Literatur, die zu unserem Thema veröffentlicht wurde, so finden wir keine Einigkeit darüber, was als positive Eigenschaft an sich anzusehen wäre. Auch Fähigkeiten wie Einfühlung, Intuition usw. können als positiv nur dann bewertet werden, wenn man weiß, welche Rolle sie im Gesamt der Persönlichkeit des Bewerbers spielen.

Die Tätigkeit des Analytikers setzt voraus, daß seine Ichfunktionen es ihm erlauben, flexibel und kritisch mit seinen Abwehrmechanismen umzugehen. Die »Ichspaltung«, die vom Analytiker verlangt, gleichzeitig zu fühlen, zu erleben, zu denken und sich dabei zu beobachten, setzt voraus, daß er ein ziemlich intaktes Ich haben muß. Ernst Kris unterscheidet dabei zwei Ebenen der Ichtätigkeit: Zur Selbstbeobachtung des Ich kommt noch die Beobachtung der Art seiner Funktionsweise hinzu[30]. Um diese analytischen Ichfähigkeiten zu entwickeln und sich in das primärprozeßhafte Denken des Patienten einfühlen zu können, dabei gleichzeitig aber dem sekundärprozeßhaften Denken verpflichtet zu bleiben, darf die Ichstörung eines Bewerbers also nicht tiefgehend sein. Sie muß mit Hilfe der Benutzung des Lehranalytikers als eines therapeutischen Instruments, durch Analyse der Übertragung zu beheben sein.

Ein weiteres unentschiedenes Thema ist die Bedeutung des Narzißmus in der psychischen Gesamtökonomie des Bewerbers. Ob die

30 Ernst Kris: On some vicissitudes of insight in psychoanalysis. In: Int. J. Psycho-Anal. 37, 1956.

Mehrzahl der Lehranalytiker relativ stark narzißtisch bestimmte Persönlichkeiten zur Ausbildung annehmen würde, ist fraglich und bedarf des weiteren Austausches von Beobachtungen.

In der Diskussion auf dem Vorkongreß für Ausbildungsfragen (1967) und in der Kommission für die Auswahl von Bewerbern (C. E. A., 1969) wurde deswegen von den meisten Analytikern gefordert, daß nicht das Symptom allein, nicht einmal eine Perversion, sondern vor allem das Ausmaß der dahinterliegenden Ichstörung als Grundlage für die Entscheidung benutzt werden sollte.

Besonders schwierig war es, wie wir bereits aus der Literatur entnehmen konnten, die Art der Ichstörung festzustellen, an der der sogenannte »normale« Bewerber leidet. Man hielt ihn für unanalysierbar, da er an einer narzißtischen Neurose leide und im tieferen Sinne nicht übertragungsfähig sei. Diese hinter seiner »normalen« Fassade sich verbergende Störung sei in den ersten Interviews besonders schwer zu diagnostizieren. Es gelte also, so meinten einige Analytiker, sich über den Inhalt dessen, was beim jeweiligen Bewerber unter Narzißmus verstanden werde, Klarheit zu verschaffen, um diese Störungen besser zu verstehen und bei der Auswahl seiner Aufgabe besser gewachsen zu sein.

Kohut hat bekanntlich gezeigt, daß auch narzißtisch gestörte Patienten übertragungsfähig sind und daß die Art der Übertragung dem Analytiker Aufschluß darüber gibt, was sich in den frühen Entwicklungsstadien des Narzißmus ereignet hat[31]. Es sei nur an seine Beschreibungen narzißtischer Übertragungsarten erinnert, wie sie im »idealisierenden Typus« und im »Spiegeltypus« zum Ausdruck kommen. Mit Hilfe solcher Einsichten, die nur in langen Analysen gewonnen werden, gelingt es uns, solche narzißtischen Ichstörungen überhaupt erst zu entdecken.

P. Heimann macht uns darauf aufmerksam, daß wir stillschweigend den objektfeindlichen Narzißmus zu meinen scheinen, wenn wir in den Interviews eine narzißtische Störung als Ursache unserer Ablehnung angeben[32]. Wir befürchten dann, es mit einem vorwiegend destruktiven Menschen zu tun zu haben, der nur in geringem Maße zu Objektbeziehungen und daher auch zu keiner tiefergehenden Übertragung fähig ist.

Diese Form des Narzißmus sollte man bereits im ersten Interview von anderen, reiferen und reifungsfähigen Entwicklungsstufen des Narzißmus zu unterscheiden versuchen. Die notwendigen und reifungsfähigen Formen werden als solche nicht genügend gesehen und

31 H. Kohut: The Psychoanalytic treatment..., a.a.O. (vgl. F. 9).
32 P. Heimann: The Evaluation of applicants..., a.a.O. (vgl. F. 22).

anerkannt, obgleich sie für das gesunde Selbstgefühl und die schöpferische Arbeit eines Menschen von grundlegender Bedeutung sind.

Bezüglich der Gruppe der »normalen« Bewerber, insbesondere der als »narzißtisch« bezeichneten, wurde dementsprechend oft geäußert, daß man sich davor hüten solle, sie global abzulehnen, vielmehr solle man bei den Begabten unter ihnen darauf achten, wieweit sie dennoch analysierbar und möglicherweise zu späterer produktiver Arbeit fähig seien.

Bewerber mit Perversionen wurden nicht optimistisch beurteilt. Im allgemeinen läge diesen Symptomen eine so tiefe Störung zugrunde, daß kaum anzunehmen sei, sie könnten ungestört als therapeutisches Instrument für ihre Patienten dienen. Ruth Eissler[33] war aufgrund jahrelanger Beobachtungen von Perversen und Homosexuellen davon überzeugt, daß das Ich solcher Patienten oft Störungen in der Realitätsprüfung zeige, denen eine wahnhafte Struktur zugrunde läge, die weder durch Erfahrungen an sich noch durch die Analyse zu ändern seien. M. Mitscherlich-Nielsen betonte, daß der Perverse meist nur oberflächlich zwischen innerer und äußerer Realität zu unterscheiden vermöge; sie erinnerte an die von Freud beschriebene Ichspaltung dieser Kranken, deren Ich z. T. unreflektierbar an primärprozeßhaftes Denken fixiert bleibt, was sich störend auf seine Beziehung zu Menschen auswirkt[34]. In seinen Vorlesungen zur Einführung in die Psychoanalyse (Bd. XV) sagte Freud schon: »Der Perverse pflegt zwar nicht jenseits des Lustprinzips zu stehen, aber ganz sicherlich jenseits des Realitätsprinzips und oft genug im Gegensatz zum Selbsterhaltungstrieb.« Kohut beschrieb einen Homosexuellen, dessen Defekt wesentlich in seinem System von Idealen lag, dessen narzißtische Störungen aber therapeutisch zugänglich waren[35]. Wesentlich für die Entscheidung des Auswählers ist also wiederum nicht die Symptomatik des Bewerbers, sondern die Behandelbarkeit von seelischen Störungen, die einer unvoreingenommenen Einfühlung in die Probleme anderer im Wege stehen.

Es fällt auf, daß in der mittlerweile zahlreich vorhandenen Literatur über Schwierigkeiten der Ausbildung und Auswahl keine Untersuchungen aus der Bundesrepublik vorliegen. Dabei hat die in den

33 Ruth Eissler: Report of the Meeting of the Commission on the Evaluation of Applicants for Psychoanalytic Training (C.E.A.) (1969). Unveröffentlicht.

34 M. Mitscherlich-Nielsen: Report of the Meeting of the Commission on the Evaluation of Applicants for Psychoanalytic Training (C.E.A.) (1969). Unveröffentlicht.

35 H. Kohut: Report of the Meeting of the Commission on the Evaluation of Applicants for Psychoanalytic Training (C.E.A.) (1969). Unveröffentlicht.

letzten zehn Jahren rasch wachsende Deutsche Psychoanalytische Vereinigung genügend Probleme mit der richtigen Auswahl ihres Nachwuchses. Eine ständig arbeitende Kommission, die sich mit der Untersuchung der bei der Auswahl gestellten Prognosen und der den Interviews zugrunde liegenden, bewußten oder latenten Auswahlkriterien beschäftigen sollte, fehlt bisher. Das jeder Auswahl zugrunde liegende Leitbild dessen, was einen guten Analytiker ausmacht, scheint allerdings von deutschen Analytikern zunehmend diskutiert zu werden. Dafür sprechen die zu Anfang erwähnten Arbeiten von Lorenzer[36] und Rosenkötter[37] sowie die Vorträge (Fürstenau, 1969; Simenauer, 1970; Becker, 1970)[38] und Diskussionen auf den beiden letzten Tagungen der Deutschen Psychoanalytischen Vereinigung (die zweimal im Jahr stattfinden). Das Selbstverständnis des Analytikers, seine Beziehung zur eigenen Tätigkeit wie die zu anderen Wissenschaftszweigen, kurz das Problem seiner Identität stand im Brennpunkt der lebhaften Auseinandersetzungen.

H. Thomä hat eindringlich dargestellt, welche Wirkung die Verbannung der Psychoanalyse durch das Hitlerregime auf das analytische Wissen in Deutschland hatte[39]. Es war entweder so gut wie in Vergessenheit geraten oder, wo es noch Reste gab, meist so mit anderen Formen der Psychotherapie vermischt (amalgamiert, wie es das Ziel Schultz-Henckes und anderer war) und unkenntlich gemacht, daß Ernest Jones noch lange nach dem Krieg mit Recht behaupten konnte, einige der wenigen erfolgreichen Leistungen Hitlers sei die Liquidation der Psychoanalyse in Deutschland gewesen[40]. Mittlerweile ist sie bekanntlich in Deutschland wiederaufgebaut worden und hat mit viel Mühe einzelner Gruppen und Institute und mit Hilfe von in England, Holland und Amerika arbeitenden Kollegen, die früher am Berliner oder Wiener Psychoanalytischen Institut tätig waren, wieder Anschluß an bestehende Kenntnisse und neue Entwicklungen gefunden.

Diese erst kürzlich und so mühsam aufs neue errungene Identität des deutschen Psychoanalytikers beginnt heute schon ähnliche Kri-

36 A. Lorenzer: Sprachzerstörung..., a.a.O. (vgl. F. 3).

37 L. Rosenkötter: Über Kriterien..., a.a.O. (vgl. F. 3).

38 P. Fürstenau: Aktuelle Organisationsprobleme der Psychoanalyse aus soziologischer Sicht. Vortrag bei der Gießener DPV-Tagung 1969; E. Simenauer, Unveröff. Vortrag bei der Berliner DPV-Tagung 1970; W. Becker, Vortrag Februar 1970, DPV-Tagung, Berlin. Unveröffentlicht.

39 Helmut Thomä: Some remarks on psychoanalysis in Germany, past and present. In: Int. J. Psycho-Anal. 50, 1969.

40 Ernest Jones: Das Leben und Werk von Sigmund Freud (1957), 2 Bd. Bern und Stuttgart 1960.

sen zu zeigen, wie sie Gitelson für den amerikanischen Analytiker beschrieben hat[41]. Einerseits finden die Bemühungen um Bewußtmachung des latenten Leitbildes des Analytikers, seines ihm oft nicht genügend bewußten Gruppenverhaltens, seiner sozialen und wissenschaftlichen Einstellungen weitgehendes Interesse und Zustimmung; andererseits werden aber Besorgnisse laut, wie sie auch Bird, Heimann und Gitelson äußerten, daß nämlich mit der Ausdehnung der sogenannten »angewandten Psychoanalyse« und der Abnahme langdauernder, täglicher Analysen ein differenziertes psychoanalytisches Grundwissen verlorengehen könnte. Heimann und viele der deutschen Analytiker wenden sich dabei keineswegs dagegen, daß die Anwendung psychoanalytischen Wissens weiteren Bevölkerungskreisen zugute kommen solle, wie das in der Gruppen-, Familien- und Ehepaar-Therapie geschieht. Sie sind vielmehr der Ansicht Kurt Eisslers, der von der Leichtigkeit spricht, mit der viele Analytiker ihre analytische Praxis zugunsten der Forderungen, die aus der sozialen Umwelt stammen, einzuschränken bereit sind[42]. Dies rühre, Eissler zufolge, auch von der psychoanalytischen Situation selbst her. Die Durchführung einer Analyse im Sinne Freuds gehöre zu den schwierigsten Aufgaben überhaupt. Der Hauptvorteil der vielen sozial gewichtigen, neuen Techniken liege für den Analytiker darin, daß sie sehr viel leichter zu handhaben seien. Bei »leichter«, so wären Eisslers Gedanken wohl zu ergänzen, ist nicht an technische Fertigkeit gedacht; es ist ein sehr anspruchsvolles Unternehmen, als Analytiker z. B. eine Gruppentherapie zu leiten. Die Erleichterung liegt darin, daß alle »abgekürzten« und »angewandten« Verfahren dem Analytiker die Orientierungsarbeit in den komplexen intrapsychischen und interaktiven Vorgängen (die sonst nirgends in dieser Feinheit in Erscheinung treten), die ihn selber in hohem Maße mit einbezieht, ersparen. Solche Beobachtungen sind aber die Grundlage für weitere Forschungen des individuellen Unbewußten und für fundamental wichtige Erkenntisse von der Art zwischenmenschlicher Beziehungen und ihrer Störungen überhaupt.

Methoden der Auswahl

Zur Vorbereitung der »Precongress Conference on Training« in Kopenhagen im Juli 1967 hatte Calder an alle psychoanalytischen

41 M. Gitelson: On the Identity Crisis in American Psychoanalysis. In: J. Amer. Psychoanal. Assn. 12, 1964.

42 Kurt Eissler: Medical Orthodoxy..., a.a.O. (vgl. F. 25).

Institute der Welt einen Fragebogen geschickt und eine Zusammenstellung der Antworten veröffentlicht[43]. Die folgenden Daten sind diesem Umfrageergebnis entnommen. Aus ihm geht hervor, wie es auch bereits H. Klein in ihrem Buch[44] dargestellt hat, 1. daß so gut wie von allen Instituten etwa drei Interviews verlangt werden, 2. daß häufig psychologische Tests, die längere Zeit in Anspruch nehmen, durchgeführt werden, 3. daß oft als letztes eine Konferenz zwischen Mitgliedern des Unterrichtsausschusses stattfindet, in der alle nun bekannten Daten diskutiert werden und darüber entschieden werden soll, ob der Bewerber angenommen werden kann oder abgelehnt werden muß. Interessant ist, daß auf die Kenntnisse, die mit Hilfe von psychologischen Tests gewonnen werden können, insbesondere in den USA nicht mehr so viel Wert gelegt wird wie in den vierziger Jahren. Allerdings muß hier die Frage gestellt werden, warum psychologische Tests z. B. in der BRD zwar verwendet werden, wenn man wissen will, ob sich ein Patient für die psychoanalytische Behandlung eignet oder nicht; bei der gewiß nicht unwichtigeren Entscheidung, ob ein *Bewerber* zur psychoanalytischen Ausbildung angenommen werden soll, werden die durch den Text zur Verfügung stehenden Informationen nicht hinzugezogen. Meines Erachtens geschieht dies nicht aus Gründen, wie sie von amerikanischen Autoren vorgebracht werden, die glauben, daß ein psychoanalytisches Interview mehr relevante Aufschlüsse darüber vermittelt, ob ein Bewerber die für den psychoanalytischen Beruf notwendigen Eigenschaften besitzt, als es durch jede Art von Tests möglich wäre, sondern – wenn ich es richtig interpretiere – eher, um den Bewerber zu schonen. Das hieße, man sieht in der Testsituation einen für Patienten zwar diagnostisch notwendigen, für Bewerber aber erniedrigenden Faktor, obgleich beim letzteren die Entscheidung – sowohl was seine eigene berufliche Zufriedenheit angeht als auch das Wohl seiner zukünftigen Patienten – ungleich weiterreichend ist.

Viele, insbesondere amerikanische Institute verlangen ein Empfehlungsschreiben der früheren Arbeitgeber bzw. der Universität, der psychiatrischen oder internistischen Abteilungen, in denen die Ausbildung erfolgte usw. In Argentinien und an einigen Orten Amerikas, insbesondere in Chicago, werden neben den Einzelinterviews auch Gruppeninterviews durchgeführt. Die in Chicago durchgeführten Gruppeninterviews sind besonders eindrucksvoll.

43 Kenneth T. Calder: How psychoanalytic institutes evaluate applicants: Replies to a questionnaire. In: Int. J. Psycho-Anal. 49, 1968.

44 Henriette Klein: Psychoanalysts in training; selection and evaluation (1950). New York 1965.

Eine bestimmte, seit vielen Jahren unverändert zusammengesetzte Gruppe, die aus etwa fünf Analytikern besteht, interviewt einen Bewerber, nachdem er zwei individuelle Interviews bereits absolviert hat. Das Gruppeninterview wird direkter, weniger frei assoziativ durchgeführt als das normale individuelle Interview. Man versucht, den Bewerber in verschiedenen Situationen der Interaktion kennenzulernen, und es werden auch einige projektive Fragen gestellt. Die Interviewer diskutieren anschließend ihre diagnostischen Einschätzungen. Sowohl das Gruppeninterview als auch die darauffolgenden Diskussionen werden mit dem Tonband aufgenommen. Nach dem Gruppeninterview findet noch ein weiteres Einzelinterview mit dem Bewerber statt, damit er sich darüber aussprechen kann, was ihn bei der Gruppensitzung besonders beeindruckt oder belastet hat. Eine Probeanalyse wird regelmäßig in Frankreich und Südamerika durchgeführt. Allerdings wird sie auch von anderen Instituten oft dann empfohlen, wenn ein Bewerber vorläufig abgelehnt wurde.

Die Kriterien, aufgrund deren die ausgewählten Analytiker ernannt oder gewählt werden, findet man bedauerlicherweise im allgemeinen nicht genau dargestellt. Calder erhielt meistens zur Antwort: »Die Kriterien sind Erfahrung und anerkannte Fähigkeit als praktizierender Analytiker, Interesse an der psychoanalytischen Ausbildung und menschliche Reife.« Die Auswähler erhalten nur an einigen Orten eine spezielle Ausbildung, bevor sie ihre Aufgabe übernehmen. In Chicago z. B. sind es immer sehr erfahrene Analytiker, die vor Beginn ihrer Tätigkeit eine Zeitlang als Beobachter teilnahmen. In den meisten Ausbildungsinstituten werden die künftigen Lehranalytiker mit den Kriterien der Auswahl bekanntgemacht. An vielen Stellen wurde und wird an den Auswahlkriterien intensiv gearbeitet, besonders in New York, Chicago und Pittsburgh[45]. An einigen Orten werden Katamnesen erhoben, um die Wirksamkeit des Auswahlprozesses besser beurteilen zu können. So schreibt z. B. Chicago, daß der ganze Ablauf der Auswahl zu einem Forschungsprogramm gemacht wurde mit dem Ziel, bessere Kriterien formulieren zu können, nicht nur für die Auswahl der Bewerber, sondern auch für die Zusammenstellung des Gremiums der auswählenden Analytiker.

45 C. G. Babcock (Hrsg.): Training Analysis. A Report of the First Three-Institute-Conference on Psychoanalytic Education. Pittsburgh 1969.

Auch in unseren Beobachtungen haben sich Begabungen wie Einfühlungs- und Introspektionsfähigkeit, Flexibilität, Zugang zum eigenen Unbewußten, Kontaktfähigkeit usw. als wesentliche Voraussetzungen für eine erfolgreiche psychoanalytische Ausbildung erwiesen. Es war uns dabei bewußt, daß die Eigenschaften an sich noch nicht den Ausschlag geben, sondern vielmehr ihre Stellung und Rolle im Gesamtverhalten des Bewerbers.

Der oft beruflich besonders erfolgreiche »normale« Bewerber, hinter dessen oberflächlicher sozialer Anpassung sich starre, vorurteilsgeprägte Einstellungen oder Gefühlsflachheit verbergen, fordert dazu heraus, sich Gedanken darüber zu machen, an welchem Gesundheitsbegriff wir unsere Beurteilung messen. Diese Bewerber, die im Interview nicht selten den Eindruck charakterlich gefestigter, »ichstarker« Persönlichkeiten machten, erwiesen sich später als unanalysierbar. Sie hielten an Positionen und Vorurteilen unbeeinflußbar fest. Wenn ihre Anschauungen und Werturteile kritisch untersucht werden sollten, reagierten sie mit Rückzug, Gefühlskälte oder panischer Angst, die so unerträglich für sie war, daß sie sofort wieder unterdrückt oder verleugnet werden mußte. Aber auch solche Bewerber, die im Erstinterview einen besonders flexiblen und selbstkritischen Eindruck machen, können sich in der späteren Analyse als Persönlichkeiten herausstellen, deren Gefühle eingeengt und übermäßig auf sich selbst bezogen sind. Was im Interview als Fähigkeit zur Selbstanalyse imponierte, war dann im Grunde ein narzißtischer Selbstbeobachtungszwang, der dazu diente, jedes Infragestellen des eigenen Wertgefühls rechtzeitig abzuwehren. Allen diesen Bewerbern gemeinsam war die undurchdringliche Abwehr stärkerer Gefühle wie Angst, situationsangemessener Depression und Trauer. Die Unfähigkeit zu trauern[46] führt aber letztlich dazu, daß eine Lösung von kindlichen Liebesobjekten, die auf narzißtischer Basis geliebt wurden, von infantilen Idealen und Identifikationen nicht stattfindet.

Diese Beobachtungen ließen es als sinnvoll erscheinen, den psychoanalytischen Gesundheitsbegriff nicht nur an der Liebes- und Arbeitsfähigkeit eines Menschen zu messen – Liebe wird allzu leicht nur mit sexueller Potenz und Orgasmusfähigkeit gleichgesetzt –, sondern ihn auch an der Art, wie ein Mensch mit Angst und Trauer umgeht, zu orientieren. Denn wer solche Gefühle und seelische Pro-

46 Alexander und Margarete Mitscherlich: Die Unfähigkeit zu trauern. München 1967.

zesse verleugnet, zeigt wenig Fähigkeit zur emotionalen Reifung[47]; seine Selbstbeobachtung und seine Einfühlung in andere dienen vorwiegend dem Kampf um den eigenen Wert oder einer Manipulation seiner Mitmenschen. Wer am eigenen Leibe nicht lernte, Angst und Depression zu ertragen, ist auch nicht dazu imstande, die Konflikte seiner Patienten langsam durchzuarbeiten. Er wird leicht das Opfer eines zwingenden eigenen Bedürfnisses, das auf eine rasche Lösung der Probleme drängt.

Die Sorge vieler Psychoanalytiker ist berechtigt, daß die Aufmerksamkeit zunehmend auf schnelle symptomheilende therapeutische Wirksamkeit und weniger auf den psychoanalytischen Prozeß gerichtet ist. Eine solche Einstellung der Analyse gegenüber hängt aber wesentlich davon ab, nach welchem Gesundheitsbegriff wir unsere Kandidaten auswählen. Wer tatsächlich an selbstanalytischen und analytischen Erkenntnissen interessiert ist, wird sich auch um ein tiefergehendes Verständnis des psychoanalytischen Prozesses bemühen. Damit schafft er die Vorbedingung dafür, daß die Psychoanalyse weiterhin als wissenschaftlicher Erkenntnisprozeß genutzt werden kann.

Die Qualität der Auswahl hängt von der Qualität unserer Voraussagen ab. Es ist deswegen notwendig, nicht nur zu erforschen, wie die verschiedenen Eigenschaften und Abwehrmechanismen benutzt werden, sondern auch mit Hilfe von Katamnesen zu erforschen, wie dies durch die Eigenanalyse beeinflußt und entwickelt werden könnte[48].

Die Analytiker selber sollten sich bei Aufstellung und Diskussion der Auswahlkriterien ihrer Idealbildungen oder gar Selbstidealisierungen bewußt bleiben. Es wäre eine unglaubhafte Idealisierung des Berufs, wenn man nicht stets die Grenzen der eigenen Möglichkeiten und der bei den Bewerbern vorauszusetzenden Fähigkeiten im Auge behielte. Nicht selten besteht zudem die Neigung, gerade solche Eigenschaften zu fordern, die der auswählende Analytiker glaubt, selbst zu besitzen. »Blinde Flecken« (Freud[49]) im Umgang mit sich selbst stören zweifellos auch die Auswahl der Bewerber.

Freuds Empfehlungen (1937)[50], die aus der Zeit der »kurzen und

47 Vgl. auch Elizabeth R. Zetzel: The Capacity for Emotional Growth. New York 1970.

48 Siehe auch J. Fleming: What analytic work requires of an analyst: A job analysis. In: J. Amer. Psychoanal. Assn. 9, 1961.

49 S. Freud: Die zukünftigen Chancen der psychoanalytischen Therapie (1910). In: Ges. W., Bd. VIII.

50 S. Freud: Die endliche und die unendliche Analyse, a.a.O. (vgl. F. 8).

unvollständigen« Lehranalysen stammen, bleiben deswegen auch heute noch beachtenswert: »Jeder Analytiker sollte periodisch, etwa nach Verlauf von fünf Jahren, sich wieder zum Objekt der Analyse machen, ohne sich dieses Schrittes zu schämen. Das hieße also, auch die Eigenanalyse würde aus einer endlichen eine unendliche Aufgabe, nicht nur die therapeutische Analyse am Kranken.« Da vorerst für viele Analytiker die Möglichkeit einer solchen periodisch fortgesetzten Eigenanalyse aus äußeren Gründen nur schwer zu verwirklichen sein wird, kommt es darauf an, die auswählenden Analytiker auf ihre selbstkritischen Fähigkeiten hin auszusuchen und andererseits bei den Bewerbern vor allem darauf zu achten, daß es sich um Persönlichkeiten handelt, die erkennen lassen, ihre Lehranalyse könne in ihnen die Fähigkeit zur permanenten Selbstanalyse wecken und entwickeln. Das setzt wiederum voraus, den analytischen Prozeß unter dieser speziellen Anforderung zu erforschen. Ein kreativer Beitrag wäre es jedenfalls, wenn es gelänge, mehr Analytiker davon zu überzeugen, daß nur ihre Mitarbeit an der Durchleuchtung des psychoanalytischen Prozesses selbst die genuine psychoanalytische Forschung am Leben erhalten und einen Rückfall hinter die Position Freuds, wie er sie 1937 in ›Die endliche und die unendliche Analyse‹ dargestellt hat, verhindern kann.

Einen wesentlichen Schritt vorwärts könnte die psychoanalytische Ausbildung gebracht werden, wenn sich die Ausbildungsinstitute untereinander einigen würden, bei Abschluß des Auswahlverfahrens eine Prognose über die Entwicklung des Bewerbers zu stellen, und zwar unter übereinstimmenden Gesichtspunkten.

Dafür müßte eine Methode ersonnen werden, welche die Diskretion nicht beeinträchtigt und es dennoch erlaubt, die Prognose im Verlauf der Lehranalyse im Auge zu behalten und am Ende der Ausbildung zu kontrollieren. Ein zeitraubendes und schwieriges Verfahren, aber wahrscheinlich notwendig, um nicht die Beliebigkeit vieler bisheriger Auswahlvorgänge und Entscheidungen fortsetzen zu müssen. Es ist klar, daß es hierbei nicht um die Erarbeitung scharf umrissener positiver oder negativer Kriterien oder um die Aufstellung eines Eigenschaftskatalogs gehen kann. Vielmehr sollte damit angestrebt werden, daß insbesondere die für die Auswahl verantwortlichen Analytiker die Anwendung und Veränderung bestimmter Verhaltensweisen und Abwehrmechanismen im analytischen Prozeß mit erhöhter Aufmerksamkeit verfolgen, mit dem Ziel einer, wenn auch nur mühsam und in langer Zeit zu erreichenden Bewußtseinserweiterung und Erkenntnisvermehrung darüber, was einen guten Analytiker ausmacht.

Glossar[1]

Abwehrmechanismen: Psychische Verhaltensweisen, die meist unbewußt vor sich gehen mit deren Hilfe das Ich des Menschen sich nicht nur gegen angsterregende Triebansprüche, sondern gegen alles, was Angst hervorruft, zu wehren versucht. Der Begriff der Abwehr spielt in der Psychoanalyse eine große Rolle, er taucht schon 1894 in S. Freuds Arbeit über ›Die Abwehr-Neuro-Psychosen‹ auf und wird, nachdem er vorübergehend durch den Begriff der Verdrängung ersetzt worden war, in seiner Monographie ›Hemmung, Symptom und Angst‹ (1926, G. W. IX) wieder aufgenommen. Neben dem Abwehrmechanismus der → Verdrängung, der auch heute noch in der Psychoanalyse eine Sonderstellung einnimmt, werden unter dem Begriff Abwehrmechanismen alle die Techniken vereint, deren sich das Ich bedient, um mit unangenehmen und angsterregenden Gefühlen, Vorstellungen, Situationen, Über-Ich-Forderungen usw. fertig zu werden. Insbesondere hat sich Anna Freud in ihrem Buch ›Das Ich und die Abwehrmechanismen‹ (Wien 1936) mit der psychoanalytischen Erforschung der Abwehrmechanismen beschäftigt. Die wichtigsten unter ihnen sind: → Verdrängung, → Verleugnung, → Regression, Ungeschehenmachen, Reaktionsbildung, → Isolierung, → Projektion, Introjektion, → Identifikation, → Wendung gegen die eigene Person, Verkehrung ins Gegenteil, Verneinung, Idealisierung, Identifizierung mit dem Angreifer, Rationalisierung → Intellektualisierung usw. Den verschiedenen neurotischen Erkrankungsformen und den kindlichen → Entwicklungsstufen entsprechen bestimmte typische Abwehrformen.

Affekt: Starke Gefühle angenehmer wie unangenehmer Art, die als unmittelbare Triebabkömmlinge angesehen werden. »Nach Freud wird jeder Trieb auf den beiden Ebenen Affekt und Vorstellung ausgedrückt. Der Affekt ist die qualitative Äußerungsform der Quantität an Triebenergie und ihrer Variationen« (vgl. Laplanche – Pontalis). Die Ursache des hysterischen Symptoms sieht Freud z. B. in einem »eingeklemmten Affekt«, der dann entsteht, wenn ein → traumatisches Ereignis stattfand, das keine adäquate Verhaltensreaktion erlaubte. Im Laufe solcher Erlebnisse können Affekte und Vorstellungen voneinander getrennt werden. Affekte wie Angst, Haß, Schuldgefühle entstehen dann, ohne daß die ursprünglich zu ihnen gehörende Vorstellung oder Ursache erkannt werden. Umgekehrt erleben wir auch, insbesondere beim Zwangsneurotiker, daß Vorstellungen vorhanden sind, ohne daß sie mit einem entsprechenden Affekt, z. B. Haß oder Liebe, verbunden erlebt werden.

1 Soweit es sich in den Erklärungen um psychoanalytische Begriffe handelt, findet der Leser ausführliche Erläuterungen in: J. Laplanche-J. B. Pontalis: Das Vokabular der Psychoanalyse. Frankfurt 1972.

Ambivalenz: Gleichzeitige Anwesenheit einander entgegengesetzter Strebungen, Haltungen und Gefühle, z. B. Liebe und Haß, in der Beziehung zu einunddemselben Menschen.

Anal-sadistische Stufe (siehe auch: Entwicklungsphasen des Kindes): Nach Freud die zweite Phase der Libidoentwicklung. Sie liegt zwischen der oralen und der phallischen Entwicklungsphase, etwa zwischen dem zweiten und vierten Lebensjahr. In dieser Zeit der Reinlichkeitsgewöhnung zentriert sich die Aufmerksamkeit des Kindes auf anale Mechanismen. Entsprechend spielen die Funktionen der Stuhlentleerung und des Zurückhaltens eine wichtige Rolle, sie spiegeln sich auf seelischer Ebene und in der Art der → Objektbeziehungen zu Eltern und Geschwistern wider. Ein schneller Wechsel von Liebe- und Haßgefühlen, von Wegstoßen und Anklammern bestimmt das Verhalten. Die anal-sadistischen Bedürfnisse können sich in der Lust am Zerstören von Objekten äußern, aber auch in der Lust an ihrer Bemeisterung. Reife Aktivität gelingt in dieser Phase nur unzureichend. Aggressive und zerstörerische Ausbrüche sind häufig. Die seelische Verarbeitung der erotischen wie der aggressiven Bedürfnisse in der analen Entwicklungsstufe der Libido schlägt sich in Charakterzügen des Erwachsenen nieder: übertriebene Ordnung, Sparsamkeit, Eigensinn sind nach Freud Reaktionsbildungen gegen anale Lustsuche, die mit den Wünschen der Umgebung in Konflikt geraten.

Archaische Gewissensinstanz: Unentwickelte, frühkindliche Gewissensinstanz.

Automatische Angst: Sie ist die Reaktion eines Menschen, wenn er einer sein Ich überwältigenden Situation ausgesetzt ist. Er vermag seine Angstgefühle dann nicht mehr zu beherrschen.

Depersonalisierung: Persönlichkeitsverlust, Selbstentfremdung.

Deutung: Mitteilung, die der Psychoanalytiker seinem Patienten macht, um diesem die latente, dem Bewußtsein entzogene Bedeutung seiner Aussagen, Gefühle und Verhaltensweisen näherzubringen. Sie steht im Mittelpunkt der psychoanalytischen Behandlungstechnik und zielt vor allem darauf ab, dem Patienten die Art seiner → *Abwehrmechanismen* und die ihnen zugrunde liegende Motivierung bewußt zu machen.

Durcharbeitung: Psychischer Vorgang in der psychoanalytischen Therapie, der es dem Patienten langsam ermöglicht, den Widerstand gegen bestimmte angsterregende oder Schuld- und Schamgefühl auslösende verdrängte Inhalte aufzugeben. Mit Hilfe seiner Deutungen fördert der Analytiker das Durcharbeiten unbewußter Inhalte, die bestimmte Abwehrformen und stereotype Wiederholungen ausgelöst haben. Es gilt, diese im → Übertragungsvorgang auf den Analytiker aufzufinden, damit der Patient durch Einsicht in das eigene Verhalten, dem er sonst hilflos gegenübersteht, zu erfahren lernt, wie man dieses lenken kann. Da die triebhafte Neigung zur Wiederholung des Gleichen die Einsicht des Ich immer erneut auszulöschen droht, bedarf es eines langen gemeinsamen Durcharbeitens, um Erkenntnisse dauerhaft werden zu lassen.

Entwicklungsphasen des Kindes: Abgekürzte Bezeichnung für die Stufen der libidinösen Triebentwicklung des Kindes. Erste Stufe der Triebentwicklung – etwa bis zum zweiten Lebensjahr – ist die orale Phase, in der die sexuelle Lust überwiegend an die Mundhöhle und die Lippen gebunden ist und Lutschen, Saugen, Beißen eine große Rolle spielen. Die kindlichen Phantasien sind nicht nur von Vorgängen des Einverleibens und Beißens beherrscht, sondern auch von der Angst vor dem Gefressenwerden. Vor allem die Mutter wird Inhalt solcher Phantasien. Der oralen folgt die → anale Entwicklungsphase. Die oralen und analen Entwicklungsstufen werden als die prägenitalen bezeichnet, weil die ihnen zugehörende Erotik sich auf orale (Lust am Einverleiben, Beißen) und anale (Entleerung und Zurückhaltung des Stuhles) Lustformen zentriert. In der analen Phase herrscht → Ambivalenz der Objektbeziehungen vor. Charakteristisch ist der schnelle Wechsel zwischen aktiv-aggressiven und passiv-anklammernden Bedürfnissen.

In der darauf folgenden phallischen Stufe zentriert sich die Trieblust um das infantile Genitale, bei dem Knaben um den Penis, bei dem Mädchen um die Klitoris. Nach Freud wird aus dem Gegensatz aktiv – passiv in der phallischen Stufe derjenige von phallisch – kastriert. Die → Objektbeziehungen in der phallischen Phase werden durch starke Gefühle beiden Eltern gegenüber bestimmt. Der eine Elternteil wird begehrt, der andere als Rivale empfunden, d. h. diese Entwicklungsphase ist durch die Erfahrungen des → Ödipuskomplexes gekennzeichnet. Mit seiner teilweisen Überwindung wird die phallische Phase beendet. Mit etwa 6 Jahren beginnt die in unserer Kultur deutlich markierte Latenzperiode, die sich bis zu Beginn der Pubertät erstreckt. Sie ist durch den partiellen Stillstand der Sexualentwicklung gekennzeichnet. Aus den intensiven kindlich-sexuellen Beziehungen zu den Eltern entwickeln sich zunehmend → Identifikationen mit ihnen und mit anderen wichtigen Beziehungspersonen. Die Gefühle, Vorstellungen, Erlebnisse der infantilen Entwicklungsphasen werden nun weitgehend verdrängt. Aufgrund der Neigung zur → Identifikation ist auch die Lernfähigkeit in der Latenzphase besonders ausgeprägt.

Die sogenannte genitale psychosexuelle Entwicklung des Menschen umfaßt demnach zwei Abschnitte, die durch die Latenzperiode getrennt sind: die phallische oder infantile genitale Phase und die reife genitale Phase, die in der Pubertät beginnt. Der Geschlechtsunterschied bestimmt zunehmend die → Objektbeziehungen.

Erogene Zone: Die Teile des Körpers, die der Sitz eines sexuellen Reizes sein können, wie z. B. das Genitale, die Brust, der Mund, der After; aber auch die gesamte Hautoberfläche, der Daumen, an dem ein Kind lutscht, kann zu einer solchen werden. Im Laufe der Entwicklung treten bestimmte Körperzonen im besonderen Ausmaß als erogen in Erscheinung. Zu erogenen Leitzmnen werden in der oralen Phase (siehe auch: Entwicklungsphasen) der Mund, in der analen der After, in der phallischen das kindliche Genitale, vor allem Penis und Klitoris, in der erwachsenen genitalen Entwicklungsphase die primären und sekundären Geschlechtsmerkmale (Geschlechtsteile, weibliche Brust, Behaarung usw.).

Es, Ich, Über-Ich: Drei psychische Substrukturen, zwischen denen die Psychoanalyse unterscheidet. Ursprünglich wurde das Es mit dem Unbewußten, das Ich mit dem Vor-Bewußten und Bewußten gleichgesetzt. Die Erfahrung zeigte jedoch, daß die dem Ich zugesprochenen → Abwehrmechanismen meist unbewußt in Aktion treten. Seither hat sich die Psychoanalyse zunehmend mit den unbewußten Mechanismen des Ich beschäftigt. Eine ausgedehnte psychoanalytische Ich-Psychologie hat sich entwickelt. Ursprünglich wurde das Ich als ein sich langsam aus dem Es differenzierender Persönlichkeitsanteil angesehen, der die zwischen Es-Wünschen und äußerer Realität entstehenden Konflikte ausgleichen sollte. Später nahm man an, daß es darüber hinaus noch bestimmte angeborene Ichfähigkeiten gäbe. Das Ich baut sich durch bewußte und unbewußte Vorgänge auf, wie vor allem die der → Identifikation mit den erwachsenen Vorbildern. Das Es ist das Hauptreservoir der psychischen Energie, es ist der psychische Ausdruck der Triebwelt. Seine Inhalte sind unbewußt, teilweise sind sie ihrem Triebcharakter entsprechend angeboren, teilweise durch Verdrängung von Triebwünschen und Vorstellungen bestimmt, die im Ich Angst, Scham oder Schuld ausgelöst haben. Das Über-Ich ist zu einem großen Teil unbewußt und hat nicht nur mit dem Ich, sondern auch mit dem Es zahlreiche Verbindungen. Es kann z. B. sehr aggressive Komponenten haben, auch Strafbedürfnisse und Selbstschädigungstendenzen entwickeln, die deutlich sexuellen Charakter haben. Freud sieht im Gewissen, in der Selbstbeobachtung und in der Idealbildung Funktionen des Über-Ich. Es bildet sich durch Verinnerlichung der elterlichen Forderungen und Verbote. Manche Psychoanalytiker unterscheiden zwischen Über-Ich und Ideal-Ich und schreiben der ersten Instanz Verbotsfunktionen, der zweiten die Idealbildung zu.

Externalisierung: Bereits verinnerlichte Haltungen äußerer Vorbilder, z. B. der Eltern, werden wieder in die Außenwelt verlegt. Dann personifizieren Mitmenschen Teile des eigenen Selbst, oder etwa in der Analyse werden Anteile des eigenen Über-Ich auf den Analytiker verschoben: von ihm wird dann Strafe und Kritik erwartet.

Gegenbesetzung: Ein energetischer Vorgang, den die → Abwehrmechanismen des Ich benutzen, um angsterregende Triebbedürfnisse oder Vorstellungen in der → Verdrängung – d. h. unbewußt – zu halten. Dies ist ein dauernder, unbewußte Aufmerksamkeit erfordernder Energieverbrauch.

Größenphantasien: Phantasien, in denen ein Individuum über die eigene Person Vorstellungen von irrealer Macht und Größe entwickelt.

Ich-synton: Alles, was dem bewußten Ich als der Situation entsprechendes Verhalten erscheint.

Identifikation: Der psychische Vorgang, in dem das Subjekt Eigenschaften des Objekts (d. h. eines anderen, meist nahestehenden Menschen) assimiliert. Eine mehr oder weniger weitgehende Umwandlung des eigenen Selbst nach dem Vorbild des anderen ist die Folge. Das braucht bei dem verwandten Vorgang der Introjektion nicht der Fall zu sein, denn man kann ein Verbot oder eine Eigenschaft eines anderen introjizieren, ohne sich mit ihnen zu identifizieren. Dann empfindet man bestimmte eigene Ge- und Verbote, Haltungen, die man einnimmt, als quasi von außen kommend. Sie können als ein Fremdkörper in der eigenen Psyche empfunden werden.

Identität: Dieser Begriff wird oft nicht scharf begrenzt verwendet. Man kann sich mit sich selbst identisch, d. h. mit sich im Einklang fühlen, das nennt man die persönliche Identität; in ihr stehen Gefühle wie die der Eigenständigkeit und Unabhängigkeit im Mittelpunkt. Man kann sich im Einklang mit kleineren oder größeren Gruppen und deren Weltanschauung fühlen, das wird als soziale Identität bezeichnet. Hier kommen → Identifikationen mit der sozialen Umgebung und deren Weltanschauung und Verhaltensweisen das Hauptgewicht zu. Die Erfahrung seiner inneren Kontinuität gilt als Vorbedingung für die Identitätsentwicklung des Individuums. Identitätskrisen in bestimmten Entwicklungsphasen, vor allem derjenigen der Adoleszens, werden als normal und notwendig angesehen, um zu einer Erweiterung und Reifung der Persönlichkeit zu gelangen. Insbesondere Erik H. Erikson hat sich mit dem Problem der Identität ausführlich beschäftigt (Identität und Lebenszyklus. Frankfurt 1966, und: Der junge Mann Luther. München 1964).

Intellektualisierung: Sie dient einerseits dazu, Gefühle und Konflikte rational zu formulieren, um sie besser meistern zu können. Anna Freud stellt die Intellektualisierung als eine der »allgemeinsten, größten und notwendigsten Erwerbungen des menschlichen Ich« dar. Andrerseits wird sie als Abwehr gegen Gefühle benutzt. In der psychoanalytischen Behandlung wehrt sich der Patient z. B. gegen das Auftauchen von Gefühlen und Phantasien, indem er alle seine Erinnerungen und Erlebnisse rational zusammenhängend und verständlich zu formulieren sucht. Er vermeidet so den angsterregenden Einbruch von Impulsen aus dem Unbewußten. Darunter fallen auch die Deutungen des Analytikers, die als gefährliches Eindringen erlebt werden können. Dagegen stellt Rationalisierung, obwohl sie der Intellektualisierung nahesteht, keine systematische Vermeidung von Gefühlen dar. Sie wehrt sich nur gegen das Erkennen der wirklichen Motive eines

Verhaltens, indem sie dafür oberflächlich vernunftgerechte oder ideelle Gründe findet.

Internalisierung oder Verinnerlichung: Mitmenschliche Beziehungen können verinnerlicht werden. So wird z. B. die elterliche Autorität verinnerlicht und in der Psyche des Kindes als → Über-Ich aufgebaut. Beziehungen und Konflikte mit äußeren Objekten können ins Innere des Subjekts übergehen. Der Begriff der Introjektion (siehe auch Identifikation) wird oft synonym mit Internalisierung gebraucht. Auch die → Identifikation bezeichnet Vorgänge der Verinnerlichung. Aspekte, Eigenschaften, Verhaltensweisen eines anderen werden in die eigene Person aufgenommen und verändern diese. Dabei kann der Vorgang das eigene Ich bereichern und aufbauen helfen, er kann aber auch zu einer undifferenzierten Totalübernahme des anderen, seiner Meinungen und Haltungen führen und dadurch zu einem Verlust der inneren Selbständigkeit beitragen.

Introspektion: Nach innen blickende Selbstwahrnehmung.

Isolierung: Von der Psychoanalyse als → Abwehrmechanismus verstanden, der für die Zwangsneurose typisch ist. Solche Kranken haben die Tendenz, Gedanken oder Verhalten zu isolieren, so daß diese aus ihrem Zusammenhang gerissen und ihre Beziehungen zu anderen Gedanken, Gefühlen oder zur Gesamtperson des Zwangskranken unterbrochen werden. Die Isolierung stellt eine archaische Abwehr gegen als gefährlich erlebte Triebe dar, indem sie Berührung auf gedanklicher oder körperlicher Ebene unterbindet.

Kastrationsangst: Sie wird in der Psychoanalyse im Zusammenhang mit dem Kastrationskomplex gesehen, der als Folge des → Ödipuskomplexes entsteht. Der Knabe fürchtet den Verlust seines Gliedes als Strafe für seine sexuellen Wünsche der Mutter und seine Beseitigungswünsche dem Vater gegenüber. Freud war der Ansicht, daß das kleine Kind allen menschlichen Wesen einen Penis zuspricht und deswegen den anatomischen Geschlechtsunterschied nur durch die Kastration erklären kann (S. Freud: Über infantile Sexualtheorien. In: Ges. W., Bd. VII).

Konfigurativ: Von Margaret Mead in ›Der Konflikt der Generationen‹ (Freiburg 1971) benutzte Bezeichnung von Gesellschaften, in denen junge Menschen sich weitgehend von Wertvorstellungen der vorangehenden Generationen lösen und sich am Verhalten von Gleichaltrigen orientieren.

Konflikt: Es gibt Konflikte zwischen den Wünschen und Bedürfnissen des Subjekts und denen seiner Außenwelt. Es gibt aber auch Konflikte im Subjekt selber, denen die Psychoanalyse eine zentrale Bedeutung für die Entstehung von Neurosen beimißt. Diese Konflikte, in denen sich zwei einander entgegengesetzte innere Strebungen gegenüberstehen, können manifest oder latent auf den verschiedensten Ebenen oder zwischen den verschiedenen psychischen Instanzen stattfinden. Aus dem Gegensatz zwischen dem Wunsch und der von außen kommenden moralischen Forderung kann also ein Gegensatz zwischen dem Wunsch des Subjekts und seinen inneren moralischen Forderungen, d. h. ein Konflikt zwischen den psychischen Instanzen Es und Über-Ich werden. Um solche inneren und äußeren, Angst und Unlust erregenden Konflikte erst gar nicht wahrzunehmen, baut das Ich seine vielfältigen → Abwehrmechanismen auf. Aus dem manifesten Konflikt wird dann oft ein latenter, der sich in Symptomen, Verhaltens- oder Charakterstörungen, Strafbedürfnissen und ähnlichem äußern kann. Der ödipale Konflikt zeigt darüber hinaus, daß nicht nur Wunsch und äußeres oder inneres Verbot einander gegenüberstehen, sondern daß auch einander widerstrebende Gefühle in Konflikt miteinander liegen können. Denn das Kind haßt in der ödipalen Phase (siehe auch: Entwicklungsphasen) nicht nur den gleichgeschlechtlichen Elternteil und will ihn als Rivalen beseitigen, sondern es liebt ihn gleichzeitig und will ihn behalten.

Latenzperiode: siehe: Entwicklungsphasen.

Masochismus: Ursprünglich wurde darunter eine Perversion verstanden, in der die sexuelle Befriedigung an Schmerz oder Demütigung gebunden ist. In der Psychoanalyse fand eine Erweiterung dieses Begriffes statt. Er umfaßt jetzt auch den moralischen Masochismus, indem unbewußte Schuldgefühle Strafbedürfnisse auslösen und dazu führen, daß ein moralischer Masochist sich in für ihn ungünstige Situationen bringt oder Ereignisse auslöst, die ihm schaden. In der psychoanalytischen Behandlung erlauben sich solche Kranken z. B. keine Besserung ihres Leidens. Sie reagieren deswegen oft mit dem, was Freud »negative therapeutische Reaktion« nannte. Ihr Zustand verschlechterte sich während der Therapie. Mit dem Ausdruck »femininer Masochismus« bezeichnete Freud eine Haltung, in der sich das Bedürfnis nach Geschlagen- oder Vergewaltigtwerden im erotischen Sinn mit einer Neigung zur Unterwürfigkeit und zum mehr oder weniger demonstrativen passiven Erdulden verbindet. Daß diese Form des Masochismus als feminin bezeichnet wurde, zeigt schon, daß man sie als »typisch weiblich« auch dann ansah, wenn die Erfahrung lehrte, daß sie auch beim Mann anzutreffen war. Das wurde durch die Theorie der Bisexualität erklärt, von der man annahm, daß sei bei allen Menschen eine Rolle spiele. Ohne Zweifel ist die masochistische Einstellung und sind masochistische Phantasien besonders häufig bei Frauen anzutreffen. Ihre Abhängigkeit von soziokulturellen Wertvorstellungen und den ihnen entsprechenden Erziehungsmethoden wird im Ernst aber niemand bestreiten wollen. Das Gegenteil vom Masochismus ist der Sadismus; womit eine lustvolle Aggression oder Quälsucht gemeint ist. Als sekundärer Masochismus wird ein Verhalten bezeichnet, in dem sich der ursprüngliche Sadismus gegen die eigene Person zurückwendet. Alles was am Erwachsenen an masochistischen Verhaltensweisen zu beobachten ist, wird als sekundärer Masochismus angesehen. Unter primärem Masochismus verstand Freud ausschließlich einen Zustand, in dem das, was er als »Todestrieb« bezeichnete, die Vorherrschaft hat. Hier geschieht keine Rückwendung von Aggressionen, die ursprünglich äußeren Objekten galten, sondern, so meinte Freud, eine primäre selbstzerstörende Triebanlage ist am Werk. Er sah darin auch eine Tendenz jedes Lebewesens, zum anorganischen Zustand zurückzukehren. Nur mit Hilfe kraftvoller und dauerhafter Objektbeziehungen ist es nach Ansicht vieler Psychoanalytiker möglich, diese primäre Neigung zur Selbstzerstörung in nach außen gewandte Aggression und Aktivität zu verwandeln. Die Vorstellung eines Masochismus, der nicht auf eine Rückwendung des Sadismus gegen die eigene Person reduzierbar ist, wurde von Freud erst eingeführt, nachdem er die Hypothese des Todestriebes aufgestellt hatte.

Narzißmus: »In Anlehnung an die Sage von Narcissus: die Liebe, die man dem Bild von sich selbst entgegenbringt« (vgl. Laplanche – Pontalis). Es gibt in der Psychoanalyse verschiedene Definitionen des Narzißmus: 1. als Entwicklungsstufe, die der frühen Kindheit zugeschrieben wird. Sie wird auch primärer Narzißmus genannt. 2. als übermäßig auf die eigene Person gerichtetes Interesse, das dadurch für → Objektbesetzungen, d. h. für mitmenschliche Gefühle und Neigungen, nicht mehr oder nur begrenzt zur Verfügung steht. Narzißmus im Sinne eines libidinösen Rückzugs von Objektbesetzungen bezeichnet Freud als sekundären Narzißmus. Bei der Verinnerlichung einer narzißtischen → Objektbeziehung spricht Freud in ›Trauer und Melancholie‹ von einer narißtischen → Identifizierung. Die Entwicklung eines gesunden Narzißmus, der der Aufrechterhaltung des eigenen Selbstwertgefühls dient, muß aber vom pathologischen Narzißmus unterschieden werden, in welchem Objektbeziehungen ganz oder teilweise aufgegeben werden oder diese nur der eigenen Selbsterhöhung oder Selbstbestätigung dienen.

Narzißtisch-paranoid: Ein ich-bezogener Zustand, in dem die Fühl- und Denkweisen des anderen nicht genügend wahrgenommen werden. Ein solcher Mensch fühlt sich leicht verkannt und verfolgt, weil er sich selbst für besonders bedeutend hält. Seine selbstkritischen Fähigkeiten sind reduziert, so daß er die Wirkung seines oft überheblichen Verhaltens nicht mehr wahrzunehmen vermag. Die Folge ist, daß er von seinen Mitmenschen abgelehnt wird, was er als Verfolgung empfindet.

Objekt: Das Wort »Objekt« wird im psychoanalytischen Sprachgebrauch für Menschen wie für belebte und unbelebte Inhalte der Umwelt verwandt. Man spricht auch von Teilobjekten wie der weiblichen Brust, dem Penis usw. Liebesobjekte können auch unbelebte Gegenstände wie beim Fetischisten: Schuhe, Unterwäsche usw. werden. Wenn ein Objekt, z. B. die Mutter, verlorengeht, kann ein Ersatzobjekt, d. h. ein Mensch, der die Mutter ersetzt, gefunden werden.

Zur Definierung seines Triebbegriffes unterschied Freud zwischen Objekt und Ziel: Mit Hilfe des Sexualobjekts, d. h. der Person, von der die geschlechtliche Anziehung ausgeht, erreicht der Trieb ein Sexualziel. Die Fähigkeit, das Triebobjekt mit dem Liebesobjekt zu verbinden, so daß Triebbedürfnisse aufgeschoben werden können und aus infantilen Teilobjekten, wie z. B. Brust, Penis usw., ganze Objekte werden, die sich von der eigenen Person und eigenen Bedürfnissen unterscheiden lassen, entwickelt sich erst im Laufe der Reifung.

Objektbeziehung: Die Art, wie das Subjekt Beziehungen zu seiner Umwelt aufnimmt. Vornehmlich sind damit mitmenschliche Beziehungen gemeint. Sie sind bestimmt von der → Entwicklungsstufe, auf der sich ein Mensch befindet, von der Art seiner → Abwehrmechanismen, seinen Phantasien, seiner Ich-Differenzierung (siehe auch: Es, Ich, Über-Ich). Vor allem stehen sie im engen Zusammenhang mit der psychischen Verarbeitung von bisherigen Erfahrungen und Erlebnissen, mit anderen Worten: sie sind von zwischenmenschlichen Interaktionen geprägt.

Ödipuskomplex: Der Begriff bezeichnet eine durch intensive Gefühle charakterisierte Einstellung des Kindes, in der es den gleichgeschlechtlichen Elternteil beseitigen will und für den gegengeschlechtlichen sexuelle Wünsche hegt. Die negative Form des Ödipuskomplexes stellt den umgekehrten Sachverhalt dar: der gleichgeschlechtliche Elternteil wird geliebt, der gegengeschlechtliche als Rivale gehaßt. In Wirklichkeit erlebt man beim Kinde zu verschiedenen Zeiten und in unterschiedlichem Ausmaß beide Beziehungsformen im sogenannten »vollständigen Ödipuskomplex«. Etwa mit 6 Jahren nimmt der Ödipuskomplex an Intensität ab, die Latenzperiode mit ihrer relativ geringen sexuellen Aktivität beginnt. Mit dem physischen Reifungsschub, der Pubertät, pflegt die ödipale Konfliktsituation noch einmal bedrängend erlebt zu werden. Die außerfamiliäre → Objektwahl, die zu seiner endgültigen Überwindung beiträgt, wird jedoch mehr oder weniger stark von der Art der kindlich-ödipalen Erfahrung oder der gegen diese errichteten Reaktionen und → Abwehrmechanismen bestimmt.

Penisneid: Nach Freud stammt der Penisneid aus der Entdeckung des anatomischen Geschlechtsunterschiedes: das kleine Mädchen fühlt sich im Vergleich zum Knaben benachteiligt und wünscht sich, wie er einen Penis zu besitzen. Die Geringschätzung, die das kleine Mädchen der Mutter gegenüber erst im Verlauf seiner Entwicklung und keineswegs von Anfang an entgegenbringt, ist aber nicht nur durch die Wahrnehmung des anatomischen Geschlechtsunterschiedes, sondern auch auf die zunehmende Wahrnehmung der gesellschaftlichen Bewertung der Geschlechter zurückzuführen. Ohne diese tradierte negative Bewertung der Frau würde sich die kindliche Beobachtung des anatomischen Geschlechtsunterschieds zweifellos weniger zerstörend auf das Selbstwertgefühl auswirken, als das in unserer Gesellschaft zu beobachten ist. Wenn die Psychoanalyse vom Penisneid spricht, meint sie damit vor allem diejenigen Reste und Abkömmlinge des kindlichen Neides, die sich unbewußt und verdeckt in spezifischen Verhaltensweisen der erwachsenen Frau in unserer Kultur wiederfinden lassen.

Phallische Qualitäten oder Eigenschaften: Mit »Phallus« und »phallisch« wird in der Psychoanalyse häufig die symbolische Bedeutung des Penis bezeichnet. Unter phallischem Verhalten versteht man z. B. die Neigung des Mannes, seine Männlichkeit sowohl physisch wie psychosozial zur Schau zu stellen, Rivalitäten zu suchen, der Überlegene sein zu wollen. Auch Neugierde und Prahlsucht werden als phallische Qualitäten angesehen. Frauen, welche Eigenschaften oder Verhaltensweisen zeigen, die in unserer Gesellschaft als männlich angesehen werden, wie etwa Sicherheit im Auftreten, Aktivität, Interesse an öffentlichen Angelegenheiten, Autorität usw., werden oft als »phallisch« bezeichnet.

Primäre Angsterfahrung: Die frühesten Angsterlebnisse des Kindes. Otto Rank sah in der Geburt die primäre Angsterfahrung.

Primäre Liebe: Von Michael Balint geprägter Begriff. Balint nimmt an, daß bereits am Anfang des menschlichen Lebens eine primitive → Objektbeziehung des Säuglings zur Mutter besteht, auch wenn diese nicht als ein von der eigenen Person getrenntes Wesen erlebt werden kann. Diese Vorstellung einer »primären Liebe« steht insofern im Gegensatz zu Vorstellungen Freuds und anderer Psychoanalytiker, als diese annahmen, daß in den ersten Monaten das Kind nur sich selbst zu lieben imstande sei, also noch keine Objektbesetzung stattfinde. Dieser objektlose, frühkindliche Zustand wurde von Freud und anderen Analytikern primärer → Narzißmus genannt.

Primärprozeß (Primärvorgang), Sekundärprozeß (Sekundärvorgang): Sie stellen die beiden grundlegenden seelischen Funktionsweisen des psychischen Apparates dar, wie sie von Freud herausgearbeitet wurden. Der Primärvorgang gehört zur unbewußten, der Sekundärvorgang zur bewußten Seelentätigkeit. Der Gegensatz zwischen beiden entspricht etwa dem zwischen Lustprinzip und Realitätsprinzip. Der Primärprozeß kennt keine Logik und keine Grenzen. In ihm werden die psychischen Funktionen von den Mechanismen der Verschiebung und der Verdichtung beherrscht. In der → Verschiebung wird die Bedeutung, die ursprünglich zu einer bestimmten Vorstellung oder einem bestimmten Menschen gehörte, auf eine andere unbedeutendere Vorstellung oder Gestalt verschoben. In der Verdichtung können vielerlei Bedeutungen zusammenfließen, die sich irgendwie miteinander assoziativ in Verbindung bringen lassen. Dann erscheint als Einheit, was im Grunde aus widersprüchlichen Elementen zusammengesetzt ist. Der Sekundärvorgang stellt eine Form seelischer Funktionsweisen dar, in der weitgehend das Gesetz logischer Zusammenhänge herrscht. Mit Sekundärvorgängen werden dementsprechend Funktionen wie das bewußte Denken, das Entscheiden, das Urteilen, das kontrollierte Verhalten usw. beschrieben. Die Fähigkeit zum Sekundärvorgang ermöglicht es uns, Befriedigungen aufzuschieben, Denken dem Handeln vorangehen zu lassen und dadurch psychische Erfahrungen typisch menschlicher Art zu sammeln.

Projektion: Bestimmte Wünsche, Bedürfnisse, Phantasien, Eigenschaften usw., die man in der eignen Person ablehnt und deswegen bei sich selber verdrängt, werden als anderen zugehörig erlebt.

Protrahierte Abhängigkeit: Verlängerte Abhängigkeit.

Regression: Sie ist ein Vorgang, in dem eine bereits erreichte psychische Entwicklungshöhe wieder aufgegeben wird und eine Rückkehr zu einer vor ihr gelegenen Entwicklungsstufe erfolgt. Diese Rückkehr kann zu primitiveren Entwicklungsstufen des Triebes geschehen oder auch zu primitiveren Formen der → Objektbeziehungen, der → Identifizierungen, der Verhaltensweisen oder des Denkens.

Signalangst: Durch sie werden dem Ich des Menschen gefährliche Situationen signalisiert, um diese zu vermeiden.

Somatische Reizquelle: Körperliche Reizquelle (siehe auch: Erogene Zone).

Trauma: Ein überwältigendes Ereignis, auf das ein Mensch mit seinen Ausdrucksmitteln nicht adäquat reagieren kann. Es stellt einen Schock dar, der die innerseelischen Gleichgewichtslagen nachhaltig erschüttert und dadurch psychische Schädigungen verursacht. Das Trauma kann zu definitiven Reaktions- bzw. Symptombildungen führen.

Überdeterminierung oder mehrfache Determinierung: Symptome, Träume, stereotype oder irrationale Verhaltens- und Denkweisen sind immer mehrfach motiviert, d. h. sie haben nicht nur einen, sondern mehrere unbewußte Inhalte. Es finden z. B. im Symptom nicht nur vergangene, sondern auch aktuelle Konflikte der Gegenwart ihren symbolischen Ausdruck.

Über-Ich: Siehe Es, Ich, Über-Ich.

Übertragung: Sie stellt in der psychischen Behandlung den Vorgang dar, in dem verdrängte Erlebnisse und unbewußte Wünsche auf den Analytiker übertragen und in der Beziehung zu ihm neu erlebt werden. Der emotionelle Gehalt dieser Übertragung wirkt aus der Kindheit nach. Man unterscheidet zwischen der Übertragung von zärtlichen Gefühlen – und der Erfahrung mit guten mitmenschlichen → Objekten (z. B. »gute Mutter«, »guter Vater«) – und derjenigen von feindseligen Gefühlen und schlechten Objekten (»böse Mutter«, »böser Vater« usw.) auf den Analytiker.

Übertragungsneurose: In der Beziehung zum Analytiker werden die → Konfliktstoffe mit den wichtigen Personen der Kindheit übertragen. Ihre Aufklärung führt zur Entdeckung der infantilen Neurose. Als Neurosen, in denen die Übertragung und Übertragungsneurose während der analytischen Behandlung die zentrale Rolle spielen, gelten die Angsthysterien, Konversionshysterien und die Zwangsneurosen, d. h. die Gruppe der sogenannten Psychoneurosen. In ihnen richtet sich die psychische Energie – auch Libido genannt – im wesentlichen auf imaginäre oder reale → Objekte. Im Gegensatz zu den Psychoneurosen stehen die narzißtischen Neurosen, in denen die Libido dazu tendiert, sich auf das eigene Ich, die eigene Person zurückzuziehen. Entsprechend verringert sich die Chance, mit der → Durcharbeitung von → Übertragungsvorgängen an die primären → Konflikterfahrungen heranzukommen.

Verdrängung: Sie ist der wichtigste → Abwehrmechanismus und besteht in der Ausschließung und Fernhaltung angsterregender, abgelehnter Triebbedürfnisse, Wünsche, Phantasien, Erinnerungen vom Bewußtsein. Die Verdrängung erfolgt vor allem dann, wenn die Befriedigung eines lustvollen Triebes, Wunsches usw. im Hinblick auf andere Forderungen gefährlich werden und dadurch → Konflikte, Angst und Unlust hervorrufen kann.

Verleugnung: Beim Vorgang der Verleugnung wehrt sich das Subjekt, die Realität einer → traumatisierenden Wahrnehmung anzuerkennen. Sie ist also der → Verdrängung verwandt. Bei der Verleugnung geht es aber mehr um Ablehnung einer Wahrnehmung der äußeren, bei der Verdrängung um eine solche der inneren Realität.

Verschiebung: Im Unbewußten können sich starke Gefühle, die mit bestimmten Vorstellungen, Personen, Ereignissen usw. verbunden sind, von diesen lösen und mit anderen, ursprünglich weniger intensiv besetzten Vorstellungen usw. verbinden. In Träumen und in Symptombildungen lassen sich solche Verschiebungen regelhaft finden.

Wendung gegen die eigene Person: Dieser psychoanalytische Begriff steht in Beziehung mit dem der »Verkehrung ins Gegenteil«. Das wird am Gegensatzpaar Sadismus – Masochismus deutlich. In der Wendung gegen die eigene Person wird z. B. aus einem sadistischen Verhalten anderen gegenüber ein sadistisches oder aggressives Verhalten der eigenen Person gegenüber. Man kann dabei von einer Übergangsstufe der Verkehrung ins Gegenteil (Umwandlung von Sadismus in → Masochismus) sprechen; denn man weiß bei der Wendung gegen die eigene Person nicht recht, ob es sich dabei um ein sadistisches Verhalten sich selber gegenüber handelt oder ob man das Sich-Selber-Quälen masochistisch genießt. Zum vollen Masochismus gehört eigentlich ein äußeres → Objekt, von dem man sich quälen lassen kann.

Widerstand: In der Psychoanalyse wird als Widerstand jenes seelische Verhalten bezeichnet, das sich gegen das Bewußtwerden unbewußter Inhalte wehrt. Psychoanalytische Behandlung versucht dem Analysanden diesen Widerstand langsam bewußt zu machen, damit er selber damit umzugehen lernt. Suggestive Behandlungsmethoden wurden von der Psychoanalyse aufgegeben, weil durch sie der Widerstand zwar durchbrochen, aber seine Motive nicht erhellt und dadurch seine Ursachen dem bewußten ch des Subjekts nicht zur Verfügung gestellt werden. Im Widerstand erhöht sich auf Zeit die → Gegenbesetzung.

Quellennachweis

Die ersten Fassungen der in diesem Band gesammelt vorgelegten, teilweise stark erweiterten und überarbeiteten Aufsätze wurden veröffentlicht:

1. *Emanzipation und Sexualität der Frau*
Im Hessischen Rundfunk, 1971; im Sender Freies Berlin, 1972; in »Psyche«, Heft 12, XXV. Jg. 1971

2. *Müssen wir hassen?*
Im Hessischen Rundfunk, 1970; unter dem Titel ›Aggression – Überlegungen und Beispiele‹ in »Neue Rundschau«, Heft 4, 81. Jg. 1970

3. *Das Theater der Seele*
Im Hessischen Rundfunk, 1970; unter dem Titel ›Contribution to Symposion on Acting Out‹ in »International Journal of Psycho-Analysis«, 49, 1968

4. *Die Angst vor der Angst*
Im Hessischen Rundfunk, 1971

5. *Heilung als Erkenntnisprozeß*
Unter dem Titel ›Probleme der psychoanalytischen Technik in bezug auf die passiv-feminine Gefühlseinstellung des Mannes‹ in »Psyche«, Heft 6, XVI. Jg. 1962

6. *Über Entstehung und Wirkung bewußter und unbewußter Phantasien, am Beispiel der Schlagephantasien*
In »Psyche«, Heft 1, XIX. Jg. 1965

7. *Was macht einen guten Analytiker aus?*
In »Psyche«, Heft 8, XXIV. Jg. 1970

Personenregister

Sachregister

Alexander Mitscherlich
Auf dem Weg zur vaterlosen Gesellschaft
Ideen zur Sozialpsychologie
400 Seiten. Serie Piper 45

Alexander Mitscherlich
Das Ich und die Vielen
Parteinahme eines Psychoanalytikers
Ein Lesebuch. Ausgewählt und eingeleitet von Gert Kalow.
336 Seiten. Serie Piper 647

Alexander Mitscherlich
Der Kampf um die Erinnerung
Psychoanalyse für fortgeschrittene Anfänger
259 Seiten. Serie Piper 303

Alexander Mitscherlich/Margarete Mitscherlich
Die Unfähigkeit zu trauern
Grundlagen kollektiven Verhaltens
383 Seiten. Serie Piper 168

Margarete Mitscherlich
Das Ende der Vorbilder
Vom Nutzen und Nachteil der Idealisierung
218 Seiten. Serie Piper 183

---

dialog und praxis
Psychologie – Analyse – Therapie

Erich Fromm im dtv

dtv 1490

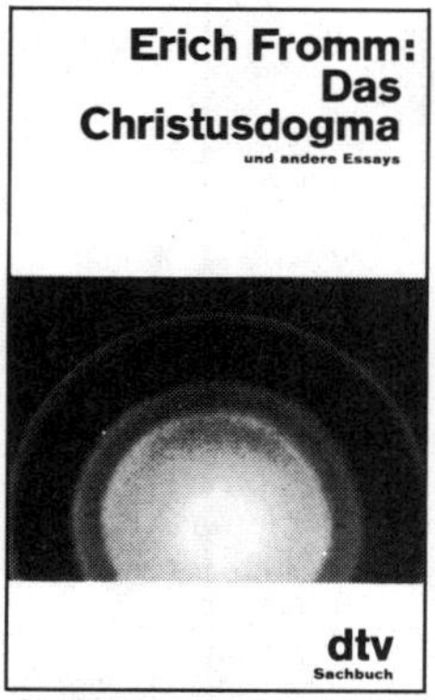

dtv 10281

dtv 15011

dtv 15017

Über die Liebe zum Leben
Rundfunksendungen, herausgegeben von Hans Jürgen Schultz
dtv 15018

Die Revolution der Hoffnung
Für eine Humanisierung der Technik
dtv 15035

Die Seele des Menschen
Ihre Fähigkeit zum Guten und zum Bösen
dtv 15039

Erich-Fromm-Lesebuch
Herausgegeben und eingeleitet von Rainer Funk
dtv 10912

dtv